U1016231

铁道警察学院交通运输警务理论研究丛书

交通运输警务初论

陈东升　著

群众出版社
·北　京·

图书在版编目（CIP）数据

交通运输警务初论/陈东升著．—北京：群众出版社，2019.6

（铁道警察学院交通运输警务理论研究丛书）

ISBN 978－7－5014－5956－8

Ⅰ.①交…　Ⅱ.①陈…　Ⅲ.①交通运输管理－行政执法－研究－中国

Ⅳ.①D922.14

中国版本图书馆 CIP 数据核字（2019）第 095605 号

交通运输警务初论

陈东升　著

出版发行：群众出版社
地　　址：北京市丰台区方庄芳星园三区 15 号楼
邮政编码：100078
经　　销：新华书店
印　　刷：涿州市新华印刷有限公司

版　　次：2019 年 6 月第 1 版
印　　次：2019 年 6 月第 1 次
印　　张：17.25
开　　本：787 毫米×1092 毫米　1/16
字　　数：300 千字

书　　号：ISBN 978－7－5014－5956－8
定　　价：88.00 元

网　　址：www.qzcbs.com
电子邮箱：qzcbs@163.com

营销中心电话：010－83903254
读者服务部电话（门市）：010－83903257
警官读者俱乐部电话（网购、邮购）：010－83903253
公安业务分社电话：010－83905672

铁道警察学院交通运输警务理论研究丛书

编辑委员会

总　　序

2018年是铁道警察学院建设与发展历程中具有特殊重要意义的一年。10月3日，国务委员、公安部部长赵克志同志代表公安部党委，对学院的建设发展作出重要指示，要求学院要把深入贯彻落实全国教育大会精神特别是习近平总书记重要讲话精神，作为首要的政治任务抓紧抓好。并明确指出，当前建设社会主义现代化强国，实现“两个一百年”奋斗目标和中华民族伟大复兴中国梦，对加快建设创新型国家，落实交通强国战略提出了新的更高要求，同时也对加强交通运输警务专门人才培养、确保交通运输安全提出了新的更高要求。铁道警察学院作为唯一一所培养铁路交通警务人才的高等院校，要积极适应时代发展和警务实战要求，立足铁路与其他交通运输方式相通相近的特点，发挥在专门人才培养方面的优势，努力创造条件，拓宽办学面向，争取建设成为交通运输警察学院，为我国交通运输事业发展服务。同时指出，铁道警察学院作为公安部所属院校在河南郑州办学，一定要有宽阔的视野和格局，充分认识到郑州是全国的交通枢纽、高铁“四纵四横”主要的交会地、中欧班列的起点站，航空、装备制造业等都很发达，具有很好的区位优势和丰富的人力资源；随着“一带一路”倡议的推进和中国高铁走向世界，交通运输国际执法合作日渐深入，对交通运输法治人才和国际执法合作人才的需求也日益迫切，这些都为学院的发展提供了厚实的基础和强大的动力。要坚定办学信心、明确办学方向，立足中原大地，努力把学院建设成为“全面合格、特色鲜明，行业一流、国内领先”的公安高等院校。这些重要指示，从根本上指明了学院的建设发展方向，彻底解决了学院多年来困惑和探索的重大问题，是引领学院开拓创新、实现长远发展的重大举措，为积极适应“大交通”格局和警务实战需要，推动学院在新时代获得新发展，提供了有力的理论启示、方法指导和动力支持。开展交通运输警务理论研究，加强对交通运输警务改革和发展中的新鲜经验进行理论概括，是落实赵部长重要指示、创造条件建设交通运输警察学院的具体措施之一，也是本丛书编写的最直接和最重要的动因。

近年来，铁道警察学院按照“错位竞争、差异发展”的发展理念和“相通相近、逐步拓展”的发展路径，在巩固发展铁路警务人才培养和科学研究的基础上，依据各种交通运输业务和警务相通相近的特点，探索开展实战急需而目前尚为空白的交通运输警务类学科专业建设，在城轨警务、水域警务、空域警务、道路交通警务和缉私警务等领域取得一系列研究成果。编写出版“铁道警察学院交通运输警务理论研究丛书”的宗旨之一，正是总结凝练前期的研究成果，同时进一步加强交通运输警务学科建设，与同行专家一起努力提高交通运输警务学科的专业化程度，使交通运输警务研究成果提升到系统化的水平。

本丛书包括《交通运输警务初论》和《铁路警务理论与实践》、《城市轨道交通警务理论与实践》、《水域警务理论与实践》、《空域警务理论与实践》、《道路交通警务理论与实践》、《缉私警务理论与实践》，基本的构想是形成“1+6”的知识体系，即一个交通运输警务的总论，再加上铁路警务、城轨警务、水域警务、空域警务、道路交通警务和缉私警务的理论与实践问题六个分论。“总分结合”的想法，是为了促成知识理论体系的完整，以此给读者了解交通运输警务提供一个相对成型的框架。本丛书还包括《创建交通运输警察学院思考与探索》，该文集收录了学院领导班子成员和各交通运输警务领域负责人的讲稿，还收录了学院职能部门负责人的创建措施和教职工撰写的交通运输警务研究文章，从不同角度反映了对创建交通运输警察学院进行的探索和思考。

根据实际需要，本丛书还将按照不同主题继续组织征稿并陆续出版。限于水平，在理论体系构建和内容阐述上，错误之处在所难免，敬请读者和同行、专家批评指正。

编辑委员会

2019 年 3 月

创造条件把铁道警察学院建设成为交通运输警察学院

（代序言）

铁道警察学院，是一所具有光荣历史而又朝气蓬勃的公安高等院校。她诞生在新中国成立的曙光里，成长在中华民族伟大复兴的进程中，与共和国命运紧密相连，与公安工作同频共振，与铁路事业同舟共济，与公安教育同步共进，至今已经走过了68年的光辉历程。68年来，学校伴随国家政权建设和经济社会发展进程，历经数次重大调整，先后八迁校址、十易校名，最终扎根中原沃土，在人民公安事业和现代科技文明的洗礼中成长进步。在各个历史时期，全体铁警人始终坚持社会主义办学方向，积极响应党和国家召唤，以忠诚育警魂，以特色谋发展，以贡献求支持，探索建立了完整的公安学、公安技术学科体系，构建了符合警务实战需求的学科课程集群，打造了服务“一带一路”倡议的外国铁路警察培训品牌，会聚了一批在铁路和城轨警务领域具有影响力的专家学者，产出了系列具有开创性的教学科研成果，先后为各级公安机关培养了各类毕业生和在职民警7万余人，赢得了社会各界和警营内外的充分肯定，被誉为“铁道卫士的摇篮”。

68年来特别是近年来的办学实践，使我们深刻认识到，公安院校作为培养公安专门人才的主要阵地，是提升公安队伍战斗力的重要源头，必须遵循高等教育和公安院校的发展规律，把铸造忠诚作为政治标准，把服务实战作为办学方向，把特色建设作为基本方略，努力形成具有自身特色的发展道路，在服务公安实战中获得持续发展的力量。我们也清醒地认识到，虽然学校随着时代的发展取得了长足进步，但与其他公安院校相比，还存在学科专业建设同质性强、办学特色不够鲜明、服务面向相对单一、持续发展空间高度局限等突出问题。如何适应新时代全面深化公安改革和高等教育改革的要求，找寻新的发展道路，破解制约学校发展的体制性、机制性、保障性“瓶颈”，是所有铁警人面临的重大而紧迫的课题。

68年后的今天，在公安部党委的坚强领导和关心支持下，伴随我国行业公安机关管理体制改革步伐，学校发展又迎来了新的重大历史机遇。2018年10月，国务委员、公安部部长赵克志同志代表公安部党委对学院的建设发展作出重要指示。这一重要指示，从根本上指明了学院的建设发展方向，彻底解决了多年来困惑和探索的重大问题，是引领学院开拓创新、实现长远发展的重大举措，为积极适应“大交通”格局和警务实战需要，推动学院在新时代获得新发展，提供了有力的理论启示、方法指导和动力支持。

第一，创造条件建设交通运输警察学院，要深化对特色发展的认识。对公安院校而言，没有忠诚就没有灵魂，没有实战就没有方向，没有特色就没有未来。首先，坚持特色发展是公安院校职能分工的迫切需要，不同学校应各担其责、各有侧重、各具特色、互补共进，避免同质化发展。其次，坚持特色发展是后进院校生存发展的根本路径，后进后发院校只有通过特色建设，才能形成自身独特的价值和竞争力。从教育大背景来看，铁道警察学院属于部委管理的行业院校。我国早在1950年，就根据“全国高等教育会议”的指导意见，建立了一批由中央部委管理的行业特色型院校，即所谓“条条办学”。二十世纪九十年代实行高等教育制度改革，以“合作、合并、调整、共建”为原则，改“条条办学”为“块块办学”，开始推动行业特色院校改制。① 此后，原中央部委管理的571所高校，除公安部等少数部委的高校得到保留外，其余全部划归教育部或地方管理，基本结束了行业办学的历史。调整后保留的这类高校，被称为行业特色大学，即以与行业紧密结合的学科为基础、具有显著行业办学特点、隶属国务院某个部委的单科性高校。② 但是，特色大学不等于有大学特色。大学特色，是一所学校独

① 潘懋元，陈斌．论行业特色型院校的回归与发展［J］．重庆高教研究，2016（1）：3－4.

② 王焰新．高水平行业特色大学创建世界一流学科的“三个坚持”［J］．中国高等教育，2015（22）：15－16.

特的、优质的、稳定的、区别于其他大学的品质和风貌，主要包括特色的办学理念、特色的学科专业、特色的人才培养模式和特色的组织文化四个方面，它标定着大学之间的区别和优势，是大学发展的生命线。[①] 如果不注重特色凝练，不坚持特色发展，大学就会在随波逐流中迷失方向，在模仿克隆中同化同质，最后变成具有高度可替代性的平庸学校，随时可能被替代或者被淘汰，失去生存的价值和发展空间。

铁道警察学院是后进后发的行业特色院校，虽主要服务于铁路公安机关，但与其他部属公安院校和地方公安院校一样，开设同样的专业，建立相同的系部，采用类似的培养模式，进行同质化的教学科研。如果继续这样走追随模仿的道路，在低层次水平上重复徘徊，在未来的激烈竞争中将被彻底淘汰。为此，必须紧紧围绕公安工作和公安教育大局进行精准定向，根据自身特殊的起源、传统、条件、相对优势和行业资源，坚持把特色发展作为最基础、最重要的发展方略，努力以特色办学理念为引领，以特色专业学科为核心，以特色人才培养模式为支撑，以特色组织文化为保障，为学校发展提供导向力，注入创新力，提升竞争力，激发生命力，增强凝聚力，走出一条具有自身特色的发展道路。具体而言，就是要树立“错位竞争、差异发展”的发展理念和“相通相近、逐步拓展”的发展路径，在巩固发展铁路警务人才培养的基础上，依据各种交通运输业务和警务相通相近的特点，探索开展实战急需而目前尚为空白的交通运输警务类学科专业教育，最终构建起以铁路警务、城轨警务、水域警务、空域警务、道路交通警务以及缉私警务六大领域为依托的学科专业教育体系，努力把学院建设成为交通运输警察学院，实现多年来几代人苦苦追求的发展梦想。

第二，创造条件建设交通运输警察学院，要深化对转型发展的认识。据统计，全国共有普通本科院校1200多所，其中近700所是1999年以来新建的，铁道警察学院就是其中一所。国家对新建本科院校发展方向的要求，就是抓紧进行应用型转型。早在2013年，教育部就推动成立了“应用技术大学（学院）联盟”，推动新建院校走职业化转型道路。2014年2月，国务院作出“引导一批普通本科高校向应用技术型转型”的战略部署。2015年10月，教育部等“三部委”发布指导意见，要求大力推动新建本科院校向应用型转变，并将其视为建设

---

① 张忠家，张相乐等．大学特色论［M］．北京：高等教育出版社，2015：16－30.

中国特色现代职业教育体系的关键之举和国家高教结构战略调整的重要组成部分。2016 年，《国务院政府工作报告》和《国家“十三五”规划纲要》也明确提出：推动具备条件的普通本科高校向应用型转变。

新建高校转型的核心，是明确办学定位，把办学思路转到服务地方经济社会发展上来，转到产教融合、校企合作上来，转到培养应用型技术技能型人才上来，转到增强学生就业创业能力上来。[①] 转型之转，重在“型”，不在“格”。所谓应用型大学，其与高职高专同类不同级，而与普通本科同级不同类；这就要求人才培养既要体现不同于高职高专的高层次，又要体现不同于普通本科的职业导向，简言之，就是进行本科层次的高等职业教育。[②] 办好应用型大学，还需要构建与之相适应的组织类型。当前，高校组织分类主要有研究型、研究教学型、教学研究型、教学型和教学服务型五种。[③] 铁道警察学院无疑属于教学服务型。因此，其转型发展的完整含义就是：建设教学服务型大学，培养应用型人才。当然，应用型不等于低水平，培养应用型人才、产生应用型成果，同样需要高水平的教学科研和师资队伍。办学层次是指服务对象，办学水平则是指服务质量；办学层次不等于办学水平，高层次可能低水平，低层次也能达到高水平。铁道警察学院转型发展的目的，就是要在较低办学层次上，办出高水平，真正实现建成“全面合格、特色鲜明，行业一流、国内领先”公安高等院校的目标，成为交通运输警务人才的摇篮。

第三，创造条件建设交通运输警察学院，要深化对结构发展的认识。这里的结构，既有部属公安院校的整体结构，也有学校自身发展的结构。当前，随着中国人民警察大学改制成立和南京森林警察学院划归公安部管理，部属院校已经形成了“两大学三学院”的新格局。其中，有综合性的龙头院校，有侧重外向型的院校，还有侧重刑事司法和治安管理的院校等。在新的院校结构布局中，围绕治安与交通这现代警政和民生服务的两大任务，根据行业公安机关管理体制改革要求和“大交通”建设需要，综合考量铁道警察学院的办学面向、现实条件和服务能力，必须也只能向交通运输警务领域拓展，力争在这个领域做好做强，形

---

① 唐景莉．坚持立德树人办好中国特色社会主义大学［J］．中国高等教育，2016（10）：7.

② 张旸，于海燕．转型期新建本科院校人才培养模式变革探析［J］．高等教育研究，2016（9）：61－66.

③ 刘献君．教学服务型大学在实践探索中发展［J］．高等教育研究，2016（7）：3－5.

成与其他部属院校各有侧重、相互补充、良性竞争、共同发展的态势。

从自身发展来看，铁道警察学院在前进中面临一个特殊的处境，即先进院校已经从以规模扩张为特征的外延式发展进入了以质量提升为核心的内涵式发展阶段，而我们在转型发展中又担负着建设交通运输警察学院的新使命，不仅需要对已有的办学格局进行结构性调整，还必须进行规模发展，形成必要的规模效应。结构调整和规模发展的双重任务，就要求我们必须有所为、有所不为，分清主次、集约推进。因此，未来要走的不是单一的结构调整的道路，更不是简单的规模扩张的道路，而是结构性增长的道路。当前紧要的工作，就是围绕创造条件建设交通运输警察学院的任务，在大力调整学科专业建设布局的同时实现规模发展。其中，学科专业是大学的立足之本、发展之基，是办学质量最重要、最显著的标志，是决定大学特色最主要、最深刻的因素。必须抓紧探索建设交通运输警务类学科专业，尽快实现"从无到有""从有到优"的开拓发展。同时，坚持集群发展模式，注重多学科协同研究和跨学科组织架构建设，推动相关学科围绕交通运输警务这一共同主题来设计和发展，努力形成由带头学科、支撑学科及相关学科组成的学科专业发展集群，做到重点突出、主从分明，避免单兵作战、平衡用力，从根本上减少结构性浪费。在人才培养布局上，须在巩固铁路警务人才培养工作的同时，抓紧探索为交通、民航、海关等行业公安机关培养人才，形成新的发展方向和成长空间。

第四，创造条件建设交通运输警察学院，要深化对又好又快发展的认识。当前，我国社会主义现代化经济体系建设加速发展，已经进入了转变发展方式、优化经济结构和转换增长动力的攻关期。这既为高等学校适应和促进经济社会发展、彰显功能与特色、提供人力资源支撑和智力支持带来了新机遇，也对高等学校加快深化人才培养模式改革、加强学科专业建设，培养满足社会需求的不同层次和类型的高素质创新型人才、产出高水平研究成果提出了新挑战。① 高等学校发展的历史也一再启示我们，在改革创新的时代，后进后发院校要想生存发展，获得生存价值和竞争能力，第一要诀是有特色，突出一个"特"字；第二就是要有速度，突出一个"快"字。要把质量与时效、特色与速度紧密结合起来，以超常规的方式推动各项工作，切实加快建设发展步伐。

① 钟秉林．迈入新时代抓住新机遇应对新挑战［J］．中国高等教育，2018（1）：1.

“创造条件”建设交通运输警察学院的一个核心要义，就是指我们现有的资质、能力、条件等各方面都还远远不够，必须在全面深化公安改革的引领带动下，紧紧围绕警务实战需要，坚持以创造创新的意识去做开拓性的工作，做到全员全力探索进取，全面推动学科专业建设和人才培养提档加速，努力在奔跑中调整姿态，在发展中解决问题，在前进中走向成熟，使我们的条件与标准相符合、能力与目标相匹配、理想与现实相衔接。

面对全新的领域和事业，面临严峻的改革和大考，有什么样的境界就会做出什么样的选择，有什么样的担当就会交出什么样的答卷。身处新时代，担负新使命，全体铁警人应以时不我待的紧迫感和舍我其谁的责任感，开拓创新再鼓劲，干事创业再出发，努力让奋斗者的足迹在铁道警察学院发展史上踏石留印，让开拓者的名字在交通运输警察学院英才录上镌刻闪光，为开创新局面、实现新梦想作出应有的贡献！

目　　录

第一章

交通运输警务纲要

交通与治安向来被视为现代警政工作的两大任务。[①] 交通运输的重要性在于，它是经济发展的基本需要和先决条件，是现代社会的生存基础和文明标志，是社会经济的重要纽带和基础结构，是现代工业的先驱和国民经济的先行部门，是资源配置和宏观调控的重要工具，是国土开发、城市和经济布局形成的重要因素，具有十分重要的生产功能、运输功能、国民经济循环功能和国防功能等。[②] 交通运输警务作为交通运输事业发展的重要支撑和基础保障，对于确保交通运输安全有序通畅，进而推动经济社会发展，实现个人自由迁徙，提高公众幸福指数等都具有重要意义。

在既往的交通运输警务研究中，多着眼于局部，专题探讨铁路警务、城轨警务、水域警务、空域警务、道路交通警务等专门性警务。当研究进行到一定阶段的时候，就亟须解决一个基础性、保障性的问题，即在分析各种交通运输方式警务共性特征的基础上，界定“交通运输警务”这一总称概念的内涵和外延，建构交通运输警务的基本理论框架；而这个整体理论框架的建立，又将为深入开展铁路、城轨、水域、空域、道路等分领域的警务理论研究和学科专业建设奠定根基、提供指引。整体与局部的关系处理好了，两者才能相互支撑、相得益彰。本章将立足已有的专门警务研究成果，对交通运输的相关概念作简要辨析，探讨交通运输的法律关系和法律体系，梳理交通运输的相关法治政策理论，分析交通运

① 李显裕．“中央警察大学”校史［M］．桃园：“中央警察大学”出版社，2016：323.

② 户佐安，薛锋．交通运输组织学［M］．成都：西南交通大学出版社，2014：2.

输警务的生长发展基础，尝试阐述交通运输警务的主要理论课题，并以此为随后各种类交通运输警务的研究提供纲要。

第一节　交通运输的概念与特性

交通运输是人类社会活动的基本内容和历史发展的必要条件，自古就有交通运输活动，现代人亦几乎无往不在交通运输的网络之中，“交通”“运输”也一直是人们使用频率极高的词汇。“衣、食、住、行乃人生要素，行者何，交通之谓也。行之一事，乃要素中之要素，盖衣、食、住三项皆赖行以完成之。”① 正因为交通运输历史悠久、使用普遍，往往造成其表面含义与实质含义、历史含义与现代含义、一般含义与专业含义等相互交织，令人产生混淆。著名法理学家博登海默说过：“概念乃是解决法律问题所必需的和必不可少的工具。没有限定严格的专门概念，我们便不能清楚地和理性地思考法律问题。”② 因此，欲研究交通运输警务，须先辨析界定交通运输的概念，分析认识其基本特性。

一、交通运输的相关概念辨析

交通运输相关概念的相互交织与混淆，不仅在于名词的称谓和含义，还表现为不同领域对其关注的侧重点不同，以及不同学者在研究中持有的视角不同。这主要体现在以下方面：

（一）交通与运输

一般意义上的交通与运输概念难以区分，常常合并使用，几种主要辞书对两者也似乎存在相互解释的倾向。如《辞海》对交通的解释是：“各种运输和邮电通讯的总称。”《中国大百科全书·交通卷》将其解释为：“交通包括运输和邮电两个方面。运输的任务是输送旅客和货物。邮电是邮政和电信的合称；邮政的任务是传递信件和包裹，电信的任务是传递语言、符号和图像。”交通运输领域的《交通大辞典》，从本专业的角度把交通定义为“人与物在两地之间的往来、传

---

① 陈文莘．道路交通法规概论［M］．北京：警官教育出版社，1997：43－45.

② ［美］博登海默．法理学：法律哲学与法律方法［M］．邓正来译．北京：中国政法大学出版社，2004：504.

递与输送”，“包括运输和通信两个方面，狭义的交通专指运输”。此外，随着现代科技的发展和专业化物质传输系统的形成，上述关于输电、输水、供暖、供气等形式的物质位移，以及语言、文字、符号、图像等形式的信息传输，现在已经不再属于交通运输的范畴。

在交通运输学者看来，交通与运输是两个不同的概念。交通是指通过一定的组织管理，利用公共设施实现人员与物资地理位置改变的社会活动。而运输则是指通过一定的组织管理，利用公共设施、专门设施和运载工具，实现人员与物资地理位置改变的一种经济活动。① 两者的相同点，在于都是运输工具在运输网络上的流动。但交通强调的是运输工具在运输网络上的流动情况，不特别关心交通工具所载运人员与物资的有无、多少。运输强调的是运输工具上载运人员与物资的多少、位移的距离，不特别关心使用何种交通工具和运输方式。两者的关系可概括为：运输以交通为前提，没有交通就不存在运输；没有运输，交通就失去了存在的必要。交通与运输既相互区别又密切相关，二者统一在一个整体之中。②

法学界不严格区分交通与运输，而是以交通违法或交通犯罪来概括交通和运输方面的违法犯罪。如有学者认为，交通违法行为的概念，有狭义、广义和最广义三个层次。狭义的交通违法行为，是指行为人所为的交通行为抵触刑法上所设的各种规定。广义的交通违法行为，是指除了狭义的交通违法行为外，还包括违反各种交通法规，而遭受行政处罚或行政处分的行为。而最广义的交通违法行为，则是指除广义的交通违法行为之外，还包括其他违反涉及交通相关事项的法规而遭受处分的行为。③ 还有学者从犯罪学的角度提出，交通犯罪有广义和狭义之分。广义的交通犯罪，是指一切与交通有关的犯罪，包括铁路、公路、航运、空运等交通犯罪。狭义的交通犯罪，仅指有关公路汽车交通方面的犯罪，包括把汽车作为犯罪工具和手段的交通犯罪，把汽车作为犯罪对象的交通犯罪，以及由汽车造成交通事故的犯罪。④

（二）交通运输与公共交通、“大交通”

基于对交通和运输的认识，交通运输学界对交通运输的专业界定基本趋同，

---

① 户佐安，薛锋．交通运输组织学［M］．成都：西南交通大学出版社，2014：1－2.
② 连义平．综合交通运输概论［M］．成都：西南交通大学出版社，2009：2.
③ 张丽卿．交通刑法［M］．台北：学林文化事业有限公司，2002：13.
④ 康树华，王岱，冯树梁．犯罪学大辞书［M］．兰州：甘肃人民出版社，1995：495.

一般是指运输工具在运输网络上的流动和运输工具上载运的人员与物资在两地之间位移的经济活动的总称。现代化交通运输，主要包括铁路、水路、公路、航空和管道五种运输方式。鉴于管道运输的特殊性，本书的研究仅限于前四种运输方式。

当前，我国和世界交通运输理论与实践的发展趋势，主要是以运输外部性理论和计量经济学理论为基础，以实现交通运输与经济、社会、环境的协调发展为目标，以加强多种运输方式的协调衔接为途径，建立可持续发展的现代综合交通运输体系（或称一体化交通运输体系）。在此背景下，需对交通运输、公共交通、“大交通”等概念作清晰区分。

1. 交通运输与公共交通

交通运输作为一个把交通和运输两者整合起来的“总称”概念，可能会与“公共交通”一词产生混淆。关于公共交通，一般认为其是“城市公共交通”的简称，是指在城市陆地上按照一定的间隔时间，在固定路线上来回行驶、沿途停靠站点的交通形式。① 1985 年发布的国家标准《城市公共交通常用名词术语》，将公共交通解释为“城市中供公众乘用的、经济方便的各种交通方式的总称”。1994 年国家标准《国民经济行业分类与代码》，将其列入了“社会服务业”子项“公共设施服务业”。

在社会实践中，城市公共交通主要分为四类：主体是常规公共交通系统，包含公共汽车、有轨电车、无轨电车等；骨架是轨道交通系统，包括地铁、轻轨、高速铁路等；起辅助和补充作用的是辅助公交系统，包括出租汽车、三轮车、摩托车等；特殊条件下采用的是特殊公交系统，如轮渡、缆车等。② 由此可见，“公共交通”一词表面上似乎涵盖了所有的大众交通形式，但实质上仅仅指称大城市的公交系统。

2. 交通运输与“大交通”

与交通运输可能相混淆的另一个概念是“大交通”。“大交通”一词在口头上经常使用，也频繁见诸文件报刊。从实务层面来看，国家交通运输部曾在回答网民的提问时指出：“大交通”就是整合铁路、公路、水路、民航和邮政等运输

① 刘贤腾．交通方式竞争：论我国城市公共交通的发展［M］．南京：南京大学出版社，2012：10.
② 田晓，关艳萍，程晓玲．城市公共交通运营管理［M］．北京：中国财富出版社，2015：4.

方式，发挥综合融合的优势。[①] 未来还将结合高铁、枢纽机场、城市轨道交通的发展，加快客运枢纽、重点物流园区和集疏运体系建设，协调铁路、公路、水路、民航的运输政策和技术标准，在不同运输方式的衔接上下功夫，最终实现旅客的零换乘、货运的无缝衔接。[②] 2015 年 1 月，交通运输部发布的《关于全面深化交通运输改革的意见》指出：支持地方交通运输主管部门负责本区域内综合交通运输规划、建设、管理与服务，统筹地方铁路、公路、水路、民航、邮政等管理，加快形成“大交通”管理体制和工作机制。

此外，有学者认为，交通运输有广义、狭义之分，广义的称为“大交通”，是各种运输和邮电事业的总称；狭义的称为综合交通运输，包括铁路等五种方式。[③] 也有学者提出，“大交通”不仅包容全部交通形式，而且是将人的交通需要与其他需要协同起来的大系统，其注重促进铁路、公路、水运、航空相互结合，实体交通与信息交通融为一体。[④]

故从整体来看，“大交通”在含义上接近综合交通运输体系，但更像其口头语，或是对各种交通方式协调发展目标的便捷代称，似乎不是规范的学术概念。

3. 交通运输警察与交通警察

在习惯用语中，交通警察指称道路交通警察即“交警”；交通运输警察则泛指铁路、交通、民航等行业公安民警，这常常让人对交通运输这个概念形成模糊认识。此外，交通警察、交通运输警察两者之间还有一个本质的区别，即交通警察是公安机关的一个警种部门，职能相对专一；而交通运输警察如铁路警察、航空警察等则是综合性的行业公安机关，它与行政公安机关的区别主要是地理与种类上的差别，在职能上除户籍管理、出入境管理外，与行政公安机关并无根本差异。在欧美警察语境中，一般将具有类似性质的警察统称为“特种警察”（Special Function Police）。

综上所述，如果不把这些相互交织甚至相互混淆的概念辨析清楚，势必造成

① 闻欣．杨传堂：不断满足人民群众出行新需求共享交通运输改革发展新成效［EB/OL］．东方网，（2015－3－5）．http：//news. eastday. com/eastday/13news/auto/news/china/u7ai3559012_ k4. html.

② 张培坚．大交通部格局成型：水路公路铁路民航邮政五合一［EB/OL］．中国新闻网，（2014－3－14）．http：//news. sina. com. cn/0/2014－03－14/175029709637. html.

③ 陈家宏等．交通运输法［M］．成都：西南交通大学出版社，2014：1.

④ 高建明，何卓恩．大交通的系统审视与我国大交通系统的建构［J］．系统辩证学学报，2000（3）：50－52.

研究和对话的混乱，我们也难以理解和把握“创造条件把铁道警察学院建设成为交通运输警察学院”的理论背景和深刻内涵。这就要求我们尽快建立一套严谨规范、界定严密、具有排他性的理论概念体系，形成公认的专有名词和话语系统，并在此基础上聚焦研究相关问题。

二、交通运输的基本特性与构成要素

现代化交通运输方式各有特点和适应领域，技术经济特征也各不相同。要想在总体上研究交通运输业务，就必须明确它们的共性特征，厘清其基本特点、结构要素和法律关系。因此，加强对不同运输方式共性特征的研究，对从整体上理解和把握交通运输具有基础性的意义。

（一）交通运输的基本特点

交通运输业是物质生产部门，同时又是公共服务业，在总体上归属为第三产业。这种特殊性质，使其具有不同于一般产业服务部门的特点。

1. 生产力组成要素具有特殊性

交通运输作为人类（劳力）通过各种生产手段，为改变运输对象的空间位置而进行的生产活动，与其他物质生产部门相比，虽具有劳动力（运输工人）、劳动对象（旅客或货物）和劳动资料（运输工具和交通线路）三个要素，但又有质的不同。例如，旅客或货物作为劳动对象，不同于生产“原料”，其在位移过程中仅仅改变所在的空间位置，不改变属性和形态，不创造新的物质实体，也不涉及物品所有权的转移。这里的人和物（物品的背后也有人的存在），是交通运输生产过程的主体参与者，而不是被动的加工对象。

从法律关系上看，运输合同的标的是承运人的运输劳务行为，承运人以完成人或物的位移为劳务的目标，其劳动物化在运输行为的过程中，虽有权要求托运人支付相应报酬，但不能随意处置货物或出售给他人。也就是说，交通运输生产的产品是无形的服务，计量单位是“旅客人·公里”和“货物吨·公里”，即客货运量和运输里程的乘积。运输生产的产品质量，表现为运输组织和人员的服务满足旅客、货主明确或隐含需要的能力特性的总和，包括功能性、安全性、时间性、经济性、舒适性、文明性等特征指标。①

---

① 林晓言．中国交通运输服务发展报告（2015）［M］．北京：社会科学文献出版社，2016：9－10.

2. 生产消费环节具有统一性

正如马克思指出：运输业，“表现为生产过程在流通过程内的继续，并且为了流通过程而继续”①。工农业物质产品的生产和消费，在时空上是相互分离的，产品离开生产领域即成为商品，然后进入流通领域被消费。而交通运输业的生产(旅客和货物的位移)，与生产对象的消费（人的旅行和货物的运输）不可分离、同步完成，也就是说，其生产过程和消费过程是统一的。因此，交通运输业的产品不能像其他生产部门一样进行储存和积累，也无法用自己的产品建立储备，而只能通过储备一定的生产能力（运输能力），以满足经济社会发展和客货运量增长的需要。

3. 生产经营过程具有连续性

交通运输的目的是把旅客或货物从 A 点送达到 B 点，生产过程表现为多个环节之间的联合作业。例如，旅客运输过程，包括进站、上车、运行、到站、出站等环节；货物运输过程，包括集、装、运、卸、散等环节。各种运输方式内部和运输方式之间，也形成了点多、线长、面广的运输网络。其中，线路、航道、道路、航线等构成网络的边，这些边的端点及交叉点（交叉路口、车站、码头、机场和交通枢纽）构成交通运输网络的节点；各个子系统内部也是由线路、道路、运输服务设施，以及库场、站台、出入口等组成的复杂网络子系统。

这种多环节、超区域、网络化的生产特点，要求生产过程和生产时间必须保持连续性，以保证将旅客、货物安全便捷地运送到目的地。各个地区、各个工种、各个环节也必须紧密衔接、相互配合，服从集中统一的组织调度，实现网络结构最优化、资源共享最优化、组织管理最优化，由此才能高质量地完成生产任务。

4. 生产经营方式具有协作性

交通运输业生产具有系统关联的特点，往往需要由几种运输方式共同完成。例如，货物运输，一般需要长途和短途、干线和支线、多种运输方式的协作；旅客运输，同样也要通过各运输企业与相关部门的协调。而各种运输方式虽然线路、工具和技术装备各不相同，但提供的却是同一种产品即实现客货的空间位

① 中共铁道部党校理论研究室. 马克思恩格斯列宁斯大林论铁路交通运输［M］. 北京：中共中央党校出版社，1984：9.

移，对社会具有同样的效用。功能效用的同一性，必然造成运输产品具有一定程度的可替代性，特别是在距离、时间和成本相近的情况下，各种运输方式极易形成激烈的市场竞争。

这种生产经营的系统关联性和运输方式的可替代性，要求各企业、各部门之间必须加强协作，才能完成运输功能，提高服务质量。这些协作包括货物发送和到达环节中运营企业与货主之间的协作，客货运输中转和集散环节中各种运输方式或各个运输企业之间的协作，以及运输线和运输网络中产、供、运、销各部门、各企业之间运输过程的协作等。随着经济社会的发展，人们对建设现代综合交通运输体系的需求日益增强，各运输部门、运输企业、运输方式之间的分工与协作将显得更为重要。

5. 生产服务具有公益性

交通运输生产服务属于比较典型的公共物品。这首先体现为其具有广泛的共用性。例如，乘客共用的车厢、车站，货运共用的列车和装卸设备等；交通运输线路安排、指挥调度、修养维护等服务，也都是为所有乘客和货主提供的。其次，体现为具有不可分割性。交通运输属于网络型基础设施，只有彼此互相衔接形成有效网络才能更好地发挥效用，其生产不可分割。交通运输服务也不是单独为某一个旅客提供，而是为所有旅客提供的，消费也是不可分割的。再次，体现为具有正外部性。交通运输能为整个经济社会提供巨大效益，使产业聚集和经济发展成为可能，这个正外部性远远大于其造成的交通事故、资源消耗、环境污染等负外部性。又次，体现为具有一定程度的非竞争性。例如，对列车、船舶、飞机等基础设施，在容量未满的情况下，增加一单位的乘客或者货物数量，边际成本基本为零。最后，体现为具有排他性。在通常情况下，消费者使用交通基础设施都需要付费，在价格上具有排他性；交通运输的设备设施如铁轨、机场、港口等，都具有资产专用的特性，即使处在闲置状态也不能让其他交通工具使用，故在技术性上也具有排他性。

交通运输生产服务具备的共用性、不可分割性、正外部性、非竞争性和排他性，表明交通运输是一种非常明确的公共物品。在交通运输实践中，铁路、公路、城市公共交通、航空等都在一定程度上承担了公益性运输任务，其中，铁路和城市公共交通的公益性表现得更加明显和广泛。[①] 交通运输服务的公益性，体现了社会各利益主体对运输需求权益的平衡，也是公平、自由等价值观在交通运输产业中的升华，凸显了政府的社会责任，保障了社会福利，也增进了社会公众的满意度，提高了民生幸福指数。[②]

6. 生产经营及副产品具有环境破坏性

交通运输离不开环境，而其生产经营和成长发展又会引起诸多环境问题。特别是在规划不科学、监管不完善等的情况下，可能会严重影响自然环境和人类自身，体现出明显的负外部性。

从交通运输对周围环境自然成分的影响来看，主要表现在交通运输工具的发动机燃料燃烧排放物、废渣等，可造成化学污染；热能大量逸散，可产生环境热污染；制造交通噪声，可产生噪声污染，等等。据统计，来自交通运输领域的各类污染，对全球升温的影响达到20%，仅次于工业；城市环境噪声的70%也来自交通运输。同时，交通运输干线建设需要占用大量土地和耕地，并可能对工程沿线的文化、历史和古建筑等造成不利影响。此外，如果规划建设不科学，对地形地貌、自然景观、动物种群、植物分布、生态系统等也会造成一定程度的破坏。

从交通运输对人类本身的影响来看，直接的表现是，交通事故对人生命财产安全的伤害。间接的表现是，空气污染、噪声、光照等对人的身心健康、生活质量、环境质量等产生的负面影响。

（二）交通运输的构成要素

综合来看，学界对此的研究成果，有多种认识和说法，其中具有代表性的是“三要素”说和“六要素”说。

1. “三要素”说

所谓“三要素”包括：（1）通道，是指人和物移动的开始、展开及结束的场所，包括自然通道和人为通道。（2）运输工具，是指将人与物收纳其中进行运输的工具，包括自然运输工具和人为运输工具两类。（3）动力，是指作为移

---

① 林晓言．中国交通运输服务发展报告（2015）［M］．北京：社会科学文献出版社，2016：232－236.

② 陈小君，宗刚．我国铁路运输服务的公益性问题研究［J］．北京工业大学学报（社会科学版），2015（5）：28－32.

动对象的人和物，或者让装有人和物的运输工具产生位移所必需的驱动力，同样存在自然动力和人为机械动力两类。这三个要素紧密联系、相互影响，某种要素的能力得到改善，其他要素的能力也须相应随之改善，只有做到三要素的平衡组合，才能保证交通工具的运输能力得到有效发挥。①

2. “六要素”说

所谓“六要素”包括：（1）运载工具，即容纳与保护被运送的人和货的工具。（2）通路，即连接运输始发地、到达地，供运输工具安全、便捷运行的线路。（3）场站，即运输工具出发、经过和到达的地点，为交通运输提供服务以及运输过程中转连接等作业的场所。（4）动力，即推动人造运输工具的动力。（5）通信，即使运营管理人员迅速准确掌握运输信息，确保运输持续、安全，提高运输服务质量与运输效率。（6）经营管理人员与机构，主要是指独立经营管理机构、职工队伍和规章制度。②

3. 交通运输的构成要素辨析

比较上述两种观点，并不存在根本的分歧，主要在于侧重点不同，以及某些要素存在的包容关系。例如，“三要素”说中的通道，就集合了“六要素”说中的通路和场站，既包括由港湾、机场等“点”的空间，也包括公路、铁路等扩展的“线”的空间，以及由两者共同构成的“面”的空间。至于通信，鉴于其与运输工具密不可分，且作为交通运输发展方向的智能化，本质上就是将先进的信息、数据、传感、人工智能等信息技术，综合运用于交通运输、服务控制和车辆制造，加强车辆、道路、驾驶者三者之间的联系，从而建立起全过程、全时空的实时、准确、高效的交通运输管理系统，故将通信作为独立的构成要素似无必要。

此外，还需要引起高度关注的是环境因素。鉴于交通运输生产经营的环境破坏性，交通运输的可持续发展战略和政策一直受到联合国与世界各国的重视。例如，1987 年，联合国世界环境与发展委员会就正式提出了可持续发展的概念和模式。2001 年，欧洲委员会通过了新运输政策——《欧洲面向 2010 年运输政策白皮书》，明确提出运输政策的核心是可持续发展和以人为本。2003 年，欧盟又

---

① ［日］衛腾卓也．交通运输经济论［M］．魏蜀楠译．北京：人民交通出版社，2015：20－21.

② 连义平．综合交通运输概论［M］．成都：西南交通大学出版社，2009：4－5.

推出了《欧洲能源与运输——2030年的发展趋势》，要求运输规划必须有助于节约能源，亲近环境。我国将可持续发展作为社会主义现代化建设的基本发展战略，提出了科学发展观，并制定了《中国21世纪议程》，逐步推动以人为本、绿色发展的理念深入人心。交通运输领域也是如此，国家提出建设“四个交通”中的绿色交通，核心就是以环境资源承载力为基础，加快推进绿色循环低碳交通基础设施建设、节能环保运输装备应用、集约高效运输组织体系建设，努力建成资源节约型、环境友好型的交通运输行业，实现经济效益、社会效益和环境效益的有机统一。可以预见，随着经济社会的进一步发展，环境因素对各国交通政策制定和运输规划建设必将产生更加重要的影响。

综上，交通运输的构成要素应概括为六个方面：通道、场站、工具、动力、环境和组织。其中，组织即经营管理机构和人员。这“六要素”，把人与物、硬件与软件、生产与环境、设施工具与经营管理等结合在一起，更具完整性和周延性，似较为妥当。

第二节　交通运输法律关系和法律体系

警务与法律密不可分，法律是执法的依据，而警务工作的一项重要职能就是执法。正如有学者指出，“法律法规和警察实践是交织在一起的：它们之间的关系是互动的，不理解一方，就很难理解另一方”①。因此，研究交通运输警务，首先要研究了解交通运输法律法规，尤其是其法律关系和法律体系。

一、交通运输法律关系

交通运输法，无疑是调整交通运输关系的法律规范的总称。学界对此并无分歧，不同观点主要在于对交通运输法律关系所包含内容的认识。

（一）交通运输法律关系的主要观点

法律关系，是指在法律规范调整社会关系的过程中，所形成的权利与义务关系。法律关系与社会关系的本质区别，在于法律关系以法律规范的存在为前提，

① ［澳］大卫·迪克逊．警务中的法则：法律法规与警察实践［M］．薛向君等译．南京：南京出版社，2013：1.

以国家强制力为保障。学界对交通运输法律关系的认识，根据有关资料，主要有以下几种代表性的观点：

1. “二关系”说。即认为交通运输关系包括交通运输管理关系和交通运输合同关系，并进一步细化为交通运输经济管理关系、交通运输经济协作关系和专业交通运输关系。①

2. “三关系”说。即交通运输关系包括交通运输管理关系、交通运输建设关系和交通运输合同关系。②

3. “四关系”说。即认为交通运输法律规范的调整对象，主要是交通运输特定的经济关系，包括国家对交通运输的宏观调控与管理过程中发生的宏观经济管理关系、国家对交通运输企业作为市场主体的主体行为的经济管理与监督关系、交通运输企业内部组织及成员之间的微观经济管理关系和经济协作关系、交通运输企业与其他市场主体间的经济关系。交通运输法律关系的类型，主要有经济法律关系、行政管理法律关系、劳动管理法律关系、社会保障法律关系、行政执法关系、涉外法律关系。其中，交通运输经济法律关系又分为旅客运输合同法律关系、货物运输合同法律关系、安全保护方面发生的侵权行为法律关系、行业内部组织之间发生的法律关系、交通运输各级组织同其他单位发生的其他法律关系，以及交通运输基础设施建设关系等。③ 也有学者虽认同“四关系”说，但同时提出，交通运输法律行为主要包括交通运输规划、基础设施、经营、安全、标准五个方面。④

4. “五关系说”。有学者主要从铁路运输的角度提出，铁路运输法律关系包含：行政管理关系（如行政管理部门与企业之间的监管关系）、建设合同法律关系、运输合同法律关系、侵权行为法律关系、内部组织之间的法律关系五类。其中，建设合同、运输合同和侵权行为法律关系，在本质上属于民事法律关系；行政管理关系和内部组织之间的法律关系，在本质上属于行政法律关系。⑤

此外，还有学者从权力行使和权力监督的角度提出，交通运输法只调整那些

---

① 陈家宏等．交通运输法［M］．成都：西南交通大学出版社，2014：3－6.

② 张晓永等．交通运输法［M］．北京：清华大学出版社，北京交通大学出版社，2008：14.

③ 郑国华．交通运输法教程（第二版）［M］．北京：中国铁道出版社，2006：34－35.

④ 段爱媛．交通运输法教程及案例分析［M］．武汉：华中科技大学出版社，2015：10－14.

⑤ 牧晓阳．铁路法教程［M］．北京：法律出版社，2016：16－17.

以交通运输行政管理权力形式出现时所产生的社会关系，包括交通运输行政管理权力在行使运用过程中，交通运输行政管理机关（行政主体）与相对一方的公民、法人或其他组织之间发生的社会关系，以及在交通运输行政管理权力实施监督过程中发生的社会关系。①

正因为上述理论观点的立足点和侧重点不同，对交通运输法的归属问题也存在分歧。有学者认为其归属行政法范畴，有的认为属于经济法范畴，也有的认为其集行政法、民法和经济法等于一体。此外，还有学者从交通犯罪的角度提出，交通运输犯罪属于行政犯罪。所谓行政犯罪，是指违反行政法规，严重危害正常的行政管理活动，依照刑事法律应当承担刑事责任的行为。行政犯罪发生于行政法律的权利义务规范，因其严重的社会危害性，被刑事规范规定为犯罪，从而具有刑罚的法律后果。行政犯罪具有双重违法性，是行政违法性与刑事违法性的统一，也是行为的社会危害性和行为人的人身危险性的统一。对于普通的违法行为，一般直接通过民事制裁、行政处罚手段进行第一次调控；只有严重的违法行为，才需要动用刑法进行第二次干预。交通运输犯罪以违反交通运输行政管理法规为前提，同时因其严重的社会危害性需要动用刑法进行第二次干预，因此又具有刑事违法性，属于行政犯罪的范畴。②

（二）交通运输法律关系的构成要素

对此，学者们的意见基本趋同，认为交通运输法律关系与其他法律关系一样，均由主体、内容、客体三者构成。

1. 主体。其是指参与整个交通运输活动的“人”。包括交通运输企业或公司法人，其他企业或公司法人，其他经济组织、自然人以及国家。

2. 客体。其是指交通运输法律关系主体的权利义务指向的对象。主要包括行为和物两类，如运输劳务行为、政府的管理行为、新技术等智力成果、原材料等实体性质的物。

3. 内容。其是指交通运输主体享有的权利和应当承担的义务。在权利方面，如依法进行经营管理活动，依法要求相对义务主体做出或不做出相应行为，依法请求保护受到侵害的权利等。在义务方面，如依法应担负的义务及范围和限度，

---

① 张永杰．交通运输法规（第三版）［M］．北京：人民交通出版社，2015：3－4.

② 赵波．交通刑法基本理论研究［M］．武汉：湖北人民出版社，2009：12－15.

不履行或不当履行义务时应承担的法律责任等。

二、交通运输法律体系

交通运输法律体系或法律渊源，是指交通运输法律法规的外部表现形式和根本来源。

（一）交通运输法律体系的分类

综合来看，对交通运输法律体系的分类主要有以下三种方式：

1. 纵向分类。按照现行立法权限、效力等级划分，一般包括宪法、交通运输法律、交通运输行政法规、交通运输部门规章、地方性交通运输法规规章、交通部门规章、地方性交通运输法规规章，以及交通运输国际条约和国际惯例。有的学者将民族自治条例和单行条例、相关的法律解释也纳入其中。

另外，还有学者认为，技术标准也是与交通运输法律规范有关的一种特殊渊源。这些技术标准包括国家标准和国际标准。其中，国家标准中的一些强制性标准属于国家的技术法规；其他标准本身虽不具强制性，但因某些条文由法律赋予强制力而具有技术法规的性质。国际标准由国际组织制定，本身没有强制力，一般为推荐性标准，但若作为公约的附件，则对缔约国产生约束力。①

2. 横向分类。所谓横向分类，主要是指按照交通运输形式区分的各类专门交通运输法律规范，如铁路运输、公路运输、内河和海洋运输、航空运输等法律规范。

3. 法典式分类。值得关注的是，国务院法制办于2011年编纂出版了《中华人民共和国交通运输法典：第二版》。其共分八篇，第一篇为综合规定，其下按照立法权限和效力等级，包括法律、行政法规、部门规章及文件。第二篇及之后依次为公路管理、道路运输、水运工程、水路运输、港口、海事管理、交通无线电管理。而每一篇基本都由综合管理（内含法律、行政法规、部门规章及文件）、主要业务涉及的法规规章及文件构成。如道路运输篇，其下包含综合管理、旅客运输、货物运输、车辆管理、驾驶员管理、交通事故处理六个部分，分别对有关法律、法规规章及文件进行归类。这种以法典形式出现的归类方式，结合了纵向和横向两种方法，堪称交通运输法律体系分类的典范。

---

① 郑国华．交通运输法教程（第二版）［M］．北京：中国铁道出版社，2006：6.

（二）交通运输法律法规的特点

从交通运输法律关系和法律体系来看，交通运输法律法规除了具有一般法律的共同属性以外，还具有自身的特殊性。主要表现在以下方面：①

1. 综合性。交通运输法律法规以调整交通运输关系为对象，这些交通运输法律关系既有行政关系，又有经济关系、民事关系。例如，公路、铁路、航空行政管理、道路交通安全管理等，属于公法调整的范畴；交通运输保险合同法、人身保险合同法等具有民事法、商事法的特点，属于私法调整的范畴。又如，违犯交通运输法律法规的行为，根据情节轻重不同，可能受到治安处罚、责令赔偿经济损失等，严重的则要承担刑事责任。由此可见，交通运输法律法规具有涵盖不同领域、不同类型法律的综合性特征。这种综合性，增加了法律体系分类和法典编纂的复杂性，也增加了对法律法规理解认识和执行的难度。

2. 发展性。法律的稳定性和变动性历来是一对矛盾，这在交通运输领域更加突出。交通运输法律法规以交通活动及与之联系的社会关系为调整对象，而交通运输活动则是依靠特定时期的交通工具或交通手段来进行的。纵览从古代的人力、畜力到近现代的火力、电力等交通运输活动，人类的交通工具始终处在不断发展进化的过程中，这就要求管理和规范交通运输的法律法规必须随之发展变化。特别是进入现代社会以来，新的信息科技得到广泛运用，交通工具升级换代加速，交通运输事业呈迅猛发展的态势，这必然要求交通管理、交通法治等不断调整完善以与之相配套、相适应。

3. 技术性。法律规范包括伦理性规范、技术性规范等不同类型。现代交通运输作为高度专业化的活动，有很多技术性的标准和要求，它们反映到交通运输法律法规上，就表现为相关法规条款中包含大量的技术性规定。

（三）交通运输法律体系的主要问题和构建路径

综合来看，当前我国已经基本形成了以宪法为核心，以交通运输法律为基础，以交通运输行政法规为骨干，以相关行政规章等为补充的法律体系，为交通运输事业法治化奠定了根基。但也存在一些亟待解决的问题。

1. 存在的主要问题。主要体现为：一是法律法规的内容相对滞后，各项法律规范之间的协调性不够。二是部门立法问题突出，“规章压法”的现象时有发

---

① 黎德扬等．社会交通与社会发展［M］．北京：人民交通出版社，2001：75－78.

生。三是缺乏交通运输法律体系最基础的法律即交通运输法。这既不适应当前综合交通运输体系建设快速发展的方向，也不利于交通运输事业的综合规划、整合协调与可持续发展，是目前需要尽快解决的关键问题。

另外，从交通刑法的角度来看，也存在一些亟待改进的问题。我国关于交通犯罪的条文主要体现在以下方面：扰乱公共秩序罪中，包括聚众扰乱公共场所秩序、交通秩序罪；危害公共安全罪中，包含破坏交通工具、破坏交通设施、过失损坏交通工具、过失损坏交通设施、劫持航空器、劫持船只汽车、暴力危及飞行安全、非法携带危险物品危及公共安全、重大飞行事故、铁路运营安全事故、交通肇事等十多种罪名及其处罚规定。从中可以看出，关于交通犯罪的罪名设置不够合理，排列比较混乱，为执法、司法实务适用罪名带来了诸多不便。在刑事制裁上，刑种的设置也相对较少，制裁措施相对单一，特别是对罚金刑、资格刑的适用不够，社区服务刑也未纳入交通刑罚体系之中。① 在交通运输法律体系的构建上，还存在内容庞杂以及相对不完整的问题，特别是有关的刑事法律，在法律体系分类以及交通运输法典中均未纳入。

2. 构建交通运输法律体系的路径。交通运输法在整体上属于部门行政法。对部门行政法进行体系化构造，一直是行政法学界普遍关注的问题。一般而言，一个系统科学的部门行政法法律体系应体现三项功能：一是有利于对相同和相似的管理对象采取统一的行政管理原则，以提高行政管理效率；二是便于具体承担某项行政管理职权的行政管理部门进行操作；三是有利于行政管理相对人识别和掌握行政法的规定，以准确理解和适用相关法律法规。

在这方面，公安行政法的体系构建可资借鉴。当前，公安行政法已经形成了以人民警察法为主线，以调整公安工作的各个方面为内容，既相对独立又有机联系的内外结合、比较均衡合理的法规体系。主要包括六个方面，即刑事法规、治安保卫法规、公安行政管理法规、公安组织人事法规、警务保障法规和监督法规。这种体系构造，从法理上说相当于公安工作法律手册，也类似日本的“六法”体系结构。②

未来的交通运输法律体系构造，宜立足交通运输法制的特殊性，参考公安行

① 赵波．交通刑法基本理论研究［M］．武汉：湖北人民出版社，2009：103－134.

② 张明杰，莫纪宏．行政法的新理念［M］．北京：中国人民公安大学出版社，1997：78－81.

政法的体系构造，以交通运输部门的行政管理职能为基础，按照国家法律形式体系和法典编纂的要求，立足全领域、全要素、全流程，把所有的相关法律规定进行有机组合，形成自上而下、形式统一、内容衔接、结构合理的部门行政法体系。使其既有利于交通运输人员学习掌握有关法规，明确自身工作职责；又便于交通运输相对人熟悉相关法律规定、依法行使和维护自身合法权益；同时有利于交通运输行政管理部门对适用本领域的各项法律法规进行合法合宪性自查，自觉遵守宪法和法律的规定。

第三节　交通运输法治政策理论

近现代以来，世界各国法律领域都面临一个普遍性的问题，即机动车辆的问世，引发了许多原有法律因欠缺相关规定所不足以处理的问题。① 特别是第二次世界大战以来，随着交通运输业和经济社会的迅速发展，各种各样的交通事故频繁发生，对各国的法治完善、立法司法实践和刑事政策理论提出了新的要求。在二十世纪八十年代，日本学者就曾提出，中国正在积极推进改革开放政策，迟早必然也会被战后日本所体验的类似问题所困扰，那就是：对日益增加的机动车数量采取什么对策；在政策上应如何防止交通事故的发生；在多种多样的交通事故情况下，如何设定刑法上过失认定的标准；对于数量庞大的违反交通规则者，应当采取哪些处理措施等问题。② 因此，了解交通运输法治政策的相关理论，是研究推动交通运输及其警务的实践发展与理论建设的重要基础。根据中外学者的研究，相关的法治政策理论主要有以下几个方面：③

一、被允许的危险理论

一般而言，刑法中的危险，是指行为所导致的法益损害的可能状态，没有行为与法益的联系，行为就不可能存在实质的违法性。因危险概念与法益的这一内

① ［英］J·C·史密斯，B·霍根．英国刑法［M］．李贵方等译．北京：法律出版社，2000：538.

② ［日］西原春夫．日本刑事法的形成与特色［M］．李海东等译．北京：法律出版社，日本成文堂，1997：251－252.

③ 赵波．交通刑法基本理论研究［M］．武汉：湖北人民出版社，2009：46－60.

在联系，使得危险基本上是一个违法性的问题。① 人类进入现代社会以来，随着高速交通工具的发展和社会生活的复杂化，各种危险行为明显增多。一些具有侵害法益危险但同时对社会发展具有有用性和必要性的行为，即使发生了法益侵害的结果，在一定范围内也应当允许，这就是被允许的危险。实施这种危险行为的人，如果遵守了其行为所必需的规则，以慎重的态度实施其行为，即使造成了法益侵害结果，也应认为是合法的，这就是被允许的危险理论。对于这类于社会有益的、不可或缺的行为所造成的事故，被允许的危险理论正是作为否定其过失责任的根据，特别是作为论证其缺乏违法性的根据而问世的。② 其法理基础在于合法化事由的共同结构原理，即某种行为虽然危险但对社会有用，为追求其有用性，允许人们冒着生命危险去实施此等行为，并在法律上将其作为合法化的事由予以确认。③ 决定被允许的危险行为范围的基准，德、日刑法主要看危险行为是否具有社会相当性，而社会相当性的具体化标准是没有违反社会生活上必要的注意义务。意大利刑法规定，危险行为可能损害的利益与其所保护的利益必须达成平衡，作为行为合法性的限度，并认为这种平衡不仅是危险活动得到允许的唯一理由，同时也是制定有关这类活动的预防性规则的基础。④

依据这一理论，不是所有制造危险的行为都是法律所要禁止的，只有当一个行为超过被容许的界限而制造危险时，法律才要禁止。人类必须优先考虑社会的发展，即使一些行为对社会、他人具有一定的危险性，也应当被允许。如果禁止所有的危险行为，社会将停止发展。汽车、火车、飞机、轮船的使用等交通运输行为，虽然都是制造风险的行为，但在事实上也是被社会生活所容许的行为。对于这样的行为，在行为人已经遵守安全规则的情况下，即使发生了实害或者危险，其行为仍然欠缺该犯罪类型构成要件的相当性或违法性。简言之，被容许的风险，就是允许因追求更高度的利益而接受该行为的附带风险。这是一种两利相权取其重、两害相权取其轻的道理。

---

① 李海东．刑法原理入门（犯罪论基础）［M］．北京：法律出版社，1998：132－133.

② ［日］木村龟二．刑法学词典［M］．顾肖荣等译．上海：上海翻译出版社，1991：195.

③ ［德］汉斯·海因里希·耶赛克，托马斯·魏根特．德国刑法教科书［M］．徐久生译．北京：中国法制出版社，2001：485.

④ ［意］杜里奥·帕多瓦尼．意大利刑法学原理［M］．陈忠林译评．北京：法律出版社，1998：220.

被允许的危险理论，还适用于解释不断更新的交通观念。例如，随着道路等级的不断提高，法律法规逐渐减少驾驶员的注意义务，而相应增加了行人的注意义务。《高速公路交通管理办法》（公安部令〔1994〕第20号）规定，行人不得进入高速公路，行人因进入高速公路而造成自身伤亡和财产损失的交通事故，正常行驶的机动车一方不负交通事故责任和法律责任。用被允许的危险理论来看，在高速公路上，尽管驾驶员能够预见自己的高速行驶行为可能会对行人造成危险，但由于高速公路本不允许行人进入，这种危险是社会所能容忍的。这表明，我国为了交通快捷便利，在特殊道路上允许高速行驶的车辆对违章进入的行人的身体和财产造成危险，不保护违章人的法益。如果要求机动车驾驶人过度采取安全措施，就会降低高速公路的行车速度，造成交通迟缓或堵塞，影响高速公路的经济社会效益，反而不利于整个社会的发展。

二、危险分配理论

危险分配理论是德、日刑法关于过失认定和注意义务的重要理论。在日本刑法中，“过失”一词与“违反注意义务”一词在含义上是完全相同的。[①] 危险分配理论的基本观点是，在从事危险的业务或事务时，参与者应当以相互间的信赖为基础，对于该业务或事务所发生的危险，相互间予以合理的分配，分担回避危险的义务，使危险减轻或消除。危险分配理论是现代社会追求和谐共同生活的必然要求。社会交往共同体是由无数参与者的行为共同组成的，要使这种社会交往秩序得以维系，就必须让每个参与危险活动的行为主体分担一定的风险，负担一定的注意义务，由此平衡各个参与方的自身利益。

在道路交通中，整个交通系统由车辆驾驶者和行人共同组成，为了维持稳定、有序、通畅的交通秩序，不仅车辆驾驶者一方必须遵守交通规则，行人一方也必须遵守交通规则，双方共同分担参与交通活动所具有的风险，各自承担一部分注意义务。认定当事人的交通事故责任时，其基本原则是：谁应当分担的注意义务多，谁的交通事故责任就大。在汽车发明初期，汽车保有量少，司法实务几乎不承认汽车作为高速交通工具的地位，故科以驾驶者相较于行人广泛的注意义

① ［日］西原春夫．日本刑事法的形成与特色［M］．李海东等译．北京：法律出版社，日本成文堂，1997：253.

务；发生事故时，也大都认为是驾驶者的责任。随着汽车的迅速普及和交通的社会作用显著增大，驾驶者和行人之间的危险分配，从过去几乎由驾驶者一方承担，转而把相当的部分转移到行人一方，减少了驾驶者所负担的风险。

毋庸置疑，注意义务在司法实践中经常与一定的犯罪事实和行为人的具体情况联系在一起，因此，以危险分配理论确定交通参与者各自的注意义务，应根据不同情况而定。主要情形包括：（1）公路的等级越高，汽车驾驶员的注意义务要越少，行人的注意义务要增多。（2）易于发现违章相对人一方的注意义务要多，反之要少。（3）人烟稠密路段，驾驶员的注意义务增加，反之行人的注意义务增加。（4）从避让危险状态的难易程度进行区分，难以避让危险状态一方的注意义务要减少。（5）从消除、减少危险发生的目的出发，遵守交通规则一方的注意义务要少，反之则多。

根据我国《道路交通安全法》，可以简要归纳出以下规则来分配交通参与者的注意义务：（1）因交通工具不同确定分配原则。依据第四十六条、第六十五条的规定，在火车、电车等有专用轨道的交通场合，驾驶者一方的注意义务小，而行人和汽车驾驶者的注意义务大。依据第四十七条、第六十二条的规定，在一般的汽车交通场合，汽车驾驶者处于强势一方，应承担更多的注意义务。（2）因行车路段不同确定分配原则。在高速公路上，驾驶员的注意义务减少，行人的注意义务增多。另据第四十四条、第四十七条规定，在交通安全设施不完善的路段，汽车驾驶人应当负担更多的注意义务。（3）因注意能力不同确定分配原则。在“车对车”的场合，各个驾驶者所分配的危险、分担的注意义务一般是平等的。而当行人是老人或儿童时，汽车驾驶者应当承担相对多的注意义务。

三、信赖原则理论

信赖原则肇始于交通运输业，是一种典型的分配注意义务的原则。① 同时，信赖原则也被认为是一种新的、与交通发展状况相适应的过失认定原理，最早出现在德国 1935 年的法院判决中。在电车司机撞倒突然从电车修筑区跳到车轨上的行人一案中，法院判决认为行为人不构成过失，采用的就是这一理论。所谓信赖原则，是指“交通关系的参与者对于其他交通关系参与者应该采取的适切行动

① 周光权．注意义务研究［M］．北京：中国政法大学出版社，1998：160－161.

持信赖态度的情况下，由于对方不适切的行为而导致事故发生者，行为人对此不承担责任的原则”①。信赖原则作为注意义务的认定基准，通过自身的适用来限制甚至否定行为人的注意义务，从而达到限制刑罚圈的目的。这一原则基于人们的相互信任和共同责任心而产生，是在社会规则范围内的信赖。这一原则与规则的社会普及程度、文明程度相关，在人们广泛遵守规则的情况下，信赖原则有助于提高工作效率，促进社会发展。反之，其就会损害社会利益，甚至成为优势群体用于保护自我的武器。

根据信赖原则理论，从事交通运输的人，在遵守交通规则而实施其行为时，只要没有特殊情况，就可以信赖其他有关人员也会遵守交通规则。如果因其他人不遵守交通规则造成了事故，遵守交通规则的行为人不承担责任。当然，由于交通事故损害后果的严重性，以及社会不可避免存在弱势群体，出于人道主义和维护社会整体利益的考虑，机动车驾驶员在遵守交通规则的前提下，还应当在确保安全的原则下通行，切实履行结果回避义务。因此，不能说在任何时候都适用信赖原则。即行为人在遵守交通法规的同时，当发现对方突然出现违章行为而可能与自己发生交通事故时，应尽可能采取措施避免危害结果的发生。如果有时间、有能力采取措施而没有采取，以至于发生交通事故的，就不能适用信赖原则来免责。

四、路权原则理论

所谓路权，是指交通参与者依据交通安全管理法律法规的规定所享有的，在一定的空间和时间内使用道路进行交通活动的权利。路权由通行权和先行权组成。通行权又称空间路权，是指交通参与者根据法律法规，在道路某一空间进行交通活动的权利。先行权是指交通参与者在都有通行权的前提下，依据交通管理法律法规的规定所享有的，在一定时间范围内、一定道路空间上优先进行交通活动的权利。先行权建立在通行权的基础之上。如果事故责任者侵犯了其他交通参与者的通行权和先行权，造成交通事故的，在一般情况下，侵权是造成事故的主要原因，侵权违法行为对事故发生所起的作用较大，侵权者应负主要以上的事故

---

① ［日］西原春夫．日本刑事法的形成与特色［M］．李海东等译．北京：法律出版社，日本成文堂，1997：263－265.

责任。例如，我国《铁路法》第四十七条指出，“行人和车辆通过铁路平交道口和人行过道时，必须遵守有关通行的规定”。第五十八条还规定，“违章通过平交道口或者人行过道，或者在铁路线路上行走、坐卧造成的人身伤亡，属于受害人自身的原因造成的人身伤亡”。

此外，我国《道路交通安全法》及其实施条例中，有很多条款都涉及通行权和先行权的问题。例如，关于通行权，《道路交通安全法》第三十六条、第五十七条、第六十一条、第六十二条等都有相关规定。关于先行权，第四十七条规定，“机动车行经人行横道时，应当减速行驶；遇行人正在通过人行横道，应当停车让行。机动车行经没有交通信号的道路时，遇行人横过道路，应当避让”。第四十三条规定了超车时的先行权问题，第四十四条规定了在交叉路口的先行权问题等。另外，《道路交通安全法实施条例》第四十四条规定了变更车道时的先行权问题，第四十八条规定了在有障碍路段、坡路、山路时的先行权问题等。

五、优者负担原则理论

所谓优者负担，是指在交通事故中，各方当事人都具有过失的情况下，考虑到各方对道路交通法规注意义务的轻重，按机动车辆危险性的大小以及危险回避能力的优劣，分配交通事故的损害后果由优者负担。优者承担责任，不是因为他责任更大，而只是因为他有更强的赔付能力。优者负担原则的目的，就是通过增加优者的交通事故责任，来促使交通参与者切实履行结果回避义务，以减少交通事故。这是处理交通事故时的特有原则，也被视为现代法治“抑强扶弱”基本精神的体现。

在司法实践中，一般而言，汽车要比行人优；车辆之间，性能较好的为优者，或者对他人、汽车危险性较多的汽车为优者。以汽车和行人为例，行人明显处于“弱者”地位，而汽车具有的危险性也比行人大，其注意义务就多。因此，在汽车与行人之间发生的交通事故中，如果汽车方和行人具有同等作用力的违章行为，汽车的所有人或使用人依照优者危险负担原则，就要承担较大的责任。

六、交通犯罪刑事政策理论

犯罪学家指出，二十世纪尤其是“二战”以来，以工业化、城市化为明显特征的现代化进程，带来了新的社会问题和犯罪形式。这些新产生的犯罪与现代的机动性和当代商业的复杂性密切相关，主要包括汽车、摩托车、飞机等交通工具方面的犯罪。[①] 其中，与机械动力交通工具的广泛采用相应，铁路交通、道路交通、水上交通及航空交通等各种形态中均存在大量的交通犯罪。交通犯罪的数量巨大，事故数和死伤人数一直居高不下，以至于犯罪学在研究刑事犯罪时，如果不排除与汽车事故有关的数据，就不能正确地掌握犯罪的动向。[②] 为此，从法律有效性和经济性的角度，必须对交通犯罪制定有针对性的刑事政策。

为减少交通事故，确保交通安全，各国在行政措施上一般有所谓"三 E 主义"（Engineering，Education，Enforcement）的做法，即采取科学治理交通环境，加强交通安全教育和宣传，追究交通违法行为等基本对策。但针对交通犯罪这种大量多发的犯罪类型，在此基础上还须采取与其性质特点相适当的刑事政策。主要有以下做法。[③]

（一）修订相关法律，做到宽严相济

一般多从两个方面着力：一方面，降低过失认定标准，缩小过失犯的认定范围。在行为人以对方没有不适当行为为前提、驾驶被认为是正当的情况下，由于对方的不当行为是不可能预见的，对行为人不能认定为具有过失。在大陆法系国家中，采用这种确定的、现实的、与交通状况变化相适应，而适用狭小的过失范围的法官数量，正在日益增多。[④] 另一方面，对鲁莽驾驶等恶性案件，则提高法定刑，强化刑事处罚。例如，在日本，对鲁莽驾驶等恶性犯罪行为的处罚，其法定刑的期限自 1987 年以来已经提高了大约 2 倍。此外，在英美法系国家如英国，其对道路交通犯罪中的疏忽驾驶罪、危险驾驶罪、危险或者轻率驾驶致死罪等的处理案例，也能看到这种有宽有严的趋势。[⑤]

（二）采取简易迅速方式处理，提高司法效率

例如，日本鉴于交通案件数量过大，即使按照简易程序处理也超过了刑事法

---

① ［美］路易斯·谢利．犯罪与现代化［M］．何秉松译．北京：中信出版社，2002：75.

② ［日］西原春夫．日本刑事法的形成与特色［M］．李海东等译．北京：法律出版社，日本成文堂，1997：67.

③ ［日］大谷实．刑事政策学［M］．黎宏译．北京：法律出版社，2000：366－371.

④ ［日］西原春夫．日本刑事法的形成与特色［M］．李海东等译．北京：法律出版社，日本成文堂，1997：263.

⑤ ［英］J·C·史密斯，B·霍根．英国刑法［M］．李贵方等译．北京：法律出版社，2000：538－554.

院的承受能力，便采取了由警察、检察、法院三家当天处理的“三家即日处理方式”。在此基础上，日本于1963年还导入了交通票制度，使现场警察在制作案卷时更加简易方便。1965年以后又建立了交通犯规（反则）通告制度，把轻微的犯罪行为当作犯规行为，按照行政处罚化的方针，采用通知行为人缴纳一定犯规金的行政措施，其一旦如数缴纳了犯规金，该事件便告处理完毕。1969年日本还在有关驾驶执照的行政处分中导入了计分制，对各种行为累积所规定的点数，达到一定点数者，给予其取消驾驶执照等行政处分。

（三）降低过失犯罪起诉率，尽量采用非刑事处遇方式

因交通犯罪的数量庞大，意味着在犯罪倾向、人格特征等方面问题较少的人也在成为罪犯，故在犯罪性质轻微或能说服被害人的场合，基于非刑事程序化的理念，尽量回避对其适用刑事诉讼。日本对交通业务过失犯罪的起诉率一度达到72.8%，但在此政策实施后即急剧降低到不足20%。这一政策对在设施内的处遇同样适用，即对判处实刑的交通犯罪受刑人，没有必要采取与一般徒刑、监禁受刑人一样的处遇。

我国台湾地区在2006年修订“道路交通管理处罚条例”时，将刑事处罚有关“微罪不举”规定和“职权便宜”原则引入了道路交通执法领域。其规定，交通违规行为在符合以下五个条件：即法定罚锾在3000元以下者、违规情节轻微者、紧急避难之行为、不可抗力之行为、取缔宽容值（交通执法仪器误差值）者，以劝导方式即能达成维护交通安全与秩序之行政目的时，在举发阶段即可以劝导代替举发，以避免行政资源浪费，并兼顾对人民权益的保障。其中，如果仅适用第一个条件即罚锾3000元以下者，则可能有超过四分之三的交通违规行为得以免予处罚。①

（四）建立集中收容制度，实行开放式处遇

这种制度以集中收容因交通犯罪而被处监禁的受刑人，并实行开放式处遇为内容。在日本司法实践中，对被处徒刑、监禁的受刑人，符合没有因交通犯罪之外的犯罪而科处徒刑、没有因交通犯罪之外的犯罪而受过处罚、刑期为3个月以上、身心无明显障碍四项条件时，便可在全国的8处设施中实行集中收容处遇。

---

① “中央警察大学”警政管理学院. 蜕变：警大八十年警政管理论文选辑［M］. 桃园：“中央警察大学”出版社，2016：222－223.

集中收容处遇为开放式处遇，宿舍、食堂、工厂等处原则上不上锁，设施内也不配备警戒人员，主要对被收容者进行交通安全教育、生活指导、职业指导等。实行这种制度后，日本被收容者出设施后的再犯及再收容率极低，为3%左右。此外，日本每年新增交通犯罪者为2000多人，其中有一半被安置在集中收容设施之中。

（五）建立交通保护观察制度，实行课程教育式处遇

该制度以日本司法为代表。对由于交通犯罪而附加保护观察的人，将其同因一般案件而被处保护观察者相区别，采取与其特征相对应的措施，根据个别处遇入门书进行课程教育式处遇。另外，对少年交通犯罪者，则实施交通短期保护观察。根据这种制度，在按入门书进行课程教育之外，还进行视听教育、座谈会、小组讨论等集体处遇，规定本人有义务每月将自己的生活状况进行一次书面报告。若没有再犯汽车驾驶方面的违反行为，便在3到4个月内解除对其的保护观察。

第四节　交通运输警务的生长发展基础

当前，各种交通运输方式朝综合化、一体化快速发展，不同交通运输部门的警务工作不断进步，交通运输行业的法律体系也日臻健全。但是，这并不意味着“交通运输警务”这个概念及其研究领域必然成立。这种综合性警务的发生和形成，既需要有一定的业务警务实践基础，又需要有对不同交通运输方式及其警务的共性理论研究。至于有学者提出建设“大交通管理专业”，构建大交通管理专业人才培养模式，[①] 更加需要以系统科学的交通运输警务理论来奠基和支撑。

一、交通运输警务的实务基础

在传统意义上，各种交通运输方式相对独立，共性的交通运输及其警务研究缺乏相应土壤。现代综合交通运输体系逐步建立，为摆脱部门束缚，从综合、共性的角度研究交通运输问题提供了可能。纵观交通运输业的发展历史，世界交通

① 宁乐然，曹诗权．适应大部门体制改革需要构建大交通管理专业人才模式［J］．公安教育，2013（6）：67.

运输大致经历了水运阶段，铁路阶段，铁路、公路、航空和管道运输阶段，以及综合运输阶段。[①] 约从二十世纪六十年代开始，世界交通运输业开始进入构建综合交通运输体系（或称一体化交通运输体系）时期，各国纷纷调整优化运输结构，整合运输资源，加强对各种交通运输方式的统一规划、建设和管理。其中，美国在二十世纪九十年代率先提出了以5I为目标的一体化交通运输政策，即国际通达（International In Reach）、多式联运（Inter Modal In Form）、智能运输（Intelligent In Character）、全面服务（Inclusive In Service）和创新视野（Innovative In Scope）。欧盟的欧洲运输部长会议（ECMT）也提出，要建立经济技术效益高，符合最高安全和环境标准，并充分考虑社会影响的一体化交通运输体系。

我国的交通运输事业经过不断改革发展，现已形成以公路为基础，以高铁及普通铁路为框架，结合现代化航空、港口运输的较为完善的现代综合运输体系。近年来，综合交通运输体系建设步伐进一步加快。2012年，国务院制定了《"十二五"综合交通运输体系规划》，明确提出"十二五"是构建综合交通运输体系的关键时期。2014年，交通运输部提出建设综合交通、智慧交通、绿色交通和平安交通"四个交通"的战略。2015年，又推出《交通运输部关于全面深化交通运输改革的意见》，把综合交通运输体制机制改革放在首位，提出了完善交通运输现代市场体系和转变政府职能的改革举措。2017年，全国交通运输工作会议提出，当前交通运输事业已具备融合发展的物质基础、社会基础、技术基础和体制基础，要把推进现代综合交通运输体系建设作为行业全面深化改革的重中之重。[②]

尽管中外综合交通运输系统的构建方式各异，但仍具有共性特征，即一般是指各种运输方式在社会化的运输范围内和统一的运输过程中，按其技术经济特点组成的分工协作、有机结合、连接贯通、布局合理的交通运输综合体。综合交通运输系统的构成要素，一般认为有四个方面：一是设备系统，主要由固定设备（各种运输方式的线路、港站的土木建筑及其相关的技术设备）、移动设备（各种运输方式的动力装置和运载工具）组成。二是网络系统，是指在一定空间范围

① 黎德扬等．社会交通与社会发展［M］．北京：人民交通出版社，2001：256.

② 杨传堂在全国交通运输工作会议上发表重要讲话［EB/OL］．中国交通新闻网，（2017－12－11）．http：//www.mot.gov.cn/zhuanti/2017jiaotonggongzuo_ HY/201612/t20161226_ 21440.92.html.

（国家或地区）内由几种运输方式的线路和枢纽等固定技术装备组成的综合体。三是枢纽系统，即在两条及以上运输线路的交会衔接处形成的，具有运输组织、中转、装卸、仓储、信息服务及其他辅助服务功能的综合性设施。其分为单式运输枢纽和复式运输枢纽两种，并可按照地理位置、承担的客货运输业务、交通方式组织、运输干线与场站空间分布形态的不同，划分为不同的类型。四是组织管理系统，是指建立高效灵活、相互衔接的组织管理体系，以及责、权、利相统一的经济责任制，以提高综合交通运输系统的管理效率和管理水平。其包括各种运输方式自身的组织管理，以及不同运输部门、运输方式和同一运输方式里各区域、各工种之间的结合部的组织管理。其中，结合部又分过程、空间、时间、设备、环境、职能结合部等类别。① 交通运输警务是交通运输事业的保障和支撑，综合交通运输体系的构建和实践运行，为交通运输警务提供了扎实的实务基础。

二、交通运输警务的业务基础

这里的业务基础，主要是指国内外已有的综合性交通运输警务机构、警务政策和警务活动，以及铁路、公路、轨道、水上、航空等各领域的警务工作及其发展，其为从整体上构建和研究交通运输警务打下了基础。

（一）交通运输警务机构与职能

在这方面，中外都有类似的探索和积累。例如，英国于 1948 年设立了交通运输委员会，负责监督全英国的铁路、水路和公路运输。次年，英国交通运输委员会警察局（British Transport Council Police，简称 BTCP）正式成立，职责范围包括四大铁路公司的铁路警察、水上警察和码头警察，是当时全英第二大警察机构，仅次于伦敦警察厅。1963 年，其改名为英国交通运输警察局（British Transport Police，简称 BTP）。2004 年，随着《铁路和交通运输安全法（2003）》的颁布，英国成立了新的交通运输警察局（British Transport Police Authority），根据该法授权，交通运输警察局获得了在铁路线路之外全部的执法权，而不是部分执法权和部分协议管辖权。② 目前，BTP 的管辖范围已包括伦敦地铁、港区轻轨、米

① 杨浩．交通运输概论［M］．北京：中国铁道出版社，2011：243 - 252.

② ［英］奈杰尔·威尔．铁路警察［M］．杨冰，张凯存等译．北京：中国人民公安大学出版社，2017：112.

兰德有轨电车系统、克罗伊登电车、桑德兰地铁、格拉斯哥地铁和伦敦缆车阿联酋航空线等。在管理体制上，其与地方警察局互不隶属，对下实行垂直管理。[①]在欧美其他一些国家，也有类似的综合性警务机构。此外，笔者曾实地考察中亚内陆国家乌兹别克斯坦，该国在苏联时期就建立了交通管理局。1991 年独立后，其内务部下设交通安全保障局，专门负责铁路和航空运输安保工作。

我国对构建综合交通运输警务机构也做过探索和尝试，并在近些年取得了一定成效。第一阶段的尝试是在 1946 年。当时国民党政府于其交通部专设“交通警察总局”，统一掌管全国的交通运输警察。交通警察总局既隶属交通部，又于必要时受国防部指挥，下设 20 余个交通警察总队，布防在全国各个交通线，主要职责是维护车船运输及交通沿线矿区安全、巩固沿线治安、保护路产、警卫交通机关、维持交通秩序、协助附近军警维持地方治安及协辑交通线的走私漏税等。不过，这一机构主要是军统特务为保存其武装而进行的争权夺利的产物，后期还直接投入了反共内战。[②] 国民党逃往台湾后，交通警察总局随之解散。第二阶段是新中国成立后的探索与发展。1953 年，公安部成立了交通保卫局（第十局），负责全国交通运输系统的保卫工作。1971 年，国务院批准在交通部设立公安局，主管全国交通、铁道、邮电系统的公安保卫工作，列入公安部序列。2008 年大部制改革后，交通运输部成立，民航、邮政等相关管理职能划归该部，但民航公安机构并未划入。2013 年，原铁道部撤销后，相关行政职能并入交通运输部，但铁路公安局仍保留，由新成立的铁路总公司和公安部双重领导。现交通运输部管理国家铁路局、中国民航局、国家邮政局，负责统筹规划铁路、公路、水路、民航以及邮政行业发展，但其内设的公安局作为国家派驻在水运交通线上的专业公安机关，主要负责指导全国的航运、海事、港口公安工作。

除此之外，在理论上也出现了相关研究。如有学者提出在大部制背景下设立交通运输警察的建议，并将交通警察分为两类：一是公安部直接领导的负责路面交通指挥和执法的公安交警；二是由交通运输部和公安部双重领导的交通运输管理警察，涵盖高速公路、航运、民航、铁路的警察业务。[③]

---

① 朱得旭．英国轨道交通运输警察局概览［J］．现代世界警察，2017（6）：30.

② 韩延龙．中国近代警察制度［M］．北京：中国人民公安大学出版社，1993：654－655.

③ 张学文，刑捷．我国大部制背景下交通警察权限归属之重构［J］．江苏警官学院学报，2009（1）：172.

（二）交通运输安全管理和警务政策

欧洲是铁路的发源地，汽车技术的鼻祖，航海技术也曾领先全球，交通运输事业十分发达。但严峻的安全形势也与之如影相随，铁路事故、空难、海难时有发生，特别是公路交通事故每年造成4万多人死亡，相当于在地图上抹去一个中等城镇；每天的死亡数，则相当于坠毁一架中型客机。为此，欧盟对交通运输安全问题和警务政策极为重视。2001年，欧洲委员会通过了《欧洲面向2010年运输政策白皮书》。其中，“以用户为中心的运输政策”的第一条就是确保交通运输安全，提出了统一泛欧公路网的检查处罚规则，推广“黑匣子”、电子驾照、速度管理等安全新技术，以及减少危险驾驶行为等保安措施。[①] 英国在2004年通过了由首相和运输大臣审定的《英国交通运输业的未来——至2030年的路网规划》白皮书，虽自诩其“运输安全制度是世界上最为成熟的”，但仍辟专章“安全与防卫：保护人民和运输网络”来阐述保安政策，从公路安全、铁路安全、旅客人身安全、航空与水运安全等方面制定了相应的安全和警务策略，并要求与海外同行、警察、安全防卫服务机构以及运输业紧密合作，以保证在今后30年，为“旅行者和运输系统的工作人员显著改进运输网络的安全性”。[②]

我国对综合交通运输的安全管理和警务政策高度重视。交通运输部于2015年印发的《关于全面深化交通运输改革的意见》，要求完善平安交通体制机制，科学界定交通运输部门与其他安全监管部门的责任界限，健全交通安全生产责任体系。同时提出，按照国家司法管理体制改革要求，深化交通公安管理体制改革，加强行业内外合作，完善区域性和行业性相互补充的执法合作机制。公安部作为全国公安机关的最高领导指挥机关，积极适应现代交通运输事业发展需要，始终高度重视加强对各行业公安机关的双重管理和业务指导，要求行政公安机关和行业公安机关，以及各行业公安机关（铁路、交通、民航、海关）之间必须强化警务合作，构建警令通畅、密切协作的实战化警务工作机制，共同完成维护国家安全、社会稳定和交通运输秩序的任务。2018年行业公安机关管理体制改革后，各行业公安机关交由公安部直接管理或以公安部管理为主，相关职能任务、机构人员、工作流程等的融合对接工作正在进行中。

---

① 黄民，张建平．国外交通运输发展战略及启示［M］．北京：中国经济出版社，2007：124－132.

② 黄民，张建平．国外交通运输发展战略及启示［M］．北京：中国经济出版社，2007：350－359.

此外，业界和学界从综合的角度，对交通运输安全管理的研究也日趋深入。有学者认为，交通运输安全管理，主要是指行业主管部门的行业安全生产管理和企业各级安全管理人员的运输企业安全管理，包含劳动安全、交通运输安全和消防安全等内容。交通运输安全管理要以安全责任制为核心，形成“企业负责，行业管理，国家监察，群众监督，劳动者遵章守纪”的安全管理体制，保障道路交通通畅，提高运输企业经济效益和社会效益，维护运输企业的良好信誉和形象。①

关于交通运输安全生产应急管理，有关部门提出，交通运输突发公共事件具有不确定性、紧急性、威胁性、关联性和复杂性，应按照“一案三制”（突发事件应急预案，应急机制、体制和法制）的要求，建成覆盖全行业、各地区、各单位的交通运输应急预案体系，健全分类管理、分级负责、条块结合、属地为主的安全生产应急管理体制，构建统一指挥、反应灵敏、协调有序、运转高效的应急管理机制，建设交通运输突发公共事件预报预警、应急处置信息系统和专业化、社会化相结合的应急管理保障体系，形成政府主导、部门协调、军地结合、全社会共同参与的安全生产应急管理工作格局，最大限度地减少交通运输安全事故及其造成的人员伤亡和经济损失，确保国家安全和社会稳定。②

三、交通运输警务的共性基础

铁路、公路、城轨、航空、水域（航运、海事、港口）等交通运输领域的警务之间是否存在可比较的因子及共性的特征，是交通运输警务得以成立的内在依据。

（一）警务工作内容具有综合性

铁路、航空、港航等警务都是公安工作的重要组成部分，但与治安、刑事、外事等业务警种不同，其工作内容不是单一的，而是涉及公安业务的方方面面，综合性特点十分突出。

例如，在港航交通运输安保领域，主要业务包括港区安全管理、客船安全管理、港区消防管理、航运治安管理、船务工程治安管理、远洋运输安全管理等。

---

① 中国交通安全管理工作实务（上卷）［M］. 北京：新华出版社，2005：4－5.

② 国家安全生产应急救援指挥中心. 交通运输安全生产应急管理［M］. 北京：煤炭工业出版社，2010：14－19.

其中，既有治安、刑侦，又有消防、警卫；既有行政执法，也有刑事司法。

铁路公安机关也具有突出的业务综合性，其主要任务包括对沿线车站和运行的旅客、货物列车以及铁路内部单位实施治安行政管理，预防和打击违法犯罪，维护车站、列车和铁路内部的治安秩序，保护旅客人身、财产和铁路运输生产安全等，同时还肩负着国家安全部赋予的铁路反间谍侦查职能。除户籍、出入境外，其具备公安机关的其他所有职能。

此外，民航公安局成立于 1981 年，是经国务院批准、仿照原铁道部和原交通部设置公安机构的办法组建的。其主要职责是：负责飞机空中的安全保卫，严防劫持、破坏飞机事件的发生；负责机场工作区域、候机室公共场所的治安管理；负责专机、要害部位的安全；负责民航内部发生的刑事案件的侦破和预审；负责对驻在机场的外国民航办事处人员和其他外国人在机场内的安全保卫和治安管理；配合我国驻外使馆做好民航驻国外办事处内部的安全保卫工作；参加机场发生的紧急事件的调查处理；负责机场范围内防火宣传、监督和警卫工作的业务指导等。这些职责一直是指导民航公安工作的最基本原则。从职责任务来看，民航公安机关的业务同样具有突出的综合性。

（二）警务工作要素具有同一性

交通运输的构成要素包括通道、场站、工具、动力、环境和组织，如果从警务的角度加以抽象，交通运输警务空间范围的共同特点，可提炼为以站（港口、机场）——车（船艇、飞机）——线（铁轨、航道）为主体组成的、点线面结合的网状结构，开展安保工作必须把“以站保车”、“以线保车”和“以车保车”结合起来，才能从整体上确保安全、畅通、有序。

交通运输警务构成要素在实践运行中所表现出的基本特性，似可简要抽象为四个方面：线路固定、位移跨区、空间狭窄、客货密集。所谓线路固定，即航线、轨道等的运载方式都是运输工具（车、船、飞机）在固定的线路上定向定时运行，这使其极易成为破坏攻击的目标，存在很多不可预测的治安风险。所谓位移跨区，即因铁路、轨道、航路的特殊性，运输工具时常跨行政区域运行，警务工作的管辖也是跨行政区划的，这与地方公安机关按省（直辖市、自治区）、市、县行政区划，实行属地管辖原则有很大的不同，警务执法呈现警组值乘、跨区作战、分段管控等特点，对单兵作战能力和跨区域交接协作提出了很高的要求。所谓空间狭窄，是指车站、港口以及列车、船舶、飞机等交通工具作为公共空间和执法场所，与其他场所相比相对狭小，警务模式和作战单位的构成、战法等也须随之调整。所谓客货密集，即由于交通运输工具的特殊性，对旅客、货物往往进行集中运输；特别是旅客运输，在狭小的空间内聚集着大量人群，警务人员常常面临人员拥挤、行动不便、与犯罪嫌疑人近距离接触等特殊情形。这些都决定了于此展开的查缉、缉捕、用枪、排爆、押解、反劫持等都有不同于其他公安机关的特点，必须构建特殊的勤务工作模式和警务指挥战术。

（三）管理体制基本实行双重管理和垂直领导相结合的体制

这一体制曾在铁路、航空和港航公安机关长期实行，并一直延续到2018年12月行业公安机关管理体制改革时期。

铁路公安机关自2009年实行管理体制改革后，一次性整体纳入了国家司法管理体系。铁路公安局在序列上被列为公安部第十局，实行铁路总公司和公安部双重管理体制，业务工作接受公安部领导。而在铁路公安系统内部，则实行铁路公安局、18个地区铁路公安局、铁路公安处三级垂直管理体制；18个地区铁路公安局的业务工作同时接受驻地省、区、市公安厅（局）的领导。

交通运输部公安局被列为公安部第十四局，实行交通运输部、公安部双重领导，业务工作以公安部领导为主的管理体制。而在地方的分支结构则实行垂直管理，由交通运输部公安局管理指导各航运公安局、港口港区公安局、海事公安局。

民航公安机关的情况较为特殊。其在1981年由空军建制调整为国务院直属局后，实行的管理体制为：民航总局公安局被列为公安部第十五局，受民航总局和公安部双重领导；民航所属各公安处、分处受所在单位党委领导，在公安业务上，受民航总局公安局和所在省（区、市）公安厅（局）的双重领导。2002年，根据中央政治局常委会会议批准的民航体制改革方案，民航总局会同公安部制定了《民航机场公安机构改革方案》。根据该方案，首都机场集团公司所属机场的公安机构、西藏自治区机场的公安机构和中国民航飞行学院所属机场的公安机构，由民航总局公安局管理；其他现由民航总局、民航地区管理局、民航省（区、市）局管理的机场公安机构和民航省（区、市）局公安处，随同机场一并移交地方政府管理。划归地方政府管理的机场公安机构，由地方政府公安机构直接领导，同时接受民航总局和地区管理局公安机构的行业指导、检查、监督。此外，空中警察总队在管理体制上，总队长和政委人选，由民航总局提出，征得公安部同意后由民航总局任免；空中警察总队对所属的空警队伍，则实行集中统一管理。

（四）执法环境具有行业相关性和开放性

交通运输是国民经济的动脉、国家重要的基础设施和大众化的交通工具，其联结城市乡村、国内国外，沟通生产、流通、分配、消费各个环节，与经济社会和生产建设密不可分。例如，港航就与水上运输业、渔业、水产养殖业、旅游业等水上行业紧密联系，与港口码头等陆上单位密切相关。铁路、民航也与诸多行业和单位存在着密切联系。

尤其值得注意的是，当前交通运输事业的综合化、一体化发展，已经深深地影响了我国城市和区域的经济社会发展模式，各种交通运输方式与行业、单位、城市、地区等，以经济发展为纽带更加紧密地融为一体。例如，城市规划发展的TOD模式（Transit－Oriented－Development），即以公共交通为导向的城市开发模式，其基本观点是：以公共交通特别是轨道交通为载体，整合安排沿线的各项城市要素，推动城市轨道交通网络一体化，城市轨道交通与城市总体规划、常规公交、综合交通枢纽、沿线地下空间一体化，实现车站和地面地下建筑、车站与交通枢纽、车辆基地与城市物业一体化综合开发，车站功能与各种城市功能相融合，车站与周边步行系统形成地下网络，以促进城市科学健康发展。①

此外，随着高铁时代的来临，高铁经济带（High Speed Train－Economic Belt）及区域经济一体化应运而生，形成了以高铁及综合运输通道相联的城镇或城镇群为依托、不同等级的发展中心及其经济活动共同组成的带状区域经济体系，使沿线的产业、人口、资源、信息、城镇、客货流等紧密相连、集聚而成为跨地区的庞大综合体。随着武广高铁贯通南北，京沪高铁牵连环渤海湾经济圈和长三角经济圈，由此形成的现代都市经济圈和沿海型、沿江（河）型、沿路型、沿综合运输通道型交通经济带格局，将成为我国经济社会发展前所未有的现象和形态。②

各交通运输公安机构，既是国家派驻在该部门执行治安职能的行业公安机

① 杨秀仁．城市轨道交通一体化研究［J］．都市快轨交通，2011（6）：18－22.

② 戴帅，程颖，盛志前．高铁时代的城市交通规划［M］．北京：中国建筑工业出版社，2011：65－71.

关，又是该部门自身的保卫机构，工作范围点多、线长、面广，加上现代交通运输事业的综合化、一体化发展，使交通运输警务执法环境的行业相关性和开放性十分突出。警务工作必须坚持统筹兼顾，加强与相关部门、行业的沟通协调和互补联动。在执法素质上，要求警员不仅要掌握公安专业知识，还要掌握与本行业相关的专业知识，努力成为复合型、应用型人才。在警务机制上，必须打破区域、行业、部门封锁，树立全局一盘棋的思想，推动各行业公安机关之间、行业公安机关与地方公安机关之间加强协调、相互支持，建立情报互通、指挥协同、勤务联动的警务运行机制，形成共建共治共保共享的综合治安防控体系，确保各项安保任务的圆满完成。

第五节　交通运输警务的理论体系问题

综合上述分析，交通运输警务能够成立，基于其具有综合交通运输的实务基础，相关警务工作的实践积累，行业法律体系的日臻健全，以及各个交通运输警务内在的共性特征。至于交通运输警务的基本理论体系，借鉴相关领域和学科的做法，似可按照“史”（交通运输警务发展史）、“论”（交通运输警务基本理论）、“专”（交通运输警务专业知识理论）的框架进行构建。[①] 其中，“史”是从纵向上研究交通运输警务的发展过程及其规律，“论”是从总体上研究其基本理论及一般规律，“专”是从横向上研究其专业工作及特殊规律，三者相辅相成、缺一不可。

一、交通运输警务发展史

任何知识理论或学科专业的完善与发展，都不能忽视其赖以依托的时间基础、实践积累和发展历程的研究。但是，写好历史并不容易。历史一般包括两层含义：一是指人类过去所经历和创造的一切；二是指人类对自己所创造的历史的回忆、反省的思考。前者即历史的本体，后者即关于历史的认识。我们认识和分析历史，都离不开历史观念或历史理论的影响。[②]

① 王幸生．军队政治工作学［M］．北京：军事科学出版社，2010：3－9.

② 刘昶．人心中的历史——当代西方历史理论述评［M］．成都：四川人民出版社，1987：1.

首先，从理论与史实的关系来看，它们究竟是如同实证主义史学理论所主张的，史实是先于和独立于史学研究者的客观实在，我们的理论和概括，是通过搜集考证史料确定史实然后得出的必然结论；还是像分析历史哲学所主张的，史实就是我们正在思想着的事实，每件历史事实都渗透着理论和解释，没有所谓单纯的史实；抑或像年鉴学派所主张的，历史事实是建立在历史学家个人兴趣和时代的总的知识水平基础之上的，其正确定义应是包括一切历史的现象的建构或抽象，等等。

其次，从史实与解释的关系来看，既然写史不是史料的堆积和罗列，而是我们对过去历史的研究和解释，那么应该怎样对历史进行解释呢？或者说如果历史中存在规律，那么这种规律与自然科学的规律有何不同呢？历史中的因果假设和因果推论可靠性有多大？以用先期发生的事件解释后期发生的事件为代表的时代进化论，能否对错综复杂的历史作出合理的解释？

最后，从写史的体裁来看，当代更着重于断代史、思想史和专题史的研究，尤其是专题史已成为组成断代史、汇成一整套历史著作的重要方式。按专题编写历史，即以历史事件为主题，按时间顺序讲述一个历史事件的发生发展，并探讨其变化发展的根本原因和得失，易从细致深入的分析中发现某些规律性。但其把同一历史时期发生的各种事件和事实分散在不同的部分来写，而在分别记述各个事实和事件时，又必须联系同一的时代背景和思想背景，难免会重复。

交通运输警务发展史是社会历史的一个专门领域，我们在整理分析时必然会受到某种历史观念的影响、支配和制约。鉴于此，交通运输警务史的研究似应主要借鉴专题史的写法，并注意把两个层面结合起来进行研究：一是从个体层面，对铁路警务、城轨警务、水域警务、空域警务、道路交通警务等历史发展的研究；二是从整体层面，对交通运输警务发展历程的研究。可以说，没有对历史的梳理总结和分析提炼，就难以形成理性认识和理论体系，达到对交通运输警务一般规律的认识和把握。交通运输警务史研究的重点内容，大致包括：交通运输警务产生、形成和发展的历史过程；交通运输警务产生的历史条件、基本内容和实践意义；交通运输警务在各个历史阶段的发展状况及其经验教训；交通运输警务创新发展的历程及其启示等。总之，对于历史的研究，可以从历时性的角度了解交通运输警务的生长机制，反映其知识理论体系的形成过程，并从中得出带有普遍性、规律性的认识，进而有利于我们探索揭示交通运输警务的历史发展规律。

二、交通运输警务基础理论

这是从总体上研究交通运输警务的基本理论问题，主要包括本质论、主体论、客体论、规范论等。一般而言，对社会现象的认识和研究，不外乎“是什么”“为什么”和“怎么办”三个方面。因此，本质论主要揭示交通运输警务区别于其他事物的根本属性，回答和解决“是什么”的问题，反映的是交通运输警务内在的必然联系，也是研究交通运输警务必须首先明确的基本课题。后“三论”则主要回答和解决交通运输警务“是什么”“为什么”的问题。至于交通运输警务的专业理论，则主要解决“怎么办”的问题。

（一）本质论

探讨交通运输警务的本质，先要大致廓清警务的本质这个难题。正如有学者所说，警察与警务、“警察是什么”或“警察做什么”之类的问题很难回答，并不存在一个简短明了的答案。①

英国警察学者罗伯特·雷纳从社会控制的角度提出，警察是指一种特定的社会机构，而警务则是指带有特定社会功能的一系列过程。“警务是天生的、不可避免的政治。”最基本的警务概念，就是指通过监控和对危险的制裁等一系列行动，确保特定社会秩序或一般社会秩序的安全。警务并不包含维护社会秩序稳定的所有活动，而主要涉及通过监控来发现正在实施的、预备实施的违法行为，以及通过法律控制的威胁力量和规范力来确保社会秩序的安全。②

美国学者从社区中的警务和刑事司法体系中的警务两个视角进行分析，认为现实中的警务，是社会中各种相互冲突甚至相互矛盾力量的均衡，这些力量存在于社区层次、组织层次和个人层次上，表现在警察日常活动的决策之中。③

我国学者认为，警务是人民警察依法履行职责，实现警察职能的各种活动的总称。警务的构成要素一般包括：警务主体、警务客体、警务环境、警务方式、

---

① ［美］罗伯特·兰沃西，劳伦斯·特拉维斯Ⅲ. 什么是警察：美国的经验［M］. 尤小文译. 北京：群众出版社，2004：2.

② ［英］罗伯特·雷纳. 警察与政治（第三版）［M］. 易继苍，朱俊瑞译. 北京：知识产权出版社，2008：1-9.

③ ［美］罗伯特·兰沃西，劳伦斯·特拉维斯Ⅲ. 什么是警察：美国的经验［M］. 尤小文译. 北京：群众出版社，2004：24-29.

警务信息。[①] 还有学者认为，警务是指警察依法行使警察权，履行法定职责，维护国家安全和社会治安秩序的警察事务。其构成要素包括组织要素、意识要素、实物要素和信息要素等。[②]

透视上述论点，剔掉其他的枝蔓，可把“秩序”视为警务的一个本质要素。一般而言，秩序是指“事物在时间、空间或逻辑联系上相对固定的结构。对社会生活而言，秩序总是意味着社会中存在着某种程度的关系的稳定性、进程的连续性、行为的规则性以及财产和心理的安全性等因素”[③]。对交通运输警务而言，这种秩序又是指特定范围内即交通运输领域的秩序。在刑法中，所谓交通秩序就是指依靠交通规则维持的，交通工具与行人在交通线路上安全、顺利地通行的正常状态。[④] 扰乱公共秩序类犯罪中的聚众扰乱公共场所秩序、交通秩序罪和危害公共安全罪中的十多种相关罪名，都要求在特定时间、特定地点，以特定方式实施，并造成严重后果的才构成本罪。

当然，“秩序”与“人权”是法治这枚硬币的“一体两面”，维护秩序的根本目的是保障人权，而人权的实现又必须以秩序维护为基础和前提。正如有学者所言：如果国家的存在是以追求人民幸福、保障人民权利为目的，必先以国家能够存在以及社会秩序可以维持为前提，因此，维护安全秩序的目的与追求人民幸福的目的，就成为两个相互关联、彼此影响之主轴。[⑤] 交通是十分重要的民生和社会福祉，处理好秩序与人权关系的意义更为重大。在实践中，维护秩序与保障人权往往存在一种紧张关系，而警察与警务正是平衡、调和这种紧张关系的重要机制。[⑥]

此外，还要看到，交通运输作为国民经济的命脉和经济发展的先决条件，尽管各种运输方式采用的技术手段、运输工具和组织形式各不相同，由此形成的技术性能（速度、重量、连续性、保证货物完整性和旅客的安全舒适性等）、对地理环境的适应程度以及经济指标（如能源和材料消耗、投资、运输费用、劳动生

---

① 王光，刘阳怀．警务指挥与战术学总论［M］北京：中国人民公安大学出版社，2015：2－4.
② 周章琪．现代警务与警察教育［M］．武汉：湖北人民出版社，2003：1－5.
③ 张文显．法理学（第三版）［M］．北京：法律出版社，2007：335.
④ 陈兴良．刑法全书［M］．北京：中国人民公安大学出版社，1997：976.
⑤ 李震山．警察任务论［M］．台北：登文书局，1998：33.
⑥ 章光明．警察政策［M］．桃园：“中央警察大学”出版社，2016：41.

产率等）都不尽相同，但在生产经营要求上都具有同一性，即努力达到安全、迅速、经济、便利、舒适的目标。[①] 同时，交通运输警务作为行业公安机关的“特种警察”事务，其基于而又服务于交通运输事业，故以安全、迅速、经济、便利、舒适等为内涵的交通运输“效益”，自然构成了这种特殊警务的另一个本质要素。

综上，交通运输警务的本质应是维护交通运输秩序、保障公民权利、增进交通运输效益的统一，三者既相辅相成又相互制衡。如果一味强调秩序而忽视效益，管得过分、统得过死，交通运输警务就难以生存甚至成为行业发展的障碍因素；如果过于强调效益，为追求企业经济利益而弱化甚至放弃维护秩序、保护权益的职能，交通运输警务就会违背人民警察的根本宗旨。至于交通运输警务的构成要素，可简要抽象为警务主体、警务客体和警务规范，这一点与普通警务并无不同，区别只在于这些要素的特殊内容和特殊性质。因此，可以说，交通运输警务是为了维护交通运输的秩序、人权和效益，依照法定职责任务，在特定区域和环境中，通过警务主体、警务客体、警务规范之间的相互作用，使交通运输秩序、公共安全、人民生命财产安全和交通运输效益等方面的因素达到相对平衡、社会可接受状态的警察活动。

（二）主体论

最早关于主体和客体的研究产生于二十世纪八九十年代。当时，公安学刚刚诞生，先驱学者们提出，公安学基础理论是“以公安客体为一方，公安主体为一方，以及它们之间互相作用的关系为联结点的‘H 型’基本框架”。其中，公安主体作为一种社会行为的主体，是由公安组织要素、公安意识要素、公安实物要素和公安信息要素组成的四维系统。[②] 在此后的发展中，学界多从治安、警务、治安管理、社会治安防控等方面研究主体和客体问题，但基本含义差别不大，主要区别在于范围和种类的不同。

例如，关于主体问题，有学者提出，治安主体分为国家治安主体（国家组织）、社会治安主体（社会组织）。有学者认为，治安主体分为警务系统力量与非警务系统力量两大类。有学者基于组织性质和权限职责不同，将治安主体分为

① 韩彪．交通运输学［M］．北京：中国铁道出版社，2000：7－8.

② 戴文殿．公安学基础理论研究［M］．北京：中国人民公安大学出版社，1992：1－3.

代表国家的治安主体、民间的社会治安主体、企事业单位主体。[①] 有学者提出，治安管理主体从来都是多元化的，主要包括三大力量：通过公共财政支出保障警务活动的政府力量、利用经济杠杆提供有偿服务的市场力量，以及社会力量。[②] 还有学者按照治安主体的法律性质、权限及与社会治安秩序的紧密程度，将治安主体分为三大类五个层次：第一类是专业治安主体，包含治安管理主体（公安机关治安管理部门等）、专司安保的组织和企业两个层次；第二类是自发性治安主体，包含民间社会团体、普通公民两个层次；第三类是暂时性辅助性治安主体，如公安机关需要合作的司法部门、行政部门。[③] 其他还有很多类似的观点。

结合交通运输警务来看，交通运输警务主体与交通运输主体的根本区别在于，前者是从治安秩序的控制力量即治安权威的角度，把警察行为的实施者看作研究对象。狭义上的交通运输警务主体，就是交通运输公安机关及其人民警察，根本特征在于代表国家依法维护交通运输治安秩序、人权和效益。在广义上，鉴于交通运输事业的特殊性，还存在行业机构、企业单位等交通运输警务主体，它们在法律规定的范围内，拥有相对于国家治安主体为低的权威性和强制力。此外，从大众警务的角度来看，交通运输参与人也可以成为交通运输警务主体。主体论的研究内容和任务，就是要从理论上分析交通运输警务主体的种类、特点、结构特征、个体和群体特性，揭示不同警务主体发挥作用的内在规律，并在此基础上探讨如何优化主体结构、提高主体素质、创新主体工作方式，以改进警务工作质量，提高警务工作效益。

（三）客体论

与前述对主体的认识相关联，学界对客体的范围和种类也有多种说法。先驱学者们认为，公安客体是国家公安控制中公安行为作用的对象，可分为两类：第一客体是公安主体的防治对象（或说惩罚和处置的对象），其是对国家、社会与公民有侵害性的客体；第二客体是公安主体保护与服务的对象（维护对象），其是受犯罪和违法行为侵犯的客体。[④]

① 袁明林．试论治安主体与治安客体之关系辨析［J］．湖北警官学院学报，2011（9）：83－84.

② 毛葛．试论治安管理主客体的多元构成及复杂关系［J］．湖北警官学院学报，2011（3）：87－90.

③ 李翔．论治安主客体研究的现实意义［J］．湖北警官学院学报，2011（3）：91－93.

④ 戴文殿．公安学基础理论研究［M］．北京：中国人民公安大学出版社，1992：37－40.

此后，学界多从治安、治安管理的角度来研究客体问题。如有学者认为，人、地、物、事是治安管理的对象或者客体。有学者提出，客体由危害社会治安的特定人、特定物、特定事和特定场所的时间、空间诸要素构成。有学者认为，客体是被治安法规规范的，由公安机关及其人员实施治安管理的社会关系。有部分学者从治安主体对治安客体作用的功能与属性角度，将治安客体分为治安主体依靠的客体、合作的客体、保护的客体、服务的客体、防范的客体、控制的客体以及打击惩治的客体等。还有学者提出，从实体要素上看，治安客体包括人（组织）、时间、空间、信息、行为（活动）、物品等；按照治安客体对社会运行干涉程度的高低，可以将治安客体分为打击的客体、防范的客体、控制的客体、引导的客体、保护的客体、服务的客体，等等。

一般而言，交通运输警务客体即警察行为的作用对象，主要包括特定的相关人，如犯罪嫌疑人、受害者，企业、单位，以及旅客、货主等交通运输参与人；地，如港口、车站、机场，铁轨、航道、空域、公路等特定空间；物，如基础设施、运输工具以及犯罪现场、违禁品、爆炸物等；事，如暴力恐怖袭击案件、重大灾害事件与事态等；组织，如治安管理、安全监管的机构人员及其运行机制，以及运输企业、单位的机构人员及其运行机制等。客体论的任务，主要是从理论上研究交通运输警务客体特殊的结构、特征，受动的方式、效果、质量，以及主客体关系构建和主客体的互动规律与特点，从而有针对性地做好警务工作。

（四）规范论

警务规范的主要内容，包括规定警务主体、客体的行为准则，以及对违反规范的惩处方式。对此，学界认识分歧不大。

结合交通运输警务，可将其规范分为以下层面：一是交通运输法律体系，包括宪法、交通运输法律、交通运输行政法规、交通运输部门规章、地方性交通运输法规规章、交通部门规章、地方性交通运输法规规章，民族自治条例和单行条例、相关法律解释，以及交通运输国际条约和国际惯例等。二是交通运输技术标准，包括国家标准和国际标准。三是约定俗成、并非国家正式确立、不具备法律效力的文化规范，包括能够对交通运输行为产生引导、约束力的习俗、礼仪、道德、行规等方面的规范。此外，从警察自身的角度来看，还包括警察法律、法规，条例、条令，组织规章，上级训令、指令，以及警察职业文化等。规范论的任务，主要研究交通运输警务规范的层次结构、内容体系和学习运用的机制，警务主体通过规范管理和服务客体的体制机制，以及主客体的他律、自律的模式与机理等，从而充分发挥警务规范在警务中的枢纽作用。

三、交通运输警务专业理论

交通运输警务的专业理论，是指对各项专业工作进行研究并揭示其一般规律的理论。这是研究交通运输警务不可或缺的重要组成部分，如果缺失了专业理论研究，交通运输警务就会成为一般化的空洞的东西。

对于其内容分类方法，按照警种的类型，可分为铁路警务、道路警务、城轨警务、港航警务、航空警务等；按照不同的时段，可分为平时交通运输警务、应急交通运输警务、战时交通运输警务等。借鉴公安行政法的体系构造，可从综合的角度，将交通运输警务的专业理论大致分为刑事执法、治安保卫、行政管理、组织人事、警务保障、监督救济六大部分。这六个部分在不同的警务领域中，根据警务现状和实战需要，必然有不同的侧重点和体现方式，并非一成不变。

（一）刑事执法

刑事执法，即在交通运输领域内关于刑事执法的理论。刑事执法一般涉及国内安全保卫、刑事犯罪侦查、经济犯罪侦查、网络安全保护、反恐怖、禁毒和缉捕追逃等内容。这一部分专论主要研究交通运输警务在刑事执法方面的共性和个性特征，探索其特殊规律，以指引和支撑刑事执法实践。

（二）治安保卫

一般而言，治安保卫工作包括公共秩序管理，即为维护社会公共秩序而依法从事的保障社会生活正常有序的行政管理行为，如地域管理（公共复杂场所、特种行业、重点地区）、物品管理（危险物品、违禁物品）、行为管理（大型活动、群体性治安事件、扰乱公共秩序和妨害公共安全行为）。此外，还包括内部单位治安保卫和群众性治安防范工作。[①] 这一部分专论主要探讨交通运输领域的治安主体、客体、要素、规范、管理行为，以及特定区域场所、内部单位等的特殊构成与性质，总结提炼关于交通运输警务治安保卫工作的一般规律。

（三）行政管理

交通运输公安机关在行政管理领域的赋权相对较少，主要包括消防以及特定

---

① 熊一新，李健和．治安管理学概论［M］．北京：中国人民公安大学出版社，2004：5－9.

区域的道路交通管理等。道路交通的内容，一般包括指挥、控制、勤务、宣传、规划、信息、道路及交通设施、交通违法行为与交通事故处理、车辆管理、驾驶员管理等。交通运输公安机关的道路交通管理职权相对有限，站、车、线系统以及与周边地区、环境的联系和关涉各有不同，道路交通管理工作必然呈现不同的特点和规律。

消防工作分为两种类型：一是公安消防，即对相关单位进行的消防教育宣传、消防监督、火灾预防、火灾扑救、案件事故调查处置、应急抢险救援等。二是单位消防，根据交通运输单位自身的特点，保障运输、生产、经营、建设过程中人员与物资、设备等方面的消防安全。这就需要从不同运输方式和交通工具的特点出发，根据地域场所、设备设置、空间构造、建设材料等的不同，研究交通运输消防工作特殊的体制机制和管理的方式方法。

（四）组织人事

交通运输警务既包括外部勤务，又包括队伍建设管理等内部事务，也有学者将其归结为现代警务的组织要素。组织人事工作一般由五部分构成：一是干部管理，包括管理体制、任免调配、干部监督、人才选拔与奖励、离退休干部管理，以及事业单位、社团、基金会人事管理等内容。二是机构编制管理，包括机构设置、人员编制等内容。三是警务管理，包括警衔、录用、内部管理、辞退辞职、职务序列、表彰奖励等内容。四是教育训练，包括体制机制构成、训练基地建设、教学建设与管理、教官学员管理、督导考核、交流合作等内容。五是工资抚恤管理，包括工资制度、福利待遇、伤亡抚恤、医疗保障、身心健康保护等内容。

（五）警务保障

广义上的警务保障，是指为确保最佳警务效能而依赖的法制、体制、机制、警力、技术、装备等保障性条件的总和。狭义上的警务保障，主要是指经费装备和后勤保障工作，也有学者称其为现代警务的实物要素，包括业务经费、警用装备、基础设施建设、资产管理、物资装备的仓储调运，以及后勤服务、内部运维管理等。交通运输警务在管理体制、运行机制、工作流程、勤务方式等方面的特殊性，必然会要求和反映在其保障工作之中，从而形成具有自身规律和特点的警务保障模式。

（六）监督救济

这包括对民警的严格管理监督和民警的合法权益保护两个方面。从监督的角度来看，主要是民警队伍的党风廉政教育、纪律作风建设、纪律检查、行政监察、警务督察、内部审计以及内部执法监督等。救济主要是警队内部的信访、申诉、警察执法权益保护等。其中，警察执法权益，是指警察作为国家执法主体依法享有的职务权益，主要包括执法防卫权、武器警械使用权、执法优先权及紧急避险权等，其本质是对警察行使权力、履行职责提供的便利和保护。① 这一部分专论，除了研究统一的规范要求在交通运输公安队伍中贯彻实施的机制、方式外，还要研究交通运输民警因在特定的工作区域、面对特定的执法对象、执行特定的法律规范，进而形成的特殊职业群体和职业文化，深入探讨总结其不同于其他警察群体的监督救济特点与队伍管理建设规律。

① 耿连海．警察权益保护［M］．北京：群众出版社，2004：228.

第二章

铁路警务论

关于铁路警务研究，铁道警察学院作为我国铁路警务理论研究的主阵地和唯一培养铁路警务专门人才的院校，自建立以来一直在探索耕耘，走出了一条特别的发展路径。因受公安学科专业建设的影响带动，加之长期相对封闭、单兵作战，以及注重单项研究、整体聚焦不够，其对铁路警务的研究呈现明显的“公安学 X + 铁路”的移植式发展模式。即在公安学、公安技术的基础上，加上铁路的有关内容，如侦查学与铁路、治安学与铁路，刑事科学技术在铁路案件中的运用等，但真正有特色、成体系的铁路警务专门理论和学科专业还付之阙如。

因此，加强铁路警务研究的路径，应立足 190 多年的世界铁路发展史、110 多年中国铁路警察史、近 70 年的新中国铁路警务及专门人才教育史，辨析界定铁路警务的概念范畴及研究领域，聚焦铁路警务自身的特色凝练，加快形成区别于其他警务体系的概念术语系统、知识理论框架乃至专业学科体系。本章将把铁路警务作为主题，以“史、论、专”为基本构造，对铁路警务的相关知识理论进行梳理和整合，并对相关问题作初步的探讨。

第一节　铁路警务的学科建设与研究领域

长期以来，铁路警务更像是一个日常用语而不是学术名词，更难以称其为一门学科或专业。究其根本，不仅在于研究基础薄弱、理论积累不够，更在于缺乏明确的研究对象和研究领域，缺乏特有的概念范畴系统，并缺乏在此基础上形成的自己的知识理论体系。研究铁路警务，必须首先明晰其研究对象和学科任务。

一、铁路警务的学科建设及主要问题

学科建设的一般规律表明，尽管不顾可能与可行，动辄就要建立"××学"，会造成学科的混乱，进而影响理论发展；但对于不够成熟的学科及其理论来说，增强学科建设意识，从学科的高度进行理论建设，是促使其尽快完善和成熟起来的重要途径。正如有学者指出，就学科与理论的关系而言，学科是全面而系统的研究认识，理论则是某方面的研究认识。学科由系列理论组成，理论是构成学科的要素，是促进学科成熟和不断发展的基础。因此，从学科的高度认识和把握问题，对某种具体理论的方向、地位、价值、作用，以及它们在理论体系中的相互关系，就容易看得清楚，作出正确判断，从而有利于学科建设和理论发展。相反，如果不从学科角度进行完整而系统的基本理论建设，对研究对象的认识只是局部的、具体的、零散的，就很难形成完整而系统地把握研究对象的理论，更难以出现作为继续认识对象工具的方法论上的认识。因此，只有建立学科才能加快理论和问题的积累，进而形成学科的理论体系；只有建立学科才能聚集起散落在各地的学者，进而取得学科建制，为学科管理部门所承认。① 由此可见，增强学科意识，加强学科建设，是认识客观对象的重要的基本途径，也是发展和提高对对象认识水平的基本工程。

一般认为，学科建设的基本标准和基本条件，或者说未成熟学科向成熟学科进化发展的方向，主要有四个方面：一是形成自己独立而必要的对象。对象是学科的基础，没有独立而必要的对象，就不可能有学科。这种独立性，要求学科对象相对明确完整，自成一体；这种必要性，要求学科对对象的研究具有独特意义，是其他学科研究尚未包含的。二是形成对社会重要而独立的理论价值。也就是说，与相关学科研究的理论相比，具有自身的理论优势和重要的实践意义。三是形成能够表明自己独立存在的范畴体系。这个范畴体系由一组科学的具有内在联系的基本概念范畴构成。如果一个学科没有或者缺少范畴，就意味着这个学科没有或缺少应有的独立的理性思维和理论表现，表明它的研究还停留在经验的阶段和水平上，还不能称其为合格的学科，或者说没有独立存在的必要。四是推动

① 张应强．像潘懋元先生那样做高等教育学大学问［J］．高等教育研究，2010（8）：15－21.

理论的抽象程度达到宏观水平。即对社会现象的研究概括，是当时学界能够达到的、最深层的理论概括和抽象。在这四个基本条件中，前两者表明作为独立学科存在的必要性和重要性，后两者表明作为独立学科存在的水平或发展程度。[①] 也有学者将其称为学科建设的“强语法”和生命线。所谓“强语法”，就是指学科有独立的研究领域，发展出一套具有强包容力的概念和理论体系；学科研究对象的专门知识得以积累，且这些专门知识也为其他学科所借鉴；学科有自洽于研究对象的陈述方式，并发展出一套与实践需求相呼应的研究方法和手段。[②]

结合铁路警务来看，当前的研究还比较零散、局部，没有形成自己独立而必要的研究对象，或者说对象意识还比较模糊；更缺乏反映对象本质和发展规律的概念范畴系统，以及具有自身特色的研究方法体系；理论研究概括的抽象程度也不够，往往现象描述多于内涵阐释，资料堆积胜于理论分析，整体上还处在经验水平上，离成为一门成熟的学科还有很大的差距。要想使铁路警务成为一门独立的学科专业，必须切实增强学科建设意识，注重从学科上审视把握铁路警务的相关理论，厘清不同知识理论的价值方位、发展方向和相互关系，从中提炼抽象出特定的概念和范畴，并以此为基础构建学科的理论框架。同时，还要紧密围绕铁路警务的实践需要，明确学科应承担的社会义务或者说学科的直接任务，使其与其他学科的研究对象、属性特点、理论内容和研究方法等严格区分开来，不断完善本学科的知识理论体系，形成和实现自身的学科价值。

二、铁路警务的研究对象与理论价值

前述学科应具备的四个基本条件中，必要的研究对象和独立的理论价值，是学科存在的前提；而范畴体系和理论抽象程度，是学科成熟程度的基本标志。如果说前者是关系学科生命的“质”，那么后者就是关系学科水平的“量”。其中，学科的对象和理论价值，涉及学科的基本理论，是学科理论的基础，从根基上直接影响学科的发展情况，能否正确解决好这个问题，不仅体现学科的成熟程度，而且影响学科的健康发展与存在，是决定学科发展命运的重要问题。同时，学科的研究对象和理论价值之间还存在互为因果的关系，如果学科没有明确的、必要

① 王牧．学科建设与犯罪学的完善［J］．法学研究，1998（5）：127－132.

② 胡雪龙．教育社会学研究与发展的学科特征［J］．高等教育研究，2017（9）：44.

的研究对象，就不能产生独立的理论价值；反之，如果学科没有明确必要的理论价值，也就不会有明确的研究对象。①

（一）研究对象

确定研究对象对学科建设至关重要，但要做到对学科研究对象的科学认识却不是一件容易的事，往往需要经历长期甚至艰苦的探索发展过程。例如刑法学，最初学界认为其研究对象是犯罪和刑罚，后扩展为刑法及其所规定的犯罪、刑事责任和刑罚，再发展为包括刑法本源、刑法规范、刑事立法和刑事司法。其主要原因在于，起初的研究局限在对刑法条文的注释上，而没有以刑事司法活动为研究对象，去揭示刑事司法活动的一般规律。②

以此为鉴，铁路警务的研究对象，不应局限于对相关的法律规范、制度规章的解释说明，而应以人民警察在维护铁路交通运输安全工作中，基于法定职责任务而从事的特有的实践活动为对象，揭示这种特定实践活动的一般规律。既然铁路警务的研究对象是主体对客体的实践活动，那么就要研究以下内容：（1）警务活动的主体，表现为主体论；（2）警务活动的客体，表现为客体论；（3）警务活动的规范，表现为规范论；（4）警务活动的立法，表现为立法论；（5）警务活动的执法，表现为治安行政执法论和刑事司法论。前三者是铁路警务研究对象的静态部分，其以规章条文等的注释、说明为主，也可以说是研究对象的理论部分。后两者是铁路警务研究对象的动态部分，其中，立法论主要解决铁路警务的立法需求和规范从何而来的问题；执法论则是解决铁路公安机关如何履行治安行政和刑事司法职能问题，也可以说是研究对象的实践部分。如果说理论研究部分重在发展学科概念范畴，形成基本理论体系，那么实践应用研究则致力于为实战目的服务，它是学科理论向警务实践转化的中介，也是一门学科向社会证明其价值和功效的途径。

（二）理论价值

理论价值与实践需要和研究对象密切相关，最终体现在其能够解决什么问题上。可以说，学科的质量就是它的“使用价值”，实践需求则是其“交换价值”，两者共同决定着学科的存在价值和地位。铁路警务作为法学大门类中正在探究的

---

① 王牧．学科建设与犯罪学的完善［J］．法学研究，1998（5）：128.

② 陈兴良．刑事司法研究［M］．北京：中国方正出版社，1996：1－15.

一门新兴学科，自应遵从法学发展的一般规律，并体现其中的独特学科价值。在法学理论中，法教义学是法学最基本的内容，大陆法系的法学家甚至把法学直接等同于法教义学。教义学的研究一般分为三个维度：一是描述——经验的维度，与之相应的思维活动是对现行有效法律规范的表述。二是逻辑——分析的维度，对应的是对现行法律概念体系的研究。三是规范——实践的维度，对应的是提出解决疑难法律案件的建议。① 与法教义学的研究维度相对应，一个理论研究者在本研究领域的行为方式类型有五种：（1）观察家，用事物“现有”的状况或他看出的状况来描述事物。（2）理论家，解释相关的联系。（3）思想家，对事物的现有状况提出赞成或反对的论据并对其应有的状况提出建议。（4）实践家，参与创造他认为应有的状况。（5）方法学家，分析上述几种行为方式。②

结合铁路警务来看，其学科任务，不是仅对相关理论成果进行简单的归纳总结，更不能流于对法规及现状进行注释或辩护。关键是要增强学科主体意识，立足铁路警务主体，在整体安全观、刑事一体化理念的指引下，做到既在铁路警务之中、又在其之外、更在其之上开展理论研究和学科建设。具体而言，应在“大公安”“大交通”的背景下，对铁路警务的现状进行科学客观的观察和描述，对相关的法律规章、标准规范等作精准全面的阐释说明，并从中提炼抽象铁路警务特有的概念范畴，形成铁路警务的基本理论体系。同时，通过理论与实践的联系对照，对铁路警务的立法规范、执法标准、管理体制、运行机制、警务模式、勤务方式、队伍管理、保障支援等核心问题提出务实有效的改进建议，并在实践中不断检验修正，从而把经验性与科学性、应用性与理论性、批判性与建设性有机结合起来。

第二节　铁路警务的历史发展脉络

世界上第一条铁路，于1825年在英国利物浦和曼彻斯特之间建成通车。铁路产业产生后，鉴于铁路运输的巨大优势和广阔的发展前景，在世界范围内很快就掀起了铁路建设的热潮，极大地推动了工业革命进程和交通运输事业变革。随

① 陈兴良．刑法知识论［M］．北京：中国人民大学出版社，2007：97－99.

②［德］凯塞尔．犯罪学［M］．赵可等译．西安：西北政法学院印行，1985：28.

着铁路事业的发展和铁路治安的现实需要，铁路警察逐渐萌芽发展。1830 年，英国轨道交通警察局伴随大都会警察和第一条铁路的开通而建立，被认为是世界上最早的铁路警察部门。①

我国最早的自建铁路出现在 1888 年，当时清政府修建了首条铁路——唐胥铁路，其起自唐山，经胥各庄延长到天津。火车最初以驴马拖曳，继之以自制机车为动力，后又进口外国机车为动力工具。学界认为，"此线幸免于遭遇淞沪铁路之厄运（吴淞铁路建成后被清政府买下并拆毁——引者注），而得为今日中国铁路之鼻祖"。②

关于铁路史的研究，所涉及的内容十分广泛，包括经济学、交通学、历史学、管理学、政治学、地理学、军事学、工学和法学等。从铁路史的研究中，又生发出了如铁路技术史、铁路法规史、铁路经营史、铁路教育史、铁路军事史、铁路与区域开发史、铁路卫生史、铁路车站史等专题史的研究。③ 从整体上看，我国学界对铁路史的研究还比较薄弱，对铁路警察和铁路警务史的研究更是寥若晨星。下文主要依据铁路事业的发展演进，简要梳理中国铁路警察以及所谓"维持铁道交通秩序，保护客货运输安全及预防一切危害"的铁路警务工作的发展历程。

一、萌芽时期的铁路警察

铁路的出现，具有经济、政治等方面的意义，不仅有利于人员流动和信息传播，而且能够改变落后闭塞的社会风气。与过去的马车、人力车等个人移动手段不同，铁路将客车编成列车，具有大量输送的特性，而且以共乘人平等的原理为依据，采用保证移动权利的车票和共同乘坐的方式，促进了陌生人之间的互相交往交流，带来了具有近代社会特征的权利保障方式，由此产生了一种新型的社会关系。④ 中外学界也因此提出，铁路的出现推动整个世界步入了近代化的道路。中国的铁路和铁路警察，正是在这样的时代浪潮裹挟下艰难产生、逐步发展的。

唐胥铁路通车后，由路方派一名弹压委员在列车上做稽查工作，同时在重要

---

① 朱得旭．英国轨道交通运输警察局概览［J］．现代世界警察，2017（6）：30.

② 张公权．抗战前后中国铁路建设的奋斗［M］．台北：台湾传记文学出版社，1974：2.

③ 祝曙光．铁路与日本近代化——日本铁路史研究［M］．北京：长征出版社，2004：2－3.

④ 祝曙光．铁路与日本近代化——日本铁路史研究［M］．北京：长征出版社，2004：118.

车站雇用3－5人，身着号服守望站台。此时的守望人员尚称“巡夫”，还不能视为铁路警察。真正意义上的铁路警察始于1902年，大致与普通警察的诞生时间接近，因此，铁路警察堪称历史最为悠久的警种之一。当时，英国已向中国交还了京津榆铁路，清政府鉴于铁路沿线经常发生劫车事件，遂于该路各主要车站设置了铁路警察。此后，随着其他线路陆续建设开通，铁路警察也相继开办。至于铁路警察的管理权，起初属于各线督办铁路大臣，后总归邮传部负责。

这时铁路警察的职权范围，除跟车之外，主要局限于铁路沿线的各主要车站，且常常容易与地方警察职权相混淆。为此，1906年，京师外城巡警总厅制定《外城巡警与铁道巡警办事权限章程》，对两者的权限予以明确区分，规定“铁道巡警专管车站以内及轨道上、车上一应事宜，以外地面上居民所有一切关系巡警事项，统归外城巡警各分厅划区而治”①。

萌芽时期的铁路警察基于管理分散、制度混乱、经费短缺等原因，整体上成效很差。1905年，巡警部成立后，有人提出应由巡警部统一掌管铁路警察的管理权，并建议将现存的绿营酌加裁补，改编为铁路警队。其中，由巡警部统管的建议虽未被采纳，但标志着警务部门、交通（铁路）部门对铁路警察的管理体制及权限问题开始出现争议。关于绿营改路警的建议，则顺利得到实现。次年，河南率先将裁撤绿营后的经费，用以编练铁路警察，这一做法得到民政部的认可并予以推广。民政部鼓励各地改编绿营，“并将统带、帮带、巡目、巡兵等名目改名警官、巡官、巡警及删除护、号兵各名目，以符定章而重警政”。

1909年，邮传部鉴于铁路警察“事权既未归一，责任又复不专，人少路长，不敷分布”等突出问题，提出整顿全国各地的铁路警察。邮传部决定：“将此项护路巡警统筹添设，并将弹压、巡查、护勇等名目一律更正，以期统一而符名实。即商办已成之路，亦当由臣部随时体察、商筹办理，务令路政益臻完密。”此后，铁路警察的建设才逐渐具有比较明确统一的发展计划和方向。但因时局动荡，清政府的统治风雨飘摇，铁路警务建设始终举步维艰。

二、形成时期的铁路警察

铁路警察的形成时期是在北洋政府时代。根据1912年8月公布的《交通部

① 韩延龙．中国近代警察制度［M］．北京：中国人民公安大学出版社，1993：224－227．

官制》，由交通部对铁路、邮政、电政、航政实行集中管理，地方政府不得干预。1913 年，交通部特设“铁路巡警教练所”，其被视为中国路警教育之滥觞。1916 年 8 月，《国有铁路编制通则》明确规定：“国有铁路置管理局或工程局，直隶于交通部。”因交通部对铁路实行集中统一管理，铁路警察（当时简称路警）也自成系统，既不受内务部领导，也不由地方警察官署督率，而由交通部及其各铁路管理局管辖。1920 年，交通部颁布《京奉京汉京绥三铁路警察处编制规则》，标志着铁路警务管理问题受到当局的重视。

（一）铁路警察管理体制

在这一时期，铁路警察的管理体制经历了从分散到逐步统一的过程。最初，组建路警以“各路自设巡警，以资保卫”为原则，组织机构或有或无，十分混乱，交通部也没有设置总揽全国铁路警务的专门机构。

1921 年后，随着铁路运输事业的发展，铁路警察的组织机构渐趋规范。各国有铁路管理局的警察机构先后进行了调整和改组。一般是将原隶属于总务处的警务课，改设为与铁路管理局所属各处相平行的警察处，处长由交通部统派，承铁路管理局局长之命管理全路的警察事宜，指挥监督所属职员和长警。此举大大提高了铁路警察机构的地位和权威，警察处内部组织结构较之过去也更为严密。以津浦铁路管理局为例，其警察处内设一、二、三课，课长由铁路管理局局长呈请交通部派充。警察处之下的全路警察分设三个总段，总段长由铁路管理局局长呈请交通部派充，总段内设巡查员和书记。每个总段按事务繁简和地区广狭，酌设若干分段，分段长由铁路管理局局长派充，分段内设巡官和书记等。由此，形成了包括警察处、警察总段、警察分段在内的三级路警管理体制。

1923 年 5 月 5 日，轰动世界的津浦路山东“临城劫车案”发生后，外国驻京使团向中国政府递交了一份联合照会，要求“重新组织有外国人参加的路警队”，企图借此插手中国铁路警务，达到国际共管中国铁路的险恶目的。铁路警务由此成为“一个关系到中国内政和主权的原则问题”，北洋政府不得不对铁路警务问题进行认真研究和整顿改进。同年 8 月，交通部设立铁路警备事务处，作为督率全国铁路警政的首脑机关，由交通部次长兼任处长，办理国内各铁路一切警备事宜。该处分设掌管考绩、情报、勤务三股，另设教练所掌理路警的培训。此外，该处还设有稽查专员，负责稽核警务一切用款事项；必要时还可雇用有铁路警备经验的外国人担任视察或教练所的教练。铁路警备事务处的经费由交通部核定后，分令各国有铁路管理局拨解。1924 年，交通部公布《修订交通部路警总局组织条例》，铁路警务开始走上正轨。①

（二）铁路警察招募与任用

铁路巡警由各铁路局警察处统一招募。基本条件是：年龄为 20 岁以上、40 岁以下，粗识文字，身家清白，身体强壮，语言清楚，并通地方方言。巡警入选后，由警察处分别派往各段驻扎。

根据 1921 年 10 月交通部公布的《修正汉粤川铁路湘鄂线警察暂行规则》，铁路警察内部的官吏等级，大致分为警察处长，总段长，分段长，巡官，一、二、三等书记，一、二、三等巡长，一、二、三等警察等。分别有不同资格条件要求，符合者方能担任。

（三）铁路警察职权与勤务

1. 职责权限

1922 年 11 月，交通部制定颁布了通行全国的《铁路警察服务规则》，对铁路警察的职权范围和警卫规程作了详尽规定。路警对轨道、桥梁、工程、材料、电线、厂站、仓库以及行旅、货物、列车开驶均有保护之责，但以该管铁路界线为限，非奉长官命令或追捕人犯不得越界，严禁干预外事。

具体工作规程是：在铁路界线内，遇有违警及拘捕刑事罪犯，要报告长官核办，但刑事案件应转交司法机关办理。在车内拘捕的人犯，应由警察长官解交最初应停车站的司法衙门办理。如有被追捕的罪犯逃入铁路界内，路警应会同地方警察共同追捕。

2. 执勤方式

铁路警察的执勤方式分为守望、巡逻、护车三种。其中，守望须在固定地点，不得擅离职守。守望又分为站台守望、票房守望、轨道守望、厂栈守望四种。站台守望主要负责维护站台秩序。票房守望的任务在于维持票房购票秩序。轨道守望巡警的职责是注意轨道上有无障碍行车的障碍物，以及轨道附近有无危及行车之处。厂栈守望巡警的任务是确保工料、车厂、货栈的安全，并负有火警查察之责。

巡逻是铁路警察执行勤务的一种重要方式，目的在于“补值岗所不及”，职

① 祝曙光．铁路与日本近代化——日本铁路史研究［M］．北京：长征出版社，2004：232－240.

责与守望相同。巡逻以一定岗位为界，自出发岗位到最终岗位，每经过一岗都要互换巡逻牌号，互换后各于退勤时缴还警所。巡逻按照一定路线，在守望巡警每次站岗时间内出巡一次，对于桥梁、轨道等重要设施须特别留意，如有损坏缺少，要报明工务员办理；遇有偷窃轨道附属物品或损坏道路、电线、电杆的，应立即拘至警所，报告长官核办。

护车是铁路警察执行职务的又一种重要方式，分守护客车和守护货车两种。守护客车警察要随时查察有无窃盗匪类，遇有在车上行窃之人，应加以盘查，并监视其行动。车上查获窃犯应妥加看管，由警察长官解交最初应停车站，转送司法机关办理。行车时遇有窃盗要犯跳下逃逸，得商请车队长将车暂停，以便即行追缉，但以不误前途行车为限。守望货车警察的主要职责是随时查验货车封识，保证货物安全。其中，货车在站停留 6 小时以上者，应由该站站长及厂警签收货物，注明查验接收情形；货车再次起行时，再由车队长和护车警察接收。①

三、发展时期的铁路警察

在国民政府时期，单就警察业务而言，铁路警察得到了进一步的发展。特别是其组织管理和教育训练工作，较北洋政府时期有了进一步加强。

（一）组织管理

国民政府建都南京后，于 1928 年 11 月专设铁道部，“综理全国铁道”，自此铁路才有了统一的专管机关。铁道部奉行“管理统一”和“会计独立”原则，认为“警务亦为路政之一部，不容忽视”，遂整顿警务，充实警力，使路警工作步入了新阶段。同年，全国各铁路警务处、警察处、护路队等路警机构相继改为警务课。1929 年，铁道部颁布《整理路警大纲》十四条，命令各铁路局切实整顿警务。1931 年，铁道部召开全国铁路警务会议，议定铁路警察整顿方案。

1932 年，铁道部公布的《铁道部直辖路警管理局组织大纲》，规定“路警管理局直属于铁道部，受铁道部之指挥监督，掌握全国国有铁路警察行政事宜”。由此，“铁道部直辖路警管理局”成为全国铁路警察的最高管理机关。同时，又将各路警务课、督察室及路警分支机构一律改组为铁路警察署，直接受铁道部路警管理局指挥监督。路警管理局的成立，被认为是中国路警发展史上的转折点，

① 韩延龙．中国近代警察制度［M］．北京：中国人民公安大学出版社，1993：463－471.

标志着铁路警务开始“走向成熟”。[①] 1934 年，铁道部公布的《修正国有铁路警察制服暂行规则》，对警服的款式、服料等作了详细统一的规定。1936 年，路警管理局改称“铁道队警总局”。1938 年，铁道部并入交通部，铁路警察由此改隶交通部。1946 年，交通部交通警察总局设立后，铁路警察即移归该局管辖。这一时期的铁路警察组织机构和人事管理概况如下：[②]

1. 铁道部直辖路警管理局

该局的局长、副局长、处长、科长等官员，均由铁道部部长派充；科员、督察员、事务员由局长遴选呈请铁道部部长核准委派；雇员由局长雇用，报铁道部备案。局内设秘书室和总务、保安、督察三个处。总务处下设文书、事务、会计三科。保安处设训练、检事、防务三科。其中，检事科专管各路警察机关对违警案件、缉获匪犯、私运违禁物品等的处理，侦缉所谓的“反动煽惑”等案件。防务科负责保卫各路路线、车站、路产、路料及客货员工，规划保护行车及维持秩序，处理各路沿线发生的刑事、政治案件及支配路警押护客、货列车等事项。督察处设内勤、外勤两个组，内勤组处理本处内部事务，外勤组掌管考查各路警察教育、管理、风纪等事项。

2. 铁路警察署

铁道部路警管理局在各路分设铁路警察署掌管全路警务，并以驻在路的名称统一定名为“铁道部直辖路警管理局派驻某某铁路警察署”。警察署直隶路警管理局，并受驻在路路局或委员会的指挥监督。警察署设署长一人，由铁道部派充，综理全署事务，指挥监督所属员司长警，并可设副署长一人辅助处理事务。警察署内设总务、行政、司法、督察四个股，每股各设主任一人，也由铁道部派充。

3. 警察段及护路队

各警察署为便利管理，将驻在路全线分为若干警察段，每段再分为若干警察分段；线短之路则直接分为若干警察分段。铁路管理局或委员会所在地设护局警察所，工作所在地设护厂警察所，分段内也可设立若干分驻所及派出所。警察段设段长一人，管理全段警务并指挥监督所属员司长警，其下设有检事员、事务

---

① 祝曙光．铁路与日本近代化——日本铁路史研究［M］．北京：长征出版社，2004：237.

② 韩延龙．中国近代警察制度［M］．北京：中国人民公安大学出版社，1993：650－654.

员、巡察、侦探长、书记、探目、探警、特务警长、特务警等各若干人。此外的警长、警士不在上述名额内，根据各单位事务繁简，可随时呈请增减编配。

各警察署为充实警备、巩固铁路防务，还可呈准设护路队。护路队分为大队、中队和小队。每大队有481人，下设三个中队，中队下设三个小队。大队部设大队长、大队副各一人，另有队务员、书记、司书、探警长、司号警长、传令警长、探警、传令警、勤务警等各若干人。

（二）教育训练

铁路警察的教育训练，过去多由各地自行开展，规范性和实效性差。铁道部路警管理局成立后，确定警察教练所为路警基本教育机关，要求各路警署“酌量财力，次第举办”，并在其保安处专设训练科，掌管党义研究，各路警察人员的培育、训练、检阅、规划编制，以及各路消防、卫生等事项。1933年，铁道部颁布《路警补助教育简章》，规定“各警署将现在各段队所服务之长警，未受警察教练基本教育者，于勤务余暇，本机会教育之旨，尽量施以补助教育”。各路据此举办补助教育，抽调人员参加学习。路警管理局还在路警教育计划中，对诸如干部教育、射击教育及消防卫生训练“详加规定”，并派员考察各路路警教育“以期策进”。

在各警察署中，专设警察教练所负责铁路警察的教育训练工作。其中，所长由路警管理局呈报铁道部审核委派。路警管理局委充教务主任一人，教员、队长、分队长、事务员各若干人，分管教务、管训、教练、文牍、会计、庶务等事项。警察署呈请派充书记若干人，分任文件收发、翻译、编存等事项。教练所的学警中，一部分由各段、队、所现役长警中曾受训练者轮流抽调训练，另一部分是招募新警进行训练。

四、新生和大发展时期

1949年新中国成立后，铁路交通运输事业及铁路警务获得新生，步入了快速大发展的时期。大致可分为以下几个阶段：①

（一）新中国成立至二十世纪九十年代

人民铁路公安机关最早建立于东北解放区，随着军事胜利的步伐，新政权相

① 吕萍．我国铁路公安机关的历史发展［J］．铁道警察学院学报，2014（3）：23－27.

继接管旧铁路警察机构，并通过军事管制、抽调补充兵力等方式组建新的铁路公安机关。新中国成立后，中央人民政府在设立铁道部的同时成立了铁道部公安局，作为公安部的派出机关，负责领导全国铁路的公安保卫工作。在铁道部公安局以下，全国铁路公安机关基本沿袭了解放区铁路公安机构的设置，并适当进行调整和完善，设有铁路公安局、公安分局和铁路管理局公安处、公安分处。1950年，铁道部公安局以下的各铁路公安局、公安分局改为铁路管理局公安处、铁路管理分局公安分处；公安处、分处下设看守所、行政拘留所、乘警队，并根据线路区段设公安段，三等以上车站设公安驻在所。在管理体制上，铁路公安机关整体上实行双重领导，即铁路公安局受铁道部公安局（公安部十局）和所在铁路局的双重领导，业务上以铁道部公安局领导为主，干部管理、后勤保障以所在铁路分局领导为主。基层所队由铁路公安处直接领导。同时，各铁路公安局、公安处在业务上还接受所在省、市、区公安厅（局）的领导。

1953 年，公安部成立交通保卫局，统一领导全国铁路、公路、航运、邮电系统的公安保卫工作，铁道部公安局随之并入公安部十局。1955 年，第七次全国铁路公安保卫工作会议指出，铁路管理机构是按铁路运输业务的需要设立的，不是按省（市）行政区划设立的，铁路公安机关既是国家的公安机关，又是铁路企业的保卫组织，必须按企业设置，同时加强公安部和地方公安机关对铁路公安机关的业务领导。据此，铁路各营业线路的公安机关，在业务上仍实行由中央公安部交通保卫局与省（市）公安厅（局）双重领导，而各铁路公安分处在业务上则由铁路公安处统一负责进行业务领导，所在地的地方公安机关负责监督指导。

二十世纪七十年代后，铁路公安机关随着国家交通运输部门组织机构的调整，经历了两次大的变动。1970 年，铁道部与交通部合并成立交通部，次年成立交通部公安局，在业务上统一领导铁路、水运、航空等警种。1972 年，根据第 15 次全国公安会议和交通部会议精神，全国铁路相继恢复公安处、公安分处建制。1975 年，交通、铁道两部又分开，铁道部重新成立了铁道部公安局，同时接受公安部领导，负责铁路公安机关业务工作；各铁路公安局同时接受所在地省、市、区公安厅（局）业务指导。

改革开放以后，随着铁路运输事业的发展，铁路公安机关建制又有了新的变化。1985 年，北京、哈尔滨、沈阳、郑州、上海、广州、兰州、成都铁路局公安处改为铁路公安局，各所属公安分处改为公安分局。1990 年，济南、柳州、昆明、乌鲁木齐、呼和浩特铁路局公安处改为铁路公安局；同年，各铁路公安局所属公安分局更名为公安处。

（二）二十世纪九十年代至 2009 年

进入二十世纪九十年代以后，铁路公安机关实行双重管理体制，使其与铁路部门的管理关系更加紧密，其作为铁路保卫部门的特征越来越明显。各铁路公安机关在人事管理上，实行上级公安机关与所在铁路局双重领导的体制。1995 年，中国铁路工程总公司公安处、铁道建筑总公司公安处分别更名为铁路工程公安局、铁道建筑公安局，并列入铁道部公安局序列。1996 年至 2007 年，南昌、昆明、青藏、武汉、太原、西安、南宁铁路公安局相继成立。①

2003 年，铁道部党组改进铁路公安机关领导管理体制，削弱了各铁路管理局的干部任免权限，加大了铁路公安机关的垂直领导力度。同年，经铁道部批准，各铁路公安局增设特警队，将任务较重的公安处的治安科、警卫科、乘警队改为支队。2004 年，各铁路分局被撤销，公安局、处两级铁路公安机关均与各铁路局对接，接受铁路局直管，人、财、物由路局党政部门负责，干部管理上加大铁道部公安局、各铁路公安局的管理权限。2005 年，各级铁路公安机关均增设政治委员一职，以进一步加强铁路公安队伍的思想政治工作。

（三）2009 年以来

2009 年年底，铁路公安机关体制产生根本转变，各铁路公安局、公安处及铁路公安派出所（队）从铁路运输企业中全部分离，一次性整体纳入国家司法管理体系。铁道部公安局由铁道部、公安部双重领导，其中党政工作以铁道部领导为主，业务工作以公安部领导为主。铁道部公安局列入公安部系列，同时使用公安部第十局名称。铁路公安机关实行铁道部公安局、铁路公安局、铁路公安处三级管理体制，厅（局）级干部统一由铁道部任免，处级以上干部由铁道部公安局任免，科级以上干部由各铁路公安局任免，副科级及以下干部由各铁路公安处任免。自此，铁路公安机关正式进入国家公务员系列，完全实现了人事管理的垂直领导。同年，铁路工程公安局、铁道建筑公安局整建制移交地方公安机关管理。

① 解新喜，朱士传．铁路公安民警基础知识读本［M］．北京：中国人民公安大学出版社，2016：4－6.

2013 年 3 月，在国家机构改革中，铁道部被撤销。经国务院授权，原铁道部公安局的党政工作由新成立的中国铁路总公司管理，公安业务由公安部管理，厅（局）级干部由公安部任免。原铁道部公安局更名为铁路公安局，下属公安机关机构设置不变。至 2015 年年底，全国铁路公安系统附随各铁路局，共设有 18 个铁路公安局，下辖 74 个铁路公安处。

2018 年 12 月，伴随全面深化公安改革步伐，行业公安机关管理体制做出了重大改革调整。根据“警是警、政是政、企是企”的原则，按照中央颁布的《行业公安机关管理体制调整方案》，铁路公安机关被划归公安部统一领导管理，铁路公安局列入公安部内设机构，各级铁路公安机关被派驻铁路运输企业开展工作。目前，关于改制转隶涉及的事权关系理顺、机构人员整合、职能业务融合、机制流程对接等重点工作，正在研究实施过程中。

第三节　新中国成立后铁路警务专业人才教育概况

加强公安工作和公安队伍建设，教育训练是基础性、先导性、保障性的重要工作。新中国成立后，我国铁路警务专业人才教育培训，随着铁路公安事业的发展，与公安工作同频共振，与公安教育同步共进，步入了快速发展的新轨道。其中，铁道警察学院作为国内唯一一所培养铁路警务专业人才的高等学府，堪称铁路警务教育的旗帜和标杆。一部铁道警察学院开拓前进的奋斗史，基本可以视为铁路公安教育训练工作的发展史。铁路警务专业人才教育，以公安教育事业发展为背景，以铁道警察学院发展建设为标志，大致可以分为以下五个阶段：

一、第一阶段（1949 年至 1966 年）

新中国成立后，国内外形势严峻复杂，必须大力加强公安工作，确保国家安全和社会稳定，为建设新国家提供良好的经济社会发展环境。而要加强公安工作，人才培养必须先行。首任公安部部长罗瑞卿同志在公安部成立大会上即指出：“我们队伍的数量不够，质量也不够，技术知识、政治思想素质都还不够，好的条件是有的，但还很不够。”1953 年，他在总结三年多的斗争实践时认为，

"我们带有普遍性的弱点乃是政治还不够强和业务还不够熟"。因此，"钻研业务，逐渐精通业务，提高业务水平问题，已在我们全体同志面前提出了，并成为要求我们切实地加以解决一个迫切问题。而这个问题能否解决，又是我们的工作能否前进，摆在我们面前的任务能否完成的一个带决定意义的条件"①。在中央公安学院的演讲中，他要求中央、大区、省三级分工轮训县公安局长和相当于此级的干部，两年之内普遍轮训一次。1954 年 6 月，第六次公安工作会议专门部署对干部加强教育培训，指出："必须认真加强干部的教育培训工作，主要是办好人民公安学院和各省、市的公安学校。""省、市以上的公安政治机关抓紧把公安学校办好，那我们就完成了一项极其重大的任务，就给公安工作提供了极大的政治保证和组织保证。"②

这一阶段，为了多快好省地培养急需人才，全国公安教育训练基本上是以在职民警培训为主，包括短期轮训和专业培训。1949 年中央人民政府公安部成立之后，将原华北人民政府公安部建立的华北公安干部学校改为中央公安干部学校。在此前后，除华北以外的各大行政区和各省、自治区、直辖市公安机关先后建立了 35 所公安学校。到 1956 年，全国各类公安院校发展到 52 所，学员有 2.7 万名。这些学员通过短期轮训，在较短的时间内掌握了公安工作的基本技能，很多成为了公安工作的骨干力量。进入二十世纪六十年代，随着公安工作的发展，公安干校开始从初中和高中毕业生中招收学员，进行公安专业培训。

在这个大背景下，1950 年 2 月，为保卫新中国铁路大动脉的安全，中央人民政府铁道部公安干校在北京成立，由时任铁道部部长滕代远同志兼任校长。当月，就有来自全国的 600 余名民警参加集中培训，历时半年，共开设五门课程：指纹、照相、现场勘查、法医、文检。这些学员学成后，很快成为铁路公安战线的业务骨干，他们也是新中国成立后我党培养的第一批铁路警务技术人才。到 1952 年，学校共培训学员 2000 余名，从此被誉为"铁道卫士的摇篮"。

此后，学校追随铁路事业的调整发展和工作重心的转移，开始了迁徙办学的历程。1953 年，在全国精简机构的大背景下，铁道部公安干部学校由北京迁往

① 公安部编辑组．罗瑞卿论人民公安工作（1949－1959）［M］．北京：群众出版社,，2003：166.

② 公安部编辑组．罗瑞卿论人民公安工作（1949－1959）［M］．北京：群众出版社，2003：227－228.

沈阳，同时，撤销原东北铁路公安干部学校建制，将部分干部教师充实到铁道部公安干校。1955 年，铁道部公安干部学校更名为铁道公安干部学校，主要负责训练股所级、干事级铁路公安干部，同时担负初级党校的任务。1957 年，根据中央“适当收缩、保证重点”的方针，学校从沈阳迁往上海，与中央人民公安学院上海分院合并。1961 年，伴随国民经济全面调整，上海分院建制被撤销，部分干部前往西安筹办中央公安学院西安分院。该院为适应铁路公安干警培训需要，从全国铁路战线及地方单位抽调了一批干部充实到教学和管理岗位，使学校呈现明显的铁路公安培训基地的特色。1962 年，西安分院建制被撤销，铁道公安干部学校就此被搁浅停办。1963 年，中央批准铁道、公安两部关于重建铁道公安学校的报告，于西安重建铁道部公安干部学校，铁路公安教育事业进入稳步发展时期。在此期间，按照政治、业务、军事三合一的教学目标，连续举办铁路公安干部培训班，形成了政治理论占 40%、公安业务占 40%、军事体育占 20% 的课程教学体系。1965 年，学校承办全国铁路公安干部基本功汇报表演会，极大地促进了教学工作，巩固了学校作为铁路公安战线唯一的部属教育基地的地位。①

二、第二阶段（1966 年至 1978 年）

在这一时期，由于“文化大革命”的冲击和影响，全国公安教育训练工作遭受严重破坏，被迫中断。公安教育训练的停滞，客观上形成了公安人才的断层，严重制约了公安工作的持续健康发展。

在“文化大革命”的冲击下，铁道部公安干部学校于 1966 年在西安解体，铁路公安教育戛然而止。1972 年，在国民经济恢复重建的背景下，加之交通、铁道两部合并，原铁道部公安干部学校重新挂牌，并改称交通部公安学校。1975 年，铁道部恢复后，学校又改称铁道部唐山公安学校，继续从事民警培训工作。1976 年，学校在唐山大地震中化为一片废墟，办学工作再次被迫中止。

---

① 本节及以下关于铁道警察学院前身的历史沿革资料，均参见铁道警官高等专科学校自编的《铁道警官高等专科学校校史要览（1950－2010）》。

三、第三阶段（1978 年至 1999 年）

这一阶段全国公安教育的主要特点，是恢复重建和大力发展学历教育，推动以学历教育为主的公安教育训练工作取得了长足的发展，并对公安工作的恢复、重建和发展发挥了重要作用。党的十一届三中全会之后，中央对干部提出了革命化、年轻化、知识化、专业化的“四化”要求，为此，加强学历教育，提高公安民警的素质成为全国公安机关的一项迫切任务。1978 年，各公安学校基本恢复了正常教学，在开展民警培训的同时，又相继开办了公安专业中专班。1980 年，公安部召开了新时期第一次全国性专门研究公安系统学校工作的会议，明确提出，“公安院校是人民公安机关的重要组成部分，是公安机关的教育和科研阵地”。加强公安院校建设，发展公安教育事业，“是提高公安队伍的素质和战斗力的一项战略措施，是当前我们公安队伍建设的一件大事，是公安工作向现代化方向发展的重要保证”。如果不从现在开始下决心、花本钱把公安院校有计划有步骤地加强建设起来，“我们就会犯历史性的错误”。

1984 年，公安部召开了第一次全国公安教育工作会议，要求把公安教育工作摆到战略地位上来，大力发展公安高等、中等专业教育，加强在职民警的正规化教育、短期轮训和文化补课工作，建立“具有中国特色的公安教育体系，促进公安队伍的革命化、现代化、正规化、军事化”。同时要求，建立中央、省、地（市）三级管理的公安教育体制，加快教育训练工作发展步伐。其间，中国刑事警察学院、中国人民公安大学、中国人民警官大学以及各级公安管理干部学院先后建立。① 至 1987 年，全国公安机关的学历教育体系已初步形成。1996 年，公安部政治部印发《公安教育发展“九五”计划》，明确提出“到本世纪末，初步建立起具有公安特色的教育培训体系”和“加快发展学历教育”“积极发展在职民警培训教育”的目标任务。在这一阶段，依托较为完备的本科、专科和中专学历教育体系，通过大力开展不同层次的学历教育，公安队伍的文化结构发生了巨大变化，整体素质和战斗力有了明显提高。同时，初步建立起了部、省（区、市）公安厅（局）、地市公安处（局）三级教育行政管理系统和民警培训基地，推动在职民警培训工作走上了规范化的道路。

---

① 中国人民公安史稿编写组．中国人民公安史稿［M］．北京：警官教育出版社，1997：409－410.

在此背景下，原铁道部唐山公安学校于1980年迁往郑州，先后更名为铁道部郑州人民警察干部学校、铁道部郑州人民警察学校。1981年，学校正式对全国招生，迎来了经高考录取的第一届全日制中专铁路公安专业学生，标志着铁路公安教育事业迈出了正规学历教育的第一步。1983年，学校自编、具有铁路公安特色的系列教材出版，包括公安概论、刑事侦查、政治侦查、治安管理、预审、现场勘查六本，标志着公安业务教学由过去的“经验型应用性”向“理论型应用性”的转变。1984年，学校更名为铁道部郑州公安干部学院，1985年再更名为铁道部郑州公安管理干部学院，与铁道部郑州铁路人民警察学校实行一套机构、两块牌子的办学体制，并于当年招收第一届全脱产成人大专学生，先后开设了公安管理、刑事侦查、政治侦察、治安管理、法律、刑事技术、公安保卫、公安文秘等专业。1992年，学校还与石家庄铁道学院开展联合办学，招收刑侦和治安专业普通大专生。至此，学校完成了由单一的铁路公安干警培训基地向全国铁路公安唯一高等学府的转变，并逐渐成为铁路公安队伍后备人才培养基地、在职民警培训基地、铁路公安理论与科技研究基地“三位一体”的铁路公安人才培养中心。

四、第四阶段（1999年至2012年）

在这一时期，全国公安教育训练工作遵循学历教育与在职民警训练并重发展的指导思想，强调大力加强在职民警的正规化培训，进一步提高民警的实战本领。1999年，公安部在上海召开了第二次全国公安教育工作会议，要求大力加强在职民警培训，并提出公安教育训练要坚持学历教育与在职民警教育训练并重发展的指导思想，同时，逐步减少直至终止中专招生，用三年左右的时间，将承担中专学历教育的人民警察学校改制为专门进行民警培训的人民警察学校。在此之后，在职民警培训工作受到普遍重视，制度化和规范化建设得到进一步加强。到2002年，全国中专层次人民警察学校的转制工作基本完成。至此，公安普通学历教育、成人学历教育和在职民警训练三种教育形式并存，部、省（自治区、直辖市）所属院校承担学历教育和职业培训，地、市所属人民警察学校专司在职民警训练任务的办学格局基本形成。

2010年，公安部在北京召开全国公安教育训练工作会议，提出了今后五年的奋斗目标，要求建立健全与公安事业发展相适应、与实战需求相符合、与干部人事制度相衔接，公安学历教育与在职培训并重发展的大教育大培训工作体系。会议还要求，加快推进公安高等教育的转型发展，努力实现公安院校办学方向由以普通高等学历教育为主，向普通高等学历教育与民警教育培训并重发展转变，教学重心由以理论知识传授为主，向以职业精神培养、专业能力教育和警务技能训练为主转变。

在此背景下，伴随全国高等教育体制改革步伐，原铁道部郑州公安管理干部学院和铁道部郑州铁路人民警察学校，于2000年被划归公安部管理并更名，仍实行一套机构、两块牌子的管理模式。2001年，公安部郑州公安管理干部学院与公安部郑州铁路人民警察学校合并建立铁道警官高等专科学校，从此进入了开展全日制大专学历教育的新时期。在这个阶段，学校先后开设了侦查、治安管理、刑事技术、警察管理、信息网络安全监察、警卫、经济犯罪侦查等专业，课程教学体系建设也得到长足进步，开发完善了铁路站车查缉战术、法医学铁路损伤勘验、铁路消防、乘警勤务、铁路公安派出所勤务等铁路公安特色课程，形成了比较完备的铁路公安课程教材体系和专业教学体系。此外，学校还从1999年开始，与石家庄铁道警察学院联合招收侦查学、治安学专业本科生，探索开展全日制普通本科学历教育。

五、第五阶段（2012年以来）

党的十八大以来，党中央高度重视教育工作，先后召开了全国高等院校思想政治工作会议和全国教育大会，推动全国教育工作和公安教育训练工作进入新的发展时期。全国公安机关深入贯彻“政治建警”“政治建校”方针，牢牢把握立德树人这个根本，着力深化公安教育训练改革，推动公安教育训练工作取得了快速发展。公安院校的建设进一步提速增质，当前已经达到35所，其中本科院校有25所，并形成了从专科、本科到硕士、博士研究生教育的完整规范的教育层次体系。大力深化招录培养体制改革，推动公安院校的招生更加规范有序、公安机关招录渠道更加多元便捷、招警方式更加科学有效。持续深化公安院校教育教学改革和全警实战培训机制改革，修订实施新的《训练条令》，推动“教学练战”一体化培养和“战训合一”训练模式，落实执法资格等级考试制度，开展依法使用武器警械专项训练，推动公安队伍的整体素质和执法能力得到了明显增强。

在此背景下，铁路公安教育取得了跨越式的发展。2013 年，铁道警官高等专科学校成功完成升本科工作，更名为铁道警察学院，正式开展全日制本科学历教育。经过 5 年多的开拓发展，目前已设置了城市轨道交通安全保卫系、铁路警务系、图像与网络侦查系、刑事科学技术系、治安学系、侦查学系、公安管理学系、法学系等 11 个教学系部，开设了治安学、侦查学、公安管理学、刑事科学技术、网络安全与执法 5 个本科专业和治安管理、刑事侦查、特警 3 个专科专业，以及城轨交通安全与执法、铁路反恐、铁路警卫、铁路治安防控、无人驾驶航空器警务应用、法制宣传与新闻发言人、视听侦查、公安情报、公安法制、公安文秘 10 个本科专业方向。同时，积极服务“一带一路”倡议，成功开展亚、欧、非部分国家的铁路警察培训交流工作，初步具有了国际化办学能力。2018 年 10 月，伴随全面深化公安改革特别是行业公安机关管理体制改革的步伐，国务委员、公安部部长赵克志同志作出重要指示，要求“创造条件把铁道警察学院建设成为交通运输警察学院”，推动学院的改革和建设进入了崭新的发展阶段。

第四节　铁路警务的基础理论

基础理论不同于理论基础。涵养一个特殊知识体系的理论基础可能涉及方方面面，而基础理论则是指一个知识体系的主要组成部分，是支撑特定知识体系的“四梁八柱”，与历史发展、专业理论共同构筑起本学科知识理论的大厦。铁路警务的基础理论，应以其构成要素和铁路警务执法特性为指引，分析借鉴相关的理论研究成果，并从中探究其与铁路警务的内在联系，由此形成铁路警务的基础理论体系。根据现有研究资料，其主要有以下方面：

一、铁路治理的权力结构理论与铁路公安机关领导体制

一个国家的铁路治理和铁路政策，与权力结构密不可分。权力按照行使主体的不同，大致可划分为政治权力、经济权力和社会权力，分别由政治机构、企业和社会团体行使。这些权力的制度构造和相互作用，构成了铁路治理的基础制度环境。西方国家依据权力分立与相互制衡的原则，使政治机构（政治权力）、社会团体（社会权力）与商业组织（经济权力）相互合作竞争，形成了均衡的三元权力结构。在我国，受特殊历史传承、社会制度和现实需要的影响，政治权力

特别是党政一体的行政权力始终占主导地位，企业经济权力在经济体制改革中正在逐渐成长，而独立的社会权力则非常微弱，由此形成了转型时期铁路治理的非均衡社会权力结构。①

在这种治理理念和基础制度环境下，中国的铁路系统与欧洲的“网运分离”和美日的“区域分割”等运营管理模式不同，曾长期实行国家垄断经营、垂直领导、半军事化管理的“铁道部—铁路局—站段”三级管理模式，以及“建运合一”的运营模式。在铁路系统内，铁道部既承担铁路建设规划和项目审批以及价格管制等政府职能，又承担路网建设与维护管理及运输组织、运输服务等企业职能，实行政企合一的管理体制，对全国的铁路资源采取“大一统”的集中管理。地方铁路局和站段则归属铁道部垂直管理，负责执行统一计划，无权自主经营。在铁路系统外，铁道部凭借垄断的市场资源，通过特许和认证的方式，对参与铁路建设、进入铁路市场的企业（如铁路配件、机车制造、列控系统研发、土建等配套厂商）具有准入选择权。②

这种垄断的市场资源、高度集中的管理体制，可以“集中力量办大事”，表现出良好的制度绩效。但权力过度集中也造成了封闭僵化，缺乏相应的潜在竞争、直接竞争和比较竞争机制，阻碍了经济发展活力，与国家经济政治体制改革的方向和趋势形成了严重不适应。③ 由此，这种政企合一的制度自形成后曾经历了三次大改革：第一次是 1986 年在承包责任制改革浪潮中推出的大包干改革，铁道部向国家实行“投入产出总承包”，各铁路局不同程度地向铁道部实行承包，以获得财务、劳资、人力等方面的自主权。第二次是 2000 年在建设社会主义市场经济体制改革中实行的“网运分离”改革，即将国家铁路路网基础设施与铁路客货运输运营分离开来，以市场化手段破解“政企不分”的困局。这两次改革的成效甚微，有的甚至仅停留在试点阶段。第三次改革是 2013 年的大部制改革，将铁道部的职能一分为三，即将拟定铁路发展规划和政策的行政职能划入交通运输部；组建国家铁路局，承担铁道部的其他行政职责；组建中国铁路总

---

① 荣朝和．探究铁路经济问题（第二辑）［M］．北京：经济科学出版社，2009：393－394.

② 高柏等．高铁与中国 21 世纪大战略［M］．北京：社会科学文献出版社，2012：54－57.

③ 欧国立．中国铁路运输业引入竞争机制的理论依据及可行性分析［J］．世界经济，2004（6）：50.

公司，承担铁道部的企业职责。至此，铁道部独立、政企合一的历史基本终结。[①]

铁路安全事关重大而且具有更强烈的技术规范性，往往会形成政治权力与经济权力紧密合作的共同管制模式。我国铁路“政企合一”的管理体制及其演变，极大地影响了铁路公安机关的领导体制（外部管理体制）。新中国成立初期，铁路公安机关基本采用双重管理的领导体制，即受铁道部和公安部双重领导，但以铁道部为主，公安部主要在业务上进行领导。1955 年召开的第七次全国铁路公安保卫工作会议就明确提出，铁路公安机关是国家公安机关的一方面，又是铁路企业的一个组成部分，是企业的保卫机关，不能片面强调公安工作的特殊性，而忽视它与铁路其他部门一样为运输生产服务的共同性。进入二十世纪九十年代后，铁路公安机关与铁路企业的关系更加紧密，其作为铁路企业保卫部门的特征愈加明显。2009 年，铁路公安机关一次性纳入国家司法管理体系后，仍由铁道部、公安部双重领导，党政工作以铁道部领导为主，公安业务工作以公安部领导为主。2013 年，铁道部被撤销后，铁路公安局的党政工作，由国务院授权新成立的中国铁路总公司管理，铁路公安机关双重领导体制的主要一方变成了中国铁路总公司，形成了由铁路企业管理公务员民警的特殊体制。直到 2018 年行业公安机关体制改革后，铁路公安局才完全交由公安部直接管理，双重管理体制就此终结。

二、统一调度和运输效率理论与铁路公安机关管理体制

产权经济理论认为，产权是经济所有制关系的法律表现形式，包括财产的所有权、占有权、支配权、使用权、收益权和处置权。铁路运输企业的产权，不仅在于拥有铁路线路、机车、车辆、车站等铁路资产，还在于拥有自主组合和使用这些资产的权利。铁路资产在静态条件下不能构成现实生产要素，只有当客货组成重车流，卸车后组成空车流，并且确定车流运行路径和运行时点后，才能开始运输生产的位移过程。铁路运输生产过程，实际就是重车流和空车流不断形成与消失的过程，而车流调整就是对该过程的调整和控制。因此，对车流组织和调整的调度指挥权，本质上是铁路运输生产的指挥权，是铁路运输企业产权最核心的

① 马得勇，张志原．观念权力与制度变迁：铁道部体制的社会演化论分析［J］．政治学研究，2015（5）：102－106.

组成要素。在铁路“政企合一”体制下，对运输生产的统一调度指挥成为其重要的表现形式和载体。这不仅是政治权力行使的要求，也有重要经济因素的制约。因作为企业实体的18个铁路局（公司）的管理幅度小，单独很难完成大部分车流调整工作，必须要有更上层机构的统一调度，才能完成跨区运输、保证路网效率。同时，作为企业主体的铁路局（公司）数量多，相互之间协商进行车流交换往往存在很高的交易成本，也需要由上层铁路部门进行统一调度指挥。由此，就形成了由铁道部（中国铁路总公司）对路网和车流进行集中统一调度指挥的管理模式，以实现铁路设施运用的规模经济，防止路网阻塞，提高路网利用效率。

在实际运行中，铁路调度指挥主要通过行车和车流调整组织两种方式来体现。其中，行车调度的统一指挥，是保证行车安全和列车能够按照运行图正点运行的基本手段。中外各国无论采用哪种管理体制，在这一点上都是相同的，铁路行车均由各区段调度员统一指挥，各区段的行车调度又要服从其上级调度机构的调度指挥。车流组织和调整，是高层调度指挥机构的主要工作内容，通过调度日（班）计划来组织实现。调度日计划的编制，过去长期由铁道部调度处长负责；铁路局由调度所主任负责。铁道部每日在9：00前向铁路局下达次日轮廓计划，包括分界站交接列车数、重车数、车种别排空车数、到局别使用车数、通过限制口的装车数和重点要求。铁路局调度负责管内的客货流、车流组织和调整，按阶段均衡完成铁道部下达的车流调整计划。由此，形成了靠行政命令统一调度指挥，各地、各局、各铁路工种、各生产环节相互衔接的管理模式。① 我国《铁路法》第三条也明确规定，“国务院铁路主管部门主管全国铁路工作，对国家铁路实行高度集中、统一指挥的运输管理体制，对地方铁路、专用铁路和铁路专用线进行指导、协调、监督和帮助”。人们常说的“客运一张图”“货运一个网”“财务一本账”，就是对这种管理模式的生动描述。

统一调度与运输效率理论，深刻地影响了铁路公安机关的内部管理体制和工作机制。要适应铁路运输跨区域、长距离和开放性、联动性的特点，以及铁路运输生产统一调度指挥的管理模式，在铁路公安机关内部实行垂直管理的体制成为必然选择，以保证全线路的安全保卫、跨区域案件的侦查和全系统执法标准的统

① 赵坚．统一调度与铁路产权及运输效率的关系［J］．综合运输，2007（11）：13－17.

一。铁路公安机关建立初期，就要求铁路公安处由铁道部公安局与省（区、市）公安厅（局）双重领导；各铁路分处由铁路公安处统一负责进行业务领导，所在地的地方公安机关负责监督指导。1975 年后，调整为由铁道部公安局领导铁路公安机关开展业务，同时接受公安部领导；各铁路公安局同时接受所在地公安厅（局）的业务指导。2003 年，铁道部对铁路公安机关领导管理体制进行改进，加大了铁路公安机关的垂直管理力度。2004 年，各铁路分局被撤销后，铁路公安机关的垂直管理得到进一步加强。2009 年，随着铁路公安机关整体一次性纳入国家司法管理体系，铁路公安的内部管理体制完全实现了垂直领导。2018 年年底，随着行业公安机关管理体制改革的步伐，铁路公安局已经完全交由公安部统一领导管理，由此可以预见，铁路公安机关内部的垂直管理体制也将得到延续和加强。

三、铁路基础设施安全理论与铁路基础设施安保

铁路运输具有开放性、广泛性、便捷性的特点，其基础设施系统（Railway Infrastructure System，RIS）最易受到攻击。特别是因铁路运输范围的广度、复杂性和对社会生活的重大影响，铁路基础设施系统往往会成为国际范围内恐怖袭击的重要目标。根据意大利米内塔交通学院国家交通安全中心提供的数据，在公共交通系统受到的攻击中，约有 48% 的攻击发生在公共汽车上，而约有 43% 的攻击则是针对铁路基础设施系统进行的。因此，很多交通安全学者致力于研究铁路基础设施系统安全问题，并形成了一些有代表性的理论。主要观点如下：

所谓关键基础设施，是指一个系统、一种资源、一个过程或一个集合，一旦被破坏、中断或暂不可用，将对国家的正常运行，对整个安全、经济及对包括中央和地方公共管理机构在内的社会系统产生巨大影响。铁路运输即为典型的关键基础设施，对其防卫和保护不但有必要，而且要求以国家政府和管理公司的身份进行。这些设施主要包括：车站和站点、变电站、对铁路流通敏感的房间或建筑物、隧道桥梁和高架桥、停车场、车辆、票务和自助服务机器、维修保养、其他工具性设施，以及场所内的保密文件、核心业务技术设备、无人值守的场所等。其中，机动车辆、票务和自助服务、车辆/结构是铁路公司的战略设施。

基于铁路运输系统的特殊性，有必要对“安全”的概念进行重新界定，确定个人自由和集体安全之间的平衡原则。铁路部门的安全政策必须区分什么是更

客观的安全（视频保护、专业军警人员、技术监控系统等）和更安全的感觉（设施的清洁和舒适，统一着装的服务人员等），主动参与到安全级别和旅客的安全感建设中，并与旅客保持联系，根据旅客的要求定义优先级。铁路安全的核心业务是危机与风险管理。其中，危机往往是由自然、人为或技术原因引起的，危机管理要处理的风险主要包括大型事件对组织、利益相关者和公众产生的潜在破坏，管理计划应始终考虑受恶意事件影响的公司和人的动态性，不断进行更新以应对新的意外事件。铁路基础设施的风险情景包括损坏、货物盗窃、破坏行为、恐怖袭击四大类。其保护计划中的风险分析包含威胁（及其预期频率）、脆弱性（相对于威胁的系统漏洞）和结果（威胁的预期后果）三个要素。① 风险管理过程包括：识别、测量和估计风险，进一步开发、检查和更新管理风险的方法，完善技术和程序等，以降低安全风险，减少可能损害铁路基础设施的威胁。② 在反恐工作中，只有当国家的管理服务机构，特别是情报机构（负责衡量对国家的威胁）与铁路公司（意识到自己的脆弱性）之间进行密切协作，才能使反恐工作有效开展。③

鉴于铁路基础设施是所有交通运输设施里最关键、最难保证安全的设施，可以采用基于环境设计预防犯罪方法及系统动力学方法的铁路基础设施系统脆弱性评估和定量模拟方法，以确定安保薄弱点，形成更具可靠性的保护策略。所谓环境设计预防犯罪（Crime Prevention Through Environmental Design，简称 CPTED），是指将安全体系设计与建筑结构建设有机结合的过程，其通过合理设计和有效使用建筑环境，减少犯罪发生的机会和犯罪造成的无序及恐慌，并提高生活质量。CPTED 的最常见策略是门禁、监视和区域加强，这些策略一般可以通过组织方法（人力如警察、保安、接待员）、机械方法（如技术产品、报警器等）和自然方法（如场地规划和设计、环境美化、标牌）来实现。系统动力学（System Dynamics，简称 SD）方法则是一种计算机模拟建模技术，用于构建、理解和讨论

---

① ［美］朱尔斯·B. 威克斯，约瑟芬·纳波拉泰诺．铁路客运安保：爆炸物检测与安全工作［M］．万敬伟，郜杨等译．北京：中国人民公安大学出版社，2017：102－103.

② ［意］罗伯托·塞托拉等．铁路基础设施安全［M］．杨树森，李盛等译．北京：中国人民公安大学出版社，2017：38－75.

③ ［意］罗伯托·塞托拉等．铁路基础设施安全［M］．杨树森，李盛等译．北京：中国人民公安大学出版社，2017：23－25.

复杂系统中变量之间的动态行为和不直观的非正式关系。SD 策略的核心在于以库存、流量以及管理其变化的因果机制，来表示系统结构。这种方法可以作为情景犯罪预防策略的漏洞评估工具，并利用仿真技术，直观说明在铁路设施环境中采用或缺乏 CPTED 行动，将会如何影响到特定事物的安全。

在铁路安保工作中，犯罪机会往往取决于车站的环境属性、所在的临近区域类型和城市背景。加强铁路基础设施安保的 CPTED 策略主要包括：（1）自然监控。如最大限度提高可见度；公共领域的充足照明；组织策略：警察和安保人员巡逻；机械监控策略：照明和闭路电视；自然策略：窗户、低景观和明显的入口。（2）自然门禁。如使用景观结构和建筑设计阻止进入，设计通道、车道和临近的门户以标记公共路线，标牌。（3）区域防护。如明确区分受限区域和公共区域；建设景观植被、围栏等加强限制；利用物理设计建立独立感；组织策略：邻里犯罪观察、接待员和治安亭；机械策略：周界感测系统；自然策略：栅栏、墙壁和景观。（4）活动支持。如确保公共空间融入感的社区活动等。（5）维护。如保持营业性区域和非营业性区域的清洁和功能，检查设备设施以保证正常运行，维护设备设施及其外观，对涂鸦和破坏行为实行零容忍政策等。①

结合铁路警务来看，这一理论对铁路关键基础设施的直接保护，以及通过基础设施建设和环境设计来预防违法犯罪，都具有指导意义。铁路线路、车站、机车、车辆和信号、通信以及电力设备，是铁路运输的关键基础设施和完成运输任务的物资基础，为有效防范恶意破坏甚至恐怖袭击，必须增强危机和风险管控意识，制定相应的警务策略，完善警务机制，切实消除“人的不安全行为”和“物的不安全状态”，确保铁路交通运输安全畅通，提升旅客和公众的安全感。同时，还要督促相关单位贯彻落实《铁路安全管理条例》第十二条的规定，将铁路建设工程的安全设施与主体工程同时设计、同时施工、同时投入使用，合理采用相应的组织策略、机械监控策略和自然策略，使设备实施和建筑发挥应有的安防功能。此外，铁路运输系统作为特殊的交通场所和移动空间，其设备设施、场所环境等与安全问题息息相关。为此，可借鉴环境设计预防犯罪理论，实施情境预防警务，加强对铁路设备设施的风险排查，分析铁路设施和环境因素可能对

① ［意］罗伯托·塞托拉等. 铁路基础设施安全［M］. 杨树森，李盛等译. 北京：中国人民公安大学出版社，2017：88－117.

违法犯罪或突发事件的诱发推动作用，并采取相应的人防、物防、技防措施，减少和阻断违法犯罪的条件和机会，确保铁路交通运输安全。

四、铁路运输安全体系理论与铁路治安综合治理

铁路运输安全是一个庞大而复杂的课题，如何在各个局部研究的基础上，从整体入手，系统完整地构建安全理论体系、技术体系和管理体系，是加强铁路运输安全规划、设计、实施与管理，确保铁路运输安全的一个关键性问题。根据相关研究，铁路运输安全体系可分为铁路运输安全预防体系、安全保障体系、事故处理及救援体系三部分，各体系内又可分为理论、技术及管理三个层次，并可从时空结合的角度确立运输安全的轴向结构和多维结构。①

（一）铁路运输安全预防体系

安全预防体系主要从预防理论、技术、管理三个层面，建立事故预防体系，为铁路运输创造安全的运输环境。

1. 安全预防理论体系

这是针对铁路运输事故特性，基于事故预防的普遍性机理而构建的理论体系，旨在为技术体系的开发和管理体系的构建提供理论基础。主要包括：（1）行为冲突机理。事故的发生是一个系统行为冲突的过程。行为冲突机理主要解决如何及时识别系统行为冲突，构建系统行为规范体系与预防体系，对行为冲突做出快速响应等关键问题。（2）危险源辨识机理。侧重从微观角度研究铁路运输系统行为冲突中的危险因素及其转化条件，通过建立事故模型模拟运输事故的发生机理。（3）风险效应机理。研究铁路运输系统中可能发生的事故类型及其影响范围，根据对该事故发生概率与损失程度的评价，合理规划预防性投入与事故整改投入的关系，确定合理的投资结构。（4）分级预防机理。根据不同类型的事故采取不同的预防措施，使事故的发生概率及其损失程度保持在可接受的水平之内。

2. 安全预防技术体系

铁路运输安全预防技术体系是理论体系在技术层面的延伸，由安全预测技

---

① 张殿业，金键，杨京帅．铁路运输安全理论与技术体系［J］．中国铁道科学，2005（3）：114－117.

术、安全规划技术、安全设计技术及安全评价技术组成。其中，安全预测技术和评价技术主要实现对铁路运输系统的安全评估，明确铁路运输系统的安全目标。安全规划技术和设计技术，则分别从宏观角度和微观角度，对铁路运输安全进行合理规划与安全设计。

3. 安全预防管理体系

管理体系的构建是基于预防基础理论分析和技术条件支撑，实现对铁路运输安全的点预防、线预防、面预防的综合管理模式。主要包括：（1）安全标准体系。制定安全标准，并以此评价铁路运输安全状态，实施安全教育、安全监督及安全综合协调。（2）安全教育体系。以人为安全的出发点和归宿，从“人机”系统中“人”的角度预防事故，提高运输安全水平，保障人的安全。（3）安全监督体系。推动铁路运输安全预防管理体系顺利实施，并将实施效果有效反馈。（4）安全机制协调体系。要求铁路运输系统设置全面、系统、有效的安全管理组织网络，合理配置安全组织机构、科学划分安全机构职能，使安全管理的机制协调高效。

（二）铁路运输安全保障体系

安全保障体系是确保运输安全的第二重体系。建立具有可操作性和时效性的安全保障体系，是事故预防的决定性因素。

1. 安全保障理论体系

其目的在于构建有前瞻性、对实际操作有指导意义的系统安全保障理论体系。主要包括：（1）职业适应性机理。人是安全问题的主导，也是最不稳定的因素。研究铁路运输系统中人的职业适应性，可以增强各子系统人员培训选拔的效能。（2）设备可靠性机理。机车车辆、轨道、通信信号、电力以及其他技术设备运行良好，是实现运输安全的必要条件。研究这些设备的性能可靠性、结构可靠性、匹配可靠性等，是运输设备安全运转的基础理论。（3）系统结合部匹配机理。机务、车务、工务、电务、车辆等子系统，构成了铁路运输这一复杂大系统，而大系统的安全又有赖于各子系统的有效匹配。（4）阶段性机理。科学划分铁路运输安全的发展阶段，明确不同的安全策略、目标，可以建立相应的行车安全保障体系。

2. 安全保障技术体系

其核心在于强调实时性、联动性和系统性，主要由感测技术、通信技术、计算机技术及控制技术四部分构成。其中，感测技术和控制技术是铁路运输系统的外部接口，通信技术和计算机技术是对采集的信息进行传输和再处理，实现对运输系统的实时监测与控制。

3. 安全保障管理体系

安全保障管理体系是理论和技术体系在安全培训、设备质量保障、安全规章制度及安全考核激励机制方面的有机整合。主要包括：（1）安全培训保障机制。这是管理体系有效实施的重要保证，也是实现运输安全有序可控目标的基础保障。（2）设备质量保障机制。这保证设备处于良好状态，使设备的技术状态稳定。（3）安全规章制度机制。这是安全保障理论、技术、管理体系在安全保障应用方面成功模式的制度化、标准化。（4）安全考核激励机制。根据运输安全状况、事故的益本比分析等确立考核机制，保障运输安全良性循环发展。

（三）铁路运输事故处理及救援体系

铁路运输事故处理及救援体系，是事故预防、安全保障失效情况下的“补救”体系，目标在于最大限度降低事故的严重程度。其中，如何在最短时间内抢救伤者、减少延误和恢复正常运营，是事故处理和救援体系研究的重点问题。

1. 事故处理及救援理论体系

其目的在于为建立技术体系、管理体系及法规标准体系提供理论依据。主要包括：（1）第一生命特征理论。事故发生后的半小时，被称为“黄金生命半小时”。这一理论主要研究人的生理特征，以指导事故现场的自救与互救，有效降低事故伤亡率。（2）救援预案理论。基于事故的损失情况、发生位置、救援设备的布局，设计不同的救援预案，提高事故救援的应急能力及救援效率。（3）联动调度理论。这是事故应急的最基本要求。事故的通报、值班调度、列车运行调整、救援人员出动等均应协调呼应，并在最短时间内完成。（4）事故再现理论。用于指导事故再现技术的开发，分析事故发生的原因和机理，最大限度地避免类似事故。

2. 事故处理及救援技术体系

铁路运输事故处理及救援技术体系，融合了应急救援的前台技术和后台技术，其核心在于强调联动性和快速性。主要包括：救援列车技术（如工具配备、人员配置、责任分工、列车编组出动等）、线路开通技术（便线开通或原线开通）、事故勘查技术、事故再现技术等。

3. 事故处理及救援管理体系

其是指基于事故档案、救援人员和资源以及事故应急等建立的管理体系。主要包括：事故档案管理、人员培训管理、救援资源管理、事故应急管理（如应急培训、应急指挥、应急体制机制）等。

在上述铁路运输安全体系理论中，预防体系是核心，保障体系是基础，救援体系是常备。这一理论虽然侧重点在于铁路企业的生产安全，但其立足整体安全观，从理论基础、技术支撑、管理保证三个层面，对铁路运输安全的预防、保障、应急救援工作作了系统完整的分析阐述，反映了铁路运输安全的内在要求，为贯彻铁路安全管理“安全第一、预防为主、综合治理”的方针，加强铁路警务工作、确保铁路公共安全提供了深刻的理论启发和实践指导。比如预防体系理论，启发我们要注重风险导向警务，增强危险辨识和风险管控能力，并由此建立分级预防的安保工作体系。其保障体系理论，要求我们注重加强基础建设，紧扣人、车、站、线、设备、系统等要素，高度关注人、机、系统、阶段的可靠性和匹配性机理，统筹进行组织管理和技术运用，综合开展人员培训、装备配备与制度建设，形成站车线一体、路内外联手、人物技结合的工作格局，对铁路治安进行综合治理。同时，还要加强对铁路企业的内部保卫工作，监督指导企业贯彻《铁路安全管理条例》第五十六条的规定，制定铁路运输安全管理制度，完善相关作业程序，健全生产安全责任制，落实生产安全措施，从根本上保障铁路旅客和货物运输安全。其事故处理及救援理论体系，启示我们加强应急处置和救援预案的研究制定，适时组织开展应急演练，健全应急救援指挥机制，并做好与铁路企业、地方公安机关等相关单位的调动调度，确保一旦发生紧急突发事件能够快速反应、妥善处置，最大限度地减少事故损失。

五、特种警察理论与铁路公安机关行业特性

英美警察学理论认为，特种警察（Special Function Police）与普通警察、私人警察是警界的三个组成部分。这类特种警察或特殊地区警察，是为了应付地方警察机构的局限而设立的，由特殊行政地区或特殊的行政部门组建，通常享有一般警察的权力。十九世纪初期伦敦的泰晤士河警察，被认为是英美历史上最早的特种警察机构。在美国，特种警察机构往往由其所保护的公共服务的职能体系而组织起来，如机场警察、公交警察、住宅警察、公园警察、校园警察等。在概念界定上，所谓特种警察，一般是指根据特殊或特别的政府职能设立，并为特殊或

特别政府职能服务的警察机构，是一种旨在向特定地区、特定场所、特定人群提供警察保护的政府机构。特种警察与普通警察的区别，主要是地理与种类上的差别，在职能上并无根本差异。特种警察通常也履行普通警察所有的职能，只是这种职能限定在特殊地区、面对特殊人口行使，使其管辖权更集中、更专一。归根结底，“是特定地区与特定人口相结合造成了‘普通警务’的特定形式”。①

此外，特种警察在人、组织与社区三大警务要素中，也具有自身的特殊性。(1) 在人的方面。普通警察机构的顾客是全体大众的无形集合，而特种警察机构的顾客则更具同质性，这些人通常由一个共同点或共同兴趣将他们结合在一起。比如，使用公共交通体系的人，都有共同的兴趣目标，希望有序且高效地从A 地到 B 地。(2) 在组织方面。一般而言，警察维持秩序、提供服务与执行法律的职责越普遍，服务的地区越大，警察组织规定并控制职员行为的难度就越大。特种警察因其专门的职能和特定的执法区域，相比于普通警察，其管理者可以更容易地管理其职员的活动，对职员的指示更具指导命令性，赋予各级警官的自由裁量权也相对较小。(3) 在社区方面。特种警察往往在专门地区执法和服务，自然就在其所面对的人群中融入了一种利益关系，这种利益社区能够塑造警察机构的工作，警民之间的共同理解和互动也比较容易。同时，特种警察维持秩序的首要目的比较专一，公众只要不进入其辖区，就可以避免受到干预，因此两者的关系更容易预测，也更加谨慎。更令人注目的是，虽然特种警察与普通警察一样履行执法和管理职责，但大部分人仍然倾向于认为特种警察更像是提供社区服务的机构，因而看待他们更多带有社区感或共同利益感，也更容易理解、包容和接受他们。这种不同一般的期待心态和社区意识，构成了特种警察的特殊工作环境和执法环境。②

铁路公安机关作为最大的行业公安机关，属于最典型的“特种警察”。上述特种警察理论的相关论点，为我们认识铁路公安机关的特性提供了一个重要视角。一方面，因警务工作关涉的人、组织、社区等要素的不同特性，使得铁路公安机关在组织管理、执法裁量、工作环境、警民关系等方面，都具有与行政公安

① [美] 罗伯特·兰沃西，劳伦斯·特拉维斯Ⅲ. 什么是警察：美国的经验 [M]. 尤小文译. 北京：群众出版社，2004：137 –149.

② [美] 罗伯特·兰沃西，劳伦斯·特拉维斯. 什么是警察：美国的经验 [M]. 尤小文译. 北京：群众出版社，2004：152 –158.

机关不同的特殊性。这就要求铁路警务既要突出自身的特性，又要服从公安工作的一般规律，把特殊性和一般性有机结合起来。另一方面，还要看到，虽然铁路公安机关的执法区域有一定限制，但其在职能任务和业务内容上除了户籍、出入境等外，与行政公安机关基本相同，涉及公安工作的方方面面，具有突出的综合性。这种综合性，既要求警务工作立足整体安全观和系统观，做到统筹兼顾、综合治理；还要求铁路民警具有综合性素质，不仅要掌握公安专业知识，还要掌握与铁路行业相关的专业知识，并在融会贯通的基础上采取有针对性的防范打击措施，保障警务工作的有效性。在警务模式上，铁路公安机关应当打破区域封闭、行业封锁意识，树立全局一盘棋的思想，与地方公安机关加强沟通协调和相互支持，建立健全路地联勤联动工作机制，实行“整合资源、打破界限、错位互补、迅速反应”的勤务模式，形成共建共治共保的治安防控体系，确保各项安全保卫任务的完成。

第五节　铁路警务专业理论的主要内容

铁路警务的专业理论，是在明确铁路警务基础理论的基础上，研究和揭示警务专项工作及其一般规律的理论。铁路警务专业理论体系的构成，既可按照警务工作流程来划分，也可参照公安行政法的体系构造，主要根据职责任务和工作内容进行划分。鉴于铁路公安机关是综合性的执法机关，构建铁路警务的专业理论体系似应把内容和流程有机结合起来，分为日常警务、应急警务、警务保障三大板块进行研究。

一、日常警务

日常警务即平时警务，是铁路公安机关依据法律制度和职责分工，按照正常程序和业务流程开展的勤务活动。铁路公安机关作为最大的“特种警察”队伍，其管理、执法和服务工作，既要突出行业公安机关的特殊性和专业性，依据专门的法规制度和标准要求，为铁路运输生产建设提供安全保障；又要遵从公安工作的一般规律，按照统一的法律法规、制度规范、勤务标准和纪律要求开展工作。因此，铁路公安机关的日常警务，既包含与行政公安机关相同的警务活动，也有基于自身特殊性而产生的特殊警务活动。

值得注意的是，2016 年，铁路公安局为全面推进执法规范化建设，加强铁路公安机关教育训练工作，规范民警执法执勤行为，提高民警履职能力，组织编写了铁路公安机关执法实务系列教材。这一系列教材被认为是队伍正规化建设的重大举措，填补了铁路公安教育训练工作缺乏特色系统教材的空白。该系列教材共包括 16 本：《铁路公安看守所民警执法实务》《铁路公安列车乘务民警执法实务》《铁路公安民警基础知识读本》《铁路公安消防民警执法实务》《铁路公安线路民警执法实务》《铁路公安网络安全保卫民警执法实务》《铁路公安刑事技术民警执法实务》《铁路货运站编组站客技站动车所执勤民警执法实务》《铁路公安特警执法实务》《铁路公安治安管理民警执法实务》《铁路公安客运站派出所执勤民警执法实务》《交通管理民警执法实务》《禁毒民警执法实务》《铁路公安民警武力使用与技战术手册》《刑事侦查民警执法实务》《内部安全保卫民警执法实务》。观察上述教材体系，可以发现两条清晰的线索：一是围绕站、车、线安保的铁路公安机关特有的警务工作；二是与行政公安机关类似的相关警种业务内容，如刑侦、治安、交通、禁毒、网络安保、特警、刑事技术等。

基于上述分析，可将铁路公安机关的日常警务活动，再细分为普通警务和特种警务两个类别，分别研究其内容、特点和一般规律性。两类警务的概念和主要内容如下：

（一）普通警务

即与行政公安机关类似的日常警务活动。这种类似，是职责任务的类似，是标准规范的类似，也是内容流程的类似，区别只在于执法区域和环境的限制。这一部分的研究重点，正是铁路警务研究在初期阶段所致力于解决的问题，即“X＋铁路”的研究模式。这种模式主要探索公安工作在铁路领域的体制机制、实践方式和工作模式，特别是聚焦研究与行政公安机关类似的公安业务，因在特定的工作区域、承担特定的职责任务、执行特定的法律规范、面对特定的执法对象，以及处于特定的工作时段、面临特定的执法情景、围绕特定的执法环境等情形下，所表现出来的不同的属性特点和特殊规律，以及在工作过程中形成的特殊职业意识、职业规范和职业文化，并用于指导铁路警务实践。

（二）特种警务

即与铁路警务的特殊构成要素相关的日常警务活动。这种特殊的警务活动，也是铁路警察作为典型“特种警察”的载体和表现形式。关于铁路警务的特殊构成要素，似应为“客、货，站、车、线，环境、组织”三类六部分。这些要素在铁路运输实践中一般表现出以下基本特性，即线路固定、位移跨区、空间狭窄、客货密集、科技集成、组织联动等。这些要素及特性，构成了铁路公安机关区别于行政公安机关的特有警务形式。同时，也正是因为这些要素和特性，在铁路、城轨、道路、航运、水运等各种交通运输中都有不同程度的体现，从而形成了各种交通运输警务方式相通相近的根基，使不同的交通运输警务在实践上能够协同互补、共建共治，在理论研究上能够相互借鉴、相互促进。

1. 客、货

铁路警务中的客即旅客。根据《铁路旅客运输规程》第一条和第五条之规定，铁路旅客运输合同的各方当事人包括：（1）承运人（与旅客或托运人签有运输合同的铁路运输企业）；（2）旅客（持有铁路有效乘车凭证的人和同行的免费乘车儿童，以及根据铁路货物运输合同押运货物的人）；（3）托运人（委托承运人运输行李或小件货物并与其签有行李包裹运输合同的人）；（4）收货人（凭有效领取凭证领受行李、包裹的人）。这些当事人的交通特性以及相应的服务管理措施，显然不同于一般警务参与人。

铁路警务中的货即货物。根据《铁路货物运输管理规则》第四条、第六条等规定，货物包括普通货物、零担货物、集装箱货物、按特定条件运输的货物等。这些货物的运输及其安保工作的专业性、技术性强，显然不同于一般的警务客体。

2. 站、车、线

铁路警务中的站、车、线要素，是集中体现铁路警务不同于行政公安机关一般警务的部分。根据《铁路法》第四十三条的规定，铁路公安机关和地方公安机关分工负责共同维护铁路治安秩序。其中，车站和列车内的治安秩序，由铁路公安机关负责维护；铁路沿线的治安秩序，由地方公安机关和铁路公安机关共同负责维护，以地方公安机关为主。

铁路公安派出所，是铁路公安机关派出的属地管辖铁路站车线及内部单位的综合执法实战单位。主要通过分区管理和流动巡逻相结合的勤务方式，对铁路运输生产作业场所及辖区治安进行防范控制。[①] 铁路派出所的警务机制建设，主要

① 贾永生．高铁时代铁路公安派出所警务机制研究［J］．铁道警察学院学报，2016（1）：57－67.

包括警务管理机制、治安巡逻机制、视频监控巡防机制、安检和实名制验票管控机制、查缉工作机制、基础工作信息化机制、安全防范宣传机制、护路联防与警务协作机制、应急与联合反恐防暴机制等。①

铁路乘警，是铁路公安机关具有鲜明行业特色以及与旅客打交道最多的“窗口”警种。主要通过包乘、巡乘、轮乘、区域巡乘协作等勤务方式，以及以站保车、以线保车等警务机制，防范打击违法犯罪，维护列车治安秩序。② 乘警的执法工作具有综合性、专业性和实战性，内容包含列车安全防范检查、列车警情处置、案件查处、公务协作等。乘警执法能够充分体现铁路公安机关的性质和特点，并在很大程度上代表着铁路公安机关的执法形象。③

线路民警，是铁路公安机关特有的、最具铁路公安特色的一个特殊警种。线路民警主要通过分段管控和流动巡逻相结合的勤务方式，构建与铁路运输不间断特点相适应的全时空、多层次线路治安防控体系，实现在时间和空间上对铁路治安状况的有效管控。④ 铁路线路是提供机车车辆和列车运行的固定基础设施，直接关系到铁路运输的能力、速度和安全。铁路线路治安管理的主要任务，就是推进沿线物防、技防、人防、联防措施，构建严密完善、行之有效的线路治安防控体系，有效防范、控制、消除线路各类治安风险隐患，为铁路运输安全提供良好的治安环境。线路治安管理通过线路民警的执法执勤工作得以实现，其业务内容包括治安基础工作、线路常态警务、线路监督检查、沿线护路联防、新线建设提前介入、治安问题查处、突发事件应急处置等。

3. 环境、组织

铁路警务中的环境，即交通环境，包括交通条件、交通设施和交通景观等，是铁路交通活动的基础条件和关键要素。分析铁路交通环境与交通安全、治安防范的关系，掌握影响交通安全的主要环境因素，通过采取完善设备设施、加强管控治理等有针对性的措施，能够有效促进铁路交通运输的安全有序。

---

① 贾永生．高铁时代铁路警务机制研究［M］．北京：中国人民公安大学出版社，2016：32 – 56.

② 李金鑫．对铁路公安机关乘警队伍改革的调查研究［J］．铁道警察学院学报，2017（4）：126 – 128.

③ 李冬生，郝阳．铁路公安列车乘务民警执法实务［M］．北京：中国人民公安大学出版社，2016：1 – 2.

④ 熊树华，谢永杰．铁路公安线路民警执法实务［M］．北京：中国人民公安大学出版社，2016：16 – 25.

铁路警务中的组织，即交通组织，包括组织机构和经营管理人员等。其中，组织机构既有铁路运输企业、铁路监管机构，也含铁路公安机关、地方公安机关等组织机构。与之相应，经营管理人员也包括上述各类组织的干部员工队伍。在警务实践中，建立健全相关组织机构和人员的沟通协调机制，推动各方在依法履责的同时加强协调联动，形成共建共治的铁路治安工作机制，是铁路警务的一项重要内容。

二、应急警务

应急警务区别于日常警务，由铁路公安机关在突发事件中和应急状态下实施的，以控制事态、维护秩序、最大限度减少损失和危害为目标的警务活动。应急警务与紧急状态和紧急情况紧密相连。所谓“紧急状态”，通常是指宏观领域的公共利益受到急切、紧迫、重大威胁的情形，如各类重大突发事件；与之相对应的是微观层面公民权利处于危险之下的紧急情形，被称为“紧急情况”。我国警察法上的紧急情况，是指当公共利益、公民人身权或合法的财产权处于明显的即刻危险时的一种情形，主要涉及案件、事件、事故等。[①] 面对紧急状态和情况而实施的应急警务，需要采取不同于日常警务的管理指挥方式、应对策略办法、处置机制规范和工作纪律要求，而且往往需要多单位、多警种甚至跨部门、跨区域实行联勤联动、合成作战。铁路公安机关的应急警务，主要包括反恐防暴和应急救援。

（一）反恐防暴

恐怖主义主要分为民族极端恐怖主义、宗教极端分子恐怖主义、政治极端分子恐怖主义等。全球恐怖主义数据库（GTD）的统计表明，当前恐怖活动采用的武器和袭击方式多种多样，其为达目的可能选择任何有价值的实体作为袭击目标，以展示其实力和完成目标的决心，并得到支持者的服从和拥护。[②] 其中，铁路一直是恐怖分子瞄准的重要软目标，1992 年以来，全球针对公共交通工具的恐怖事件中，与铁路有关的恐怖袭击就占到 34%。尤其是 2013 年以来，世界范

① 李铭，王杰．论中国警察法律体系中的“紧急情况”［J］．广西警察学院学报，2017（2）：17－18.

② 李国辉．全球恐怖袭击时空演变及风险分析研究［D］：［博士学位论文］．合肥：中国科学技术大学，2014：8.

围内针对铁路运输系统的恐怖袭击陡然增多，风险和危害不断加大。

我国具有世界上规模最大、运营里程最长的高铁系统，与社会空间领域广泛接触，铁路运输具有点多、线长、面广的特点，加之铁路运行空间独立、人群高度集中，暴恐伤亡率高、危害性大，容易造成社会恐慌，极易成为暴恐袭击的重要目标。当前，暴恐活动已经成为我国铁路安全的最大现实威胁。为此，要依据我国《反恐怖主义法》、中央综治办等四部门《关于进一步做好护路联防工作确保高速铁路安全畅通的意见》、公安部《关于进一步加强高速铁路安全防范有关工作的意见》，以及中国铁路总公司《高速铁路反恐怖和治安防范标准》等法律规章、标准规范，深入落实、不断完善《铁路反恐怖重点目标安全管理办法》《高铁治安反恐工作标准线建设指导意见》，确保实现高铁和旅客安全“331”总要求。大力推动各铁路局落实企业主体责任，加强路地反恐防范一体化建设，形成路内外各部门、各系统分工明确、各负其责、密切配合、整体作战、齐抓共管的反恐怖工作格局。依托“蓝盾”信息工程，加强铁路公安数据云建设，建立健全各层级、各部门情报互通、信息共享的反恐情报工作机制，提高预警预防能力。不断完善应急处突预案，补强反恐处突装备，强化合成演练，落实等级响应机制，确保对暴恐活动等重大警情做到“警戒区 1 分钟、核心区 50 秒”快速高效处置。

（二）应急救援

铁路公安机关的应急警务在应急救援方面，主要包括铁路交通事故应急救援、突发事件应急处置两类。

1. 铁路交通事故应急救援

所谓铁路交通事故，根据国务院《铁路交通事故应急救援和调查处理条例》（以下简称《条例》）第二条的规定，是指铁路机车车辆在运行过程中与行人、机动车、非机动车、牲畜及其他障碍物相撞，或者铁路机车车辆发生冲突、脱轨、火灾、爆炸等影响铁路正常行车的情形。此类事故的应急救援和调查处理的主体及职责任务，根据《条例》第三条和第二十条等的规定，由国务院铁路主管部门负责组织、指挥、协调。事故发生后，国务院铁路主管部门、铁路管理机构、事故发生地县级以上地方人民政府或者铁路运输企业应当根据事故等级启动相应的应急预案；必要时，成立现场应急救援机构。

关于公安机关的职责任务，根据《条例》第五条的规定，其作为“国务院其他有关部门”，应当按照自身的职责和分工，“组织、参与事故的应急救援和调查处理工作”。从整体上看，关于铁路公安机关应急救援职能方面的规定还不够明确，相关的理论研究也不够深入。根据有关法规，主要涉及以下方面：

（1）接报和上报。根据《条例》第十四条的规定，事故发生后，事故现场的铁路运输企业工作人员或者其他人员应当立即报告邻近铁路车站、列车调度员或者公安机关。有关单位和人员接到报告后，应当立即将事故情况报告事故发生地铁路管理机构。

（2）参与调查。根据《条例》第二十六条，事故调查组的组成，根据事故的具体情况，由有关人民政府、公安机关、安全生产监督管理部门、监察机关等单位派人组成，并应当邀请人民检察院派人参加。另据《铁路交通事故调查处理规则》第五十五条、第七十条的规定精神，涉嫌人为破坏造成的事故，由公安机关予以确认。对于作业人员的伤亡事故，由公安机关立案调查。在警务实践中，铁路公安机关参与铁路事故调查的主要任务包括：保护现场、维护现场治安秩序、参与事故调查取证、协助事故善后处置。参与铁路事故调查的主要事项有：开展现场勘查、进行调查访问、判明事故性质、会同事故调查组其他部门对事故外围关系人开展调查取证、参与事故定性定责分析、提供有关证据材料等。①

（3）处置处罚。根据《条例》第三十九条，对违反本条例规定，干扰、阻碍事故救援、铁路线路开通、列车运行和事故调查处理，构成违反治安管理行为的，由公安机关依法给予治安管理处罚；构成犯罪的，依法追究刑事责任。这也是铁路公安机关作为国家治安行政机关和刑事司法机关，应该履行的职责任务。

（4）监督检查。根据《条例》第三十条，事故责任单位和有关人员应当落实防范和整改措施，防止事故再次发生。国务院铁路主管部门、铁路管理机构以及其他有关行政机关应当对事故责任单位和有关人员落实防范和整改措施的情况进行监督检查。其中，其他行政机关应当包括公安机关。

① 熊树华，谢永杰．铁路公安线路民警执法实务［M］．北京：中国人民公安大学出版社，2016：205－206

2. 铁路突发事件应急处置

铁路突发事件，主要包括：（1）涉路群体性事件，如拦车挡道、冲击铁路单位、阻碍施工等。（2）自然灾害，如地震灾害、气象灾害、地质灾害等。（3）旅客列车大面积晚点，即因灾害、故障、事件等原因，造成线路中断、列车晚点、旅客滞留，运输秩序被打乱等情况。（4）列车运行异常情况，如列车火情、供电故障停车、危险品泄漏等。① 在铁路警务实践中，经过多年的探索完善，已经形成了一套行之有效的突发事件应急处置工作机制。

此外，与应急警务相关的，还有在战争、灾难等紧急状态下对铁路公益运输的安全保卫工作。一般而言，根据交通运输的功能和目的，可把公益性运输的种类分为地区开发、民族政策、国防安全、抢险救灾、支持农业、其他功能等。其中，国防安全类的公益运输，是指为提高我国对边境地区的控制能力，保障国家战略实施而进行的运输，如青藏铁路。抢险救灾类是指在发生自然灾难时，为减少人员伤亡，快速运送救灾物资等进行的公益运输。② 在这些特殊紧急状态下，为确保救灾物资的顺利运送和受灾人员的安全转移，以及在保密条件下全力保障军队物资装备的运送、军力的投放配置、兵员人员的转移等，都要求铁路公安机关建立健全相应的警务机制和勤务模式，确保这些特殊任务的圆满完成。在铁路警务实践中，一般称之为重点运输安全保卫，主要包括铁路专运警卫、特运警卫、抢险救灾物资运输、军事运输等。

三、警务保障

警务保障有广义、狭义之分。狭义上是指对警务活动中物质技术条件的支持和保障。广义上是指对形成公安机关整体战斗力的组织资源的确保和供给，是政治工作、管理工作和后勤工作的集合，主要包括法制政策保障、组织保障、人力资源保障、经费保障、装备保障和信息技术保障六个方面。做好警务保障工作，是公安机关履行职能的基础，是公安民警完成警务活动的依托，也是公安工作高效有序运行的保证。③

---

① 熊树华，谢永杰．铁路公安线路民警执法实务［M］．北京：中国人民公安大学出版社，2016：214－234.

② 林晓言．中国交通运输服务发展报告（2015）［M］．北京：社会科学文献出版社，2016：235.

③ 公安部政治部．公安发展战略研究［M］北京：．中国人民公安大学出版社，2007：168－170.

铁路警务的保障，是广义上的组织资源的确保和供给，结合当前警务实践现状和要求，主要包括法制保障、队伍保障、科技保障和经费保障等方面。做好警务保障工作，是铁路公安机关有效履行职能任务的重要保证，也是铁路警务专业理论研究的基础部分。

（一）法制政策

当前，关于铁路法制的研究成果相当丰富，出现了系列的理论文章和专著教材，但多倾向于对有关法律规章进行整合、编纂和解释，还缺乏围绕铁路警务这一问题，对相关立法和司法全链条的研究，以及对自身规律特点的认识提炼，进而形成具有铁路公安特色的法律法规体系。此外，长期以来，在铁路运输部门传统的“政企合一”管理体制，以及铁路公安机关长期实行的双重管理的领导体制下，铁路公安机关主要服从服务于铁路产业发展的需要。2018 年年底，随着行业公安机关管理体制改革的完成，铁路公安机关面临转隶改制等重大任务，相关法制政策也将产生新的调整。

在新的领导管理体制下，深入分析执法依据、执法要求、执法条件和执法环境的变化，推动相关立法和司法的理论研究与实务工作，进一步明确铁路公安机关的职能任务和性质特点，形成适应新时代新任务要求的体制机制、制度规范、勤务标准、工作模式，不断健全执法制度体系、管理体系、责任体系等，是业界、学界共同面临的重要而紧迫的课题。

（二）队伍建设

铁路公安队伍是规模最大、特色最为明显的行业公安队伍，相应的正规化、专业化、职业化建设任务也最为繁重。一段时期以来，铁路公安机关的一些地方和单位，还不同程度地存在“体制不顺、警力不足、保障不力、素质不齐”等问题，并在一定程度上影响制约了铁路公安队伍的建设与发展。

在新的历史时期，深入贯彻落实全面深化公安改革的要求，持续推动警务体制改革、管理制度改革、业务流程和工作机制改革，破解队伍建设的体制性、机制性、保障性难题，形成具有铁路公安特色的管理体制、制度规范和干部人事、机构编制、警务管理、教育训练、工资抚恤、监督救济体系，是一项长期而艰巨的任务。在当前行业公安机关管理体制改革完成后，还要抓紧研究解决好理顺管理机制、明确事权关系、整合机构人员、融合职能业务、对接机制流程等重点工作，推动铁路公安队伍尽快实质性融入大公安体系，在新的起点上获得新的发展。

（三）信息科技

随着物联网、大数据和云计算时代的到来，以及国家大数据战略、信息化铁路和公安信息化建设的不断深入，实行信息化警务，打造信息化警务管理、信息化治安防控体系、信息化警务执法、信息化警务保障，成为公安机关优化配置警务资源、提高警务运行质量、增强队伍战斗力的一项重要战略举措。[①]

对铁路公安信息化建设而言，在体制机制上，要理顺“金盾工程”建设、铁路信息化建设和铁路公安“三化建设”之间的关系，加快融入全国公安大数据和信息科技体系，深入贯彻《公安科技创新“十三五”专项规划》，促进技术与装备的智能化、数据化、网络化、集成化、移动化应用，提升铁路警务的智能感知、立体防控、快速处置、精准打击和便捷服务能力，真正实现“推动风险防控从被动响应向主动预防转变、指挥决策从经验驱动向数据驱动转变、安全治理从人力密集向科技集约转变、侦查破案从循迹追踪向精准发力转变”的总体目标。在实战应用上，抓紧解决重硬件建设、轻软件开发运用，内外信息共享不够、信息平台对接不顺畅、信息采集录入不规范、信息综合分析研判水平不高，以及重复建设、标准不一、各自为政、资源浪费等问题，加强基础设施建设、应用平台建设、通信指挥系统建设和人才队伍建设，创新情报预警机制、指挥调度机制、合成作战机制、体系化打击犯罪机制、犯罪实时控制机制、铁路公共安全应急处置机制，[②] 真正构建起以实战需要为导向、以科技创新为基础、以信息应用为支撑的现代铁路警务机制。

（四）经费装备

经费装备保障，不仅是履行职责任务的基础，有时还能在一定程度上影响工作的重心和走向。长期以来，铁路公安机关的经费装备保障主要由铁路运输系统承担，在 1964 年以前纳入企业运营成本，此后一度被列为营业外开支，2009 年整体纳入国家司法体制后，方才实现由国家财政统一划拨。

当前，在行业公安机关管理体制改革完成后，依据新的职能任务和发展定位，加强财政预算与规划制定、实战需要的协调衔接，合理配置经费结构、管控

---

① 王钢，彭华．信息化警务教程［M］．北京：法律出版社，2016：525 - 29.

② 贾永生．高铁时代铁路警务机制研究［M］．北京：中国人民公安大学出版社，2016：151 - 198.

经费流向，确保用好用足专用经费，是铁路公安机关改隶转制过程中的一项重要工作。此外，如何进一步理顺铁路公安系统的经费装备保障渠道，在国家财政依法划拨的基础上，加强与铁路运输单位的沟通协调，争取在其内部将铁路公安与铁路企业一样看待、同等保障，从两个渠道、两个方面强化经费装备供给，不断提高铁路公安机关的保障水平、维护铁路公安队伍的战斗力，将是一个重要的现实课题。

第三章

城轨警务论

城市轨道交通警务（以下简称城轨警务）与铁路警务、空域警务、水域警务及道路交通警务共同构成了交通运输警务的主干。铁道警察学院于 2016 年，在公安院校中首建了城市轨道交通安保系，致力于培养“城轨安全与执法”专业方向的警务专门人才，是按照“错位竞争、差异发展”的发展理念和“相通相近、逐步拓展”的发展路径，依据各种交通运输业务和警务相通相近的特点，由主要培养铁路警务人才向培养交通运输警务人才拓展迈进的第一步。

当前，面对构建现代“大交通”警务体系的发展趋势，以及城轨交通安保实战的迫切要求，亟待进一步深化对城轨警务这一课题的研究，尽快实现由“从无到有”向“从有到优”的提升。本章将在学习借鉴学界的相关理论研究，综合公安部治安局与铁道警察学院共同举办的三届“城市轨道交通警务创新发展论坛”成果的基础上，对城轨警务一些基础性的问题进行探索，努力形成城轨警务特有的概念范畴、专业术语、理论框架和内容体系。

第一节　城轨警务的研究对象与学科属性

有无特定的研究对象，是一门学科成立成熟与否的前提和基础。学科独立性的重要依据，就在于对研究对象的明确，以及对其与其他学科差别的确认。正如华勒斯坦所说：“学科制度化的进程的一个基本方面就是，每一个学科都试图对它与其他学科之间的差异进行界定，尤其是要说明它与那些在社会现实研究方面内容最相近的学科之间究竟有何分别。”① 构建城轨警务的理论框架，划定城轨警务的知识边界，明确研究对象和研究领域是首当其冲要解决的问题。

一、城轨警务的研究对象

确定城轨警务的研究对象，首先要厘清城市轨道交通、城轨交通公共安全，以及城轨交通安保、警务、勤务等容易相混淆的概念。

（一）城市轨道交通的界定

根据中国国家标准《城市轨道交通技术规范》（GB50490－2009）及行业标准《城市公共交通分类标准》（CJJ/T114－2007），城市轨道交通（Urban Rail Transit）有广义、狭义之分。广义上的城轨交通，是指采用轨道导向运行的城市公共客运交通系统，包括地铁系统、轻轨系统、单轨系统、有轨电车、磁浮系统、自动导向轨道系统、市域快速轨道系统。狭义上的城轨交通，特指地铁、轻轨和单轨系统。本书取狭义的定义。据此，城市轨道交通系统可定义为，主要服务于城市客运交通，以电力为动力，以轮轨运行方式为特征的车辆与轨道等各种设施设备的总和。

城轨交通系统一般包括七个组成部分：（1）线路。按照其在运营中的作用，分为正线、辅助线和车场线。（2）车辆。按照有无动力，分为动车、拖车两类。（3）车辆段。即对车辆进行运营管理、停放及维修保养的场所。（4）限界。即列车沿着固定轨道安全运行所需的空间尺寸。（5）轨道。标准轨距为1435mm；钢轨的选择，综合考虑安全、速度和经济性等因素，一般采用50kg/m或43kg/m的钢轨。（6）车站。一般市区车站间距在1km左右，郊区不宜大于2km。（7）其他系统。如供电、通信、信号、环控、供水、列车自动控制系统等。②

（二）城市轨道交通的安全生产与公共安全

城市轨道交通的安全生产，是指在生产过程中消除或控制危险及有害因素，保障人身安全健康、设备完好无损及生产顺利进行的工作。其中，消除危害人身安全和健康的因素，被称为人身安全；消除损坏设备、产品等的危险因素，以保证生产的正常进行，被称为设备安全。安全生产的要素，主要包括安全文化、安

① ［美］华勒斯坦等．开放社会科学［M］．刘锋译．北京：生活·读书·新知三联书店，1997：9.
② 冯树民，白仕砚，慈玉生．城市公共交通［M］．北京：知识产权出版社，2012：71－72.

全法制、安全责任、安全科技和安全投入五个部分。安全管理的具体内容，包括乘客安全、职工安全、行车安全、设备安全、防火安全和防止意外事件等。①

公共安全，一般是指不特定多数人的生命、健康、财产以及国家公共财产等社会公共利益的安全。综合中外的研究，城轨交通面临的公共安全问题主要有以下四类：一是治安突发性事件。包括恐怖暴力袭击，因大型活动举办、运营故障、天气突变等引起的大客流拥挤踩踏，个体或群体阻碍运营，其他人为事件（如违章穿越轨道、自杀等）。二是各类事故隐患的威胁。如火灾、撞车、脱轨等，其中以火灾的危害最为严重。三是有毒有害生物、气体侵害的影响。四是自然灾害和其他意外因素的危害。②

（三）城市轨道交通安保与城轨交通警务、勤务

随着时代的发展，城轨交通已经成为城市公共交通系统的骨干和城市综合交通体系的重要组成部分，其安全运行，对于保障人民群众生命财产安全、维护社会安全稳定具有重要意义。确保城轨交通安全，需要多部门、多方面乃至全社会的共同努力。因此，城轨安全保卫作为综合性的大概念，是包含警务在内的所有保障维护城轨交通安全运行的安保力量、政策措施及组织资源等的总合。

《国务院办公厅关于保障城市轨道交通安全运行的意见》（国办发〔2018〕13号）（以下简称“国务院13号文件”）第三条明确指出，保障城轨交通安全运行，必须健全管理体制机制，构建综合治理体系。其中，国家交通运输部负责指导城市轨道交通运营；公安部会同交通运输部等部门负责维护公共安全有关工作；国家发展改革委、住房城乡建设部、安全监管总局等有关部门，按照职责分工履行有关安全工作职责。省级人民政府指导本辖区城轨交通安全运行，城市人民政府按照属地管理原则，对辖区内城轨交通安全运行负总责。第十二条“加强社会共建共治”中规定，城轨交通所在地城市及以上地方人民政府，要构建公安、交通运输、综治等部门以及运营单位、社会力量多方参与的城市轨道交通公共安全协同防范体系和应急响应机制，加强政府部门、运营单位与街道、社区之间的协调联动，推广“警企共建”“街企共建”等专群结合的综治模式。由此可见，城轨安保工作是由多元主体共治的集合体，公安机关只是其中的一个重要组

① 连义平. 城市轨道交通安全管理［M］. 成都：西南交通大学出版社，2011：4－14.

② 宋有成. 城市轨道交通公共安全知识［M］. 上海：上海科学技术出版社，2005：18－35.

成部分。

鉴于上述分析，城轨警务的研究对象，应是人民警察在维护城市轨道交通安全稳定工作中，基于法定职责任务而从事的特有的实践活动。这种实践活动的主要体现，即城轨民警的勤务。从概念分类上讲，城轨安保主要是指政府、社会、运营单位和公安、交通运输等部门，依据法定的职责任务，共同维护城轨交通安全的工作，是上位的综合概念；警务主要是指城轨公安机关维护城轨安全的实践活动的总合，是下位的专门概念；而勤务主要是指城轨公安民警的具体任务和工作内容，又是警务的下位概念。

我国台湾地区学者对警察勤务的认识，可资借鉴和佐证。其一般将勤务视为由治安状况、勤务规划、任务完成三部分组成的“三部曲”，并认为这是一条“铁律”，历久不会改变。勤务按照属性，可分为内部勤务系统和外部勤务系统两类。其中，内部勤务系统的基本架构为：勤务规划、勤务指挥、治安状况、勤务督导；外部勤务系统的互动因素有六项：人力资源规划、科技、科技实证研究、立法精神及政策方针、为民服务、友军单位。只有从内勤到外勤再到整个大环境来看勤务，才能明了勤务的重要性和真正意义。①

二、研究领域

所谓研究领域，是指一门学科研究对象的具体化及其展开，是对本学科研究范围的基本界定，更是构建本学科理论体系的重要依托。借鉴一些领域和学科的做法，城市轨道交通警务的知识体系框架，似可以城轨公安机关的职责任务及警务实践为主线，以历时性的警务发展和共时性的警务内容为延伸，按照“史”（城轨警务发展史）、“论”（城轨警务基本理论）、“专”（城轨警务专业理论）三大模块进行构建。

在“史、论、专”的框架体系中，“史”是从纵向上，研究城轨警务在过去各个历史阶段的发展过程及其规律；“论”是从总体上，研究城轨警务的基本理论及其一般规律；“专”是从横向上，研究城轨警务的专业工作内容及其特殊规律。如果缺失对城轨警务史的梳理总结和分析提炼，就难以厘清“从哪里来”的问题。若缺失对城轨警务基本理论的探讨，就难以揭示其区别于其他警务的内

① 边子光．海洋巡防理论与实务［M］．桃园：“中央警察大学”出版社，2005：107－108.

在属性，回答“是什么”“为什么”的问题。若缺失对城轨专业理论的深入研究，城轨警务理论就会成为一般化的空洞的东西，也难以解决“怎么干”的问题。这三个方面相辅相成、缺一不可，是历史与现实、理论与实践、共性与特性、整体与局部的有机结合体。

三、学科属性

我国著名科学家钱三强先生曾指出，“科学的突破点，往往发生在社会需要和科学内在逻辑的交叉点上”①。城轨警务作为因应城市轨道交通事业发展和社会公共安全需求而产生的新业态新领域，在实务、理论、方法、工具等方面具有突出的复杂性，某个单一学科已经难以解决其庞杂、现实而紧迫的问题，必须围绕实战需要，从多个学科和知识体系中汲取营养，进而产生新的知识体系乃至学科专业。

这些相关学科，按照普通高校本科专业目录，在一级学科层面上，主要是法学门类的公安学（0306）与工学门类的公安技术（0831）、交通运输（0818）、安全科学与工程（0829）的融合。在二级学科层面上，主要包括公安学类中的治安学（030601K）、侦查学（030602K）、犯罪学（030611TK）、公安管理学（030612TK）、公安情报学（030610TK）、警务指挥与战术（030615TK）等；公安技术类中的刑事科学技术（083101K）、消防工程（083102K）、交通管理工程（083103TK）、安全防范工程（083104TK）、公安视听技术（083105TK）、抢险救援指挥与战术（083106TK）、火灾勘查（083107TK）、核生化消防（083109TK）等；交通运输类中的交通运输（081801）、交通工程（081802）；安全科学与工程类中的安全工程（082901）等。

将这些学科与城轨警务知识体系构建相对照，可以看出，城轨警务要想作为一种独特的知识体系或学科存在，显然不能源于上述多个学科边界知识的简单组合和互补，而是必须围绕城轨警务这一复杂的社会现象，推动相关学科在理论、内容和方法等方面相互影响、相互渗透，并通过有机合成和综合连接以实现整体上的再生。正如美国国家科学院（NSA）和美国大学协会（AAU）的相关研究成果所示，真正的跨学科研究不是跨越多门学科拼凑出新的“产品”，而是对不同

---

① 钱三强．迎接交叉科学的新时代［N］．光明日报，1985-05-17.

学科的思想与方法进行综合，特别是对不同学科的概念、方法、程序、认识论、术语以及问题解决过程的整合。[①] 概言之，城轨警务的学科属性，应是综合性学科，而不是交叉边缘学科。

另从成熟度来考察，当前城轨警务的知识理论体系还不够完善，距离成为成熟的学科还有较大差距，整体上尚处在“前学科”的阶段。人才培养工作，也只能暂在治安学这个二级学科之下以“城轨安全与执法”专业方向的形式来开展。下一步继续推动城轨警务知识体系的学科化、专业化进程，须抓紧解决好“确定的研究对象”“特色的研究方法和工具”“完整的理论体系”等方面的突出问题，同时认真总结2016年以来开展城轨警务专门人才培养工作的经验教训，从理论与实践两个方面进行扎实的积累，促进城轨警务知识生态系统的快速生长，使之臻于成熟并最终得以纳入高等院校的学科专业目录。

第二节　城轨警务的历史观念与主要课题

历史研究是“史、论、专”理论系统和“纵、总、横”构造框架的基石，也是探索城轨警务发展规律、构建城轨警务知识理论体系的基础和“温床”。城轨警务作为新型事业和新兴学科，相对缺乏丰厚的理论与实践积累，对它的历史整理分析必然是一个充满挑战的过程。因此，明确基本的历史观念和主要研究内容十分必要。

一、城市轨道交通发展概览

城市轨道交通，是近现代以来工业化、城市化进程和交通运输事业发展等综合因素的产物。随着列车进入城市中心，城市地铁作为城轨交通的先驱便应运而生。1863年1月10日，世界上第一条用蒸汽机车牵引的地铁交通系统在英国伦敦正式运营。1879年，电力驱动的机车研制成功，极大地改善了地铁客运环境和服务条件，并在发展城市经济、缓解交通拥堵、改进环境污染等方面显示出了强大的生命力。此后，世界上一些著名的大都市相继建造地下轨道交通，进而催生发展出庞大的城轨交通事业。整体上大致经历了三个发展阶段。

---

① 张洋磊. 大学跨学科学术组织冲突的特征及其成因［J］. 高等教育研究，2018（7）：25.

一是城轨交通的生成期。这一时期的时间跨度，包括城市轨道交通的产生及发展初期。其主要特点是：基于对马车等传统交通工具的改进而建设，轨道交通设计简单，技术装备水平低。轨道交通在整个城市交通中的占比低，价格昂贵且服务条件和环境差。

二是城轨交通的成长期。这一时期与城市化进程加快和城市规模扩大密切相关，城轨交通系统已经相当完备，在城市交通中所占的比重越来越大。其主要特点是：大量采用先进技术，推动城轨交通运输工具迅速更新完善，完成了由传统向现代的迈进。城市规划、城市交通布局与轨道交通网络的设计思想不断进步，城轨交通与城市发展呈现相互促进、良性匹配的局面。

三是城轨交通的成熟期。第二次世界大战后，随着世界各国城市化进程的进一步加快和城市经济的飞速发展，城轨交通系统及技术手段革新快速进步，推动城轨交通进入了成熟发展时期。其主要特点是：城市交通体系注重整体化设计，强调公交协调合作，大容量快速轨道交通与传统地面交通运输方式形成了全方位、立体化、多层次的格局。由于城市中心的分解和市郊化，城市郊区的轨道交通开始成为突出问题。此外，城轨交通的发展定位由满足数量需求向质量改进转变，建设安全、快捷、舒适、便利的城轨交通网络，成为城市发展的共识和指导思想。①

我国城轨交通事业起步较晚。新中国成立初期，借鉴莫斯科地铁建设的经验，从备战需要出发，中央政府提出在北京筹建地铁。但受中苏关系和经济因素的影响，1965 年才正式开始建设。当时，毛泽东同志亲自对地铁建设作出批示，朱德、邓小平、彭真等领导人为工程奠基，时任北京军区司令员杨勇同志担任地铁建设领导小组组长。1969 年 10 月 1 日，新中国成立 20 周年之际，北京地铁一期工程建成通车，这是我国第一条地铁线路。此后，在近半个世纪的发展中，我国地铁建设事业经历了兴起、低谷、发展、冰封、开闸放行到蓬勃发展的时期。有学者从建设原则的角度，将其分为三个阶段：第一个阶段的建设原则是“战备为主、兼顾交通”，以北京地铁为代表；第二个阶段的建设原则是“交通为主、兼顾人防”，以上海和广州地铁为代表；第三个阶段的建设原则是“建设标准、

① 黎茂盛．城市轨道交通运营管理［M］．长沙：中南大学出版社，2015：4－6.

造价、车辆和设备国产化”，以各地新建地铁为代表。[①]

我国城轨交通虽然起步晚，但起点高、发展快，特别是近年来呈迅猛发展的态势。根据中国城市轨道交通协会发布的《城市轨道交通 2017 年度统计和分析报告》，截至 2017 年年末，中国内地共有 34 个城市开通了城市轨道交通并投入运营，运营线路长度达到 5033 公里，建设车站 3234 座，全年累计完成客运量达 184.8 亿人次。其中，北京累计完成客运量 37.8 亿人次，日均客运量达 1035 万人次，居全国首位；上海累计完成客运量 35.4 亿人次，日均客运量达 969.2 万人次，居第二位；广州累计完成客运量 28.1 亿人次，日均客运量达 768.7 万人次，居第三位。我国的城市轨道交通，已经一跃成为世界上发展最快、规模最大、运营里程最长、客运量最大的城轨交通系统。

二、城轨警务发展史梳理的基本问题

城轨警务，是城轨交通发展到一定阶段的产物。城轨警察作为一个警种，在其他国家堪称年轻，在我国则是最年轻的警种之一。

英国伦敦于 1863 年在世界上第一个开通了地铁，也是第一个开展地铁警务的城市，但其地铁治安一直由铁路警察承担，而这些铁路警察又归属于几家大的铁路公司。第二次世界大战后，新成立的英国交通运输委员会警察局，是当时全英国第二大的警察机构，仅次于伦敦警察厅，但仍在四大铁路公司的控制之下。[②]

美国纽约地铁于 1904 年开通，在很长一段时期里一直是全世界最庞大的地铁交通系统，其成立的地铁警察局堪称第一个专业化的地铁警务机构。纽约地铁警察局曾与交通警察局合并成运输警察局，后又各自独立。目前的纽约地铁警察局下设 6 个机构，分别是曼哈顿分局、布朗克斯分局、昆士分局、布鲁克林分局以及无家可归者服务队、反涂鸦特遣队，[③] 其职责任务之繁杂，算得上是城轨警务的一道独特的风景线。

我国第一个地铁公安机关，是 1975 年 10 月成立的北京市公安局地铁分局。2003 年，根据构建“大公交”格局的需要，北京市公安局地铁分局与公交分局

---

① 汪武芽．城市轨道交通概论［M］．北京：中国建材工业出版社，2016：2-3.

② ［英］奈杰尔·威尔．铁路警察［M］．杨冰，张凯存等译．北京：中国人民公安大学出版社，2017：35-67.

③ 王瑞平．当代纽约警察［M］．北京：中国人民公安大学出版社，2009：55-59.

合并建成公共交通安全保卫总队，并保留至今。

关于中外城轨警务史的研究，当前学界还没有给予足够的重视。对城轨警务的肇始发源、基本脉络、发展机制、一般规律等基本论题的研究探索，都还极为缺乏。“皮之不存，毛将焉附”，历史研究的缺乏，必然从根基上影响城轨警务专门知识理论体系的构建与发展。对于这样一个具有奠基意义、亟待加强的课题，在实践探索中应主要解决好以下问题：

（一）研究方式

城轨警务发展史，作为社会发展史和公安工作史的一个专门领域，在研究整理的过程中，必然会受到某种历史观念的影响、支配和制约。撰写城轨警务史，不应按照时间顺序平铺直叙、堆积史料，宜借鉴专题史的写法。而确定专题，又赖于对主题、要素的提炼，更赖于对整体史实的专业分析和内在矛盾的把握。选择好专题之后，研究的重心应放到每个时代对相关主题的处理和对特殊矛盾的解决上，通过对主题要素中矛盾产生与解决的过程进行描述、分析和反思，带出基本历史事件。这样能使我们更容易看到城轨警务发展的动力所在，从并中发现某些规律性以及未来发展的可能性，更加主动谨慎地探究推动城轨警务发展的方法和途径。

（二）内容要点

城轨警务史的撰写，应在以下三个方面着力：

一是城轨业务与城轨警务的关系。即梳理从城轨业务到城轨警务的发展脉络，透视先有城轨交通事业后有城轨警务的这一史实背后的驱动因素和发生机制，分析城轨警务何以必要，以及这种必要性的根源所在。

二是传统城轨警务与现代城轨警务的关系。即先找出城轨警务中具有结构类似性和功能等值性的比较因子，再分析这些因子在时代发展中的变化以及对警务工作的影响，从中探寻发现城轨警务的发展规律。

三是城轨业务现代发展与城轨警务现状的关系。即分析当前世界交通运输业进入构建现代综合交通运输体系（或一体化交通运输体系）阶段后，各国如何调整优化运输结构，整合运输资源，加强对交通运输方式的统一规划、建设和管理，以及这种发展趋势对城轨交通事业的影响和对城轨警务建设提出的需求，从中分析探究城轨警务的发展方向。

第三节　城轨警务的基础理论与警务模式

城轨警务的综合学科属性表明，影响和哺育城轨警务的理论知识体系是多方面的，既有宏观的、微观的，也有直接的、间接的。城轨警务作为现代化的产物，必须紧密把握现代社会转型的变化趋势和主要特征，吸取转型社会产生的新的社会理论、犯罪控制理论，特别是对城轨警务知识体系具有直接影响和奠基作用的理论，构建具有自身特点的基础理论体系。综合当前的相关研究，似可将“风险”“场所”“人群”“控制”四个方面，视为在现代社会转型或变迁过程中社会控制结构变化的主题，[①] 分析借鉴相关的理论研究成果，并从中探究与城轨警务的内在联系，由此形成城轨警务基础理论体系的“四梁八柱”。

一、风险社会理论与“风险导向警务”

社会学和犯罪学理论认为，当前社会已经由前现代社会向后现代社会发展，后现代性所带来的一个主要社会变化，是信任与风险环境的更迭，以及本体不安全感的增加。当前社会可称风险社会，不仅在组织有序的国家存在，而且在全球化的科学社会、媒体和信息社会也能找到它的身影。如果说前现代社会的推动力可以总结为：我饿了！那么风险社会的活动可以表述为：我害怕！即忧虑的共性取代了需求的共性。与传统“阶级社会”关注社会产品的平均分配不同，风险社会关注的是风险的平均分配，尤其关注如何避免风险。风险社会理论一经提出，即对犯罪控制和警务理论产生了深刻影响。在犯罪问题上，人们更加强调风险管理，并推动传统的犯罪预防模式向风险管理和社区安全范式的方向发展。[②]

在警务领域，认为与风险社会伴生的社会性变化，是个体与集体不安全感的逐步增加，社会公众的愿望转向获得安全、免除危险的威胁和获得保险与自信，并且愿意加强对安全环境的创造。对国家而言，在不断多样化、充满风险的社会中为公众提供安全保障成为重要课题。社会公众这种不安全感的存在及对安全感

① ［英］A. 韦克菲尔德．社会发展与警务变革——公共领域的社会化警务［M］．郭太生等译．北京：中国人民公安大学出版社，2009：3.

② ［英］戈登·休斯．解读犯罪预防——社会控制、风险与后现代［M］．刘晓梅，刘志松译．北京：中国人民公安大学出版社，2000：189－193.

的渴求，要求警务机构必须承担相应的职责，于是基于风险的警务或以风险为导向的警务理论便应运而生。① 基于风险的警务理论的基本观点认为，风险社会使过去惩戒性的犯罪控制向以精算为基础的犯罪控制实践转变，即对个人行为变化和犯罪人改造的惩戒技术模式，已经被通过先行的风险评估、预防和排查策略，以整体评估和规范风险群体的模式所取代。犯罪者是理性的行为人，能够通过权衡风险、收益和代价决定是否实施犯罪。而受害者和社区同样具有理性，可以评估风险并采取躲避行动，或者与警察合作制订实施风险管理计划。这种风险管理是精算性、超前性和预示性的，表现在政策和实践上，就是前瞻性和反应性警务与充分计算过的、理性的资源配置之间的差异平衡关系。基于风险的警务理论，正在推动传统警务由重视“异常、控制和秩序”向重视“风险、监视和安全”转变，并主要表现为社区警务、情报主导警务和零容忍警务三种形式。②

结合城轨交通安保工作来看，城轨交通的特殊性质使公众的风险意识和不安全感问题更加突出，防控风险、确保安全由此成为国家发展城轨交通的基本原则。“国务院 13 号文件”指出，面临城轨交通安全运行压力日趋加大的形势，要牢固树立“规划建设为运营、运营服务为乘客”的理念，将安全和服务要求贯穿规划、建设、运营的全过程。为此，必须坚持“统筹协调、改革创新”的原则，构建运营管理和公共安全防范技术体系，提升风险管控能力；坚持“预防为先、防处并举”的原则，构建风险分级管控和隐患排查治理双重预防制度。《国务院办公厅关于进一步加强城市轨道交通规划建设管理的意见》（国办发〔2018〕52 号)，也以专项条款对风险管控问题作出规定，明确要求“把安全作为发展城市轨道交通的生命线”，强化安全责任落实和监管执法，打好防范化解重大风险攻坚战，逐步形成覆盖城市轨道交通项目建设运营全过程的风险管理机制，坚决防范重特大生产安全事故的发生。由此可见，国家从城轨交通的规划建设、运行管理等各个方面，都把风险管控放在了突出位置上。

业务是警务的基础。基于城轨业务对安全维护、风险管控的需求，城轨警务应从公安机关的职责任务出发，将防控风险作为工作基点，做到常态性查找风险

① ［英］A. 韦克菲尔德．社会发展与警务变革——公共领域的社会化警务［M］．郭太生等译．北京：中国人民公安大学出版社，2009：7－9.

② ［英］海泽尔·肯绍尔．解读刑事司法中的风险［M］．李明琪等译．北京：中国人民公安大学出版社，2009：143－155.

部位和时段，动态性评估研判风险等级，前瞻性制定风险处置预案，组织运用好各种风险防控资源，切实保障城轨交通运行安全。这种警务模式，似可称为“风险导向警务”。

二、城市犯罪空间（场所）理论与“情境预防警务”

在现代城市形成和变迁过程中，空间与社会的关系也在发生根本转变，并成为城市犯罪空间研究的重要课题。二十世纪二十年代到三十年代，美国的芝加哥学派全面开创了犯罪空间生态研究，形成了犯罪空间研究的生态传统。二十世纪后半叶，犯罪地理学开始聚焦犯罪的地域因素和空间模式研究。七十年代后，犯罪学、城市规划与设计学、地理学、建筑学、环境学等，逐渐涉入城市犯罪预防的空间研究领域，环境犯罪学随之兴起，并推动“可防范空间”理论、犯罪情境预防学说、环境设计预防犯罪学说等得到蓬勃发展。八十年代中后期以来，城市犯罪空间防控成为中外犯罪学界关注的重点领域；而警察学界特别是我国公安学界则多以场所控制、场所管理等为名称进行研究。①

城市犯罪空间研究，主要包括犯罪行为与环境的空间研究、犯罪区与目标区的空间研究以及犯罪预防与控制的空间研究三大领域。其基本观点认为，公共空间是城市最为显性的空间形态，根据功能可划分为交通性、服务性和休憩性公共空间；非公共空间是常见的城市空间形态，可分为纯粹、间接和过渡非公共空间；边际空间是存在于城市不同功能分区交界地带的空间形态，可分为线型、面型、带型边际空间，是城市犯罪的“重灾区”。各种城市犯罪尽管形态各异，但都有一个共同特点即“盲区”的存在。在现实生活中，社会形态、心理状态、时间层面、空间层面都会出现不易觉察、可能导致犯罪发生的盲点，一个片区的盲点集合就构成了“盲区”，而城市犯罪案件的发生，多是社会、心理、时间与空间四种盲区耦合作用的结果。其中，有可能使空间盲区成为潜在犯罪载体的因素包括三个层次，即背景因素（构成某一特定城市犯罪问题的大环境）、基础因素（构成某一城市特定区位犯罪问题的环境）和诱导因素（包括环境设计、环境监控、犯罪主体状况、受体状况、载体状况等）。空间盲区的综合治理是城市犯罪空间防控的焦点，目标是消除内外环境中的空间隐患，增强人的自我防控与

---

① 张旭红．场所行业规范化管理［M］．厦门：厦门大学出版社，2013：4－5.

公共防控意识，从根本上去除滋生犯罪载体的基础与条件。①

在城市空间中，移动空间是公共交通载体的内部空间，又可分为轨道移动空间、道路移动空间和离陆移动空间，是城市活动中最活跃的成分。其中，移动空间兼有非公共空间、公共空间和边际空间的性状，加上其服务面广、乘客缺乏有效组织、内部空间狭小、自身防控力量不足、与外部相对隔离等特点，使得移动空间成为盲区因素较多的区域，并呈现空间载体的移动性、空间形态的兼容性、空间结构的复杂性、空间移动定线性、空间心理的失常性、空间防控的脆弱性等特征。② 由此导致的移动空间特别是地铁、轻轨等领域的盲区转化和防控，具有不同于其他空间的特点，其综合治理工作，应将防控人流拥挤踩踏以及盗窃、恐怖袭击等突发事件作为主要目标。

城市轨道系统是典型的城市交通场所和移动空间，场所环境、设备设施等，与安全问题息息相关。“国务院 13 号文件”第六条明确要求，城轨交通规划涉及公共安全方面的设施设备和场地、用房等，要与城市轨道交通工程“同步规划、同步设计、同步施工、同步验收、同步投入使用”，并加强运行维护管理。交通运输部《城市轨道交通运营管理规定》（中华人民共和国交通运输部令 2018 年第 8 号）（以下简称“交通运输部 8 号令”），在涉及“危害城轨交通运营设施设备”“危害城轨交通运营安全行为”等条文中，对城轨车站的站前广场、车站及出入口、站台、站厅层等区域，车厢、隧道、轨道、路基、高架、通风亭、冷却塔、变电站、管线、护栏护网等设施，以及车辆、机电、电缆、自动售检票等设备的安全，都作出了细致的规定。

对城轨警务而言，城市的特殊空间场所、移动空间盲区及相关防控理论，特别是犯罪情境预防理论，具有直接的借鉴意义。城轨警务的一项重要工作，就是根据国家的上述要求，分析特定时间、特定场合、特定地点、特殊人群、特殊设备实施等环境因素（包含人文因素、物理因素），可能对违法犯罪或突发事件产生的诱发、推动作用，从而直接采取或指导督促责任单位采取相应的人防、物防、技防措施，实现对城轨交通中违法犯罪条件、违法犯罪机会、违法犯罪目标

① 王发曾. 城市犯罪空间［M］. 南京：东南大学出版社，2012：6－15.

② 王发曾. 城市犯罪空间［M］. 南京：东南大学出版社，2012：239－244.

以及突发事件时空条件的预防与管控，以有效保障城轨交通运行安全。① 这种警务模式，似可称为“情境预防警务”。

三、人群心理及行为理论与“客流管控警务”

人群心理及行为理论，是城市公共安全理论的重要组成部分。其基本观点认为，人群不只是个体的简单组合，更是在共同环境中具有相同或类似行为的统一体。城市公共场所的人群，可分为物理性人群（临时聚集、相互独立的人群）、心理性人群（具有共同兴趣或对同样刺激具有同样情绪反应的人群）、暴民人群（充满敌意、具有挑衅性的人群），针对这些不同类型的人群，应采取不同的管理程序和人群控制技术。一般而言，正常人群的分布类型有泊松分布（自由加入和离开的人群现象）、高斯分布（聚集到一个目标位置的人群现象）等类型，其移动通常出现单向运动、双向运动和自组织现象（最典型的是人群中狭窄通道的形成、“瓶颈”处的振荡现象、排队现象等）。人群在聚集状态下，心理状态会出现无个性化或失去个性化、情绪感染、偏离恐惧、极端行为、从众等特殊现象。在遇到意外事故发生时，恐慌成为人群一种典型的共同心理，在这种心理驱使下，人群可能产生两类行为：一是适应性行为，即摆脱恐慌的心理状态，采取可能有利于其他人员的疏散或避免事故损失的行为；二是非适应性行为，即人群在疏散过程中发生的不利于他人安全的行为，如奔跑、推挤、踩踏等，其为造成人群灾难性事故的主要原因之一。

要预防和避免灾难事故的发生，就必须研究人群疏散行为理论及模型。人群疏散行为理论，主要有相互作用论、从众行为论、延迟时间论、过度排队等候论，以及最小努力行为论、边际效应论、“越快－越慢效应”论、疏散中的障碍论、恐惧波的传递论等。在紧急事件中，影响人群疏散能力的因素，主要有人群密度、疏散速度、出口有效通行能力等，依据这些影响要素、疏散时间以及人群心理行为特征，可以通过动物实验、疏散演习、计算机模拟等方法建立人群疏散模型。以风险理论、人群行为理论、事故致因理论等为基础，结合人群疏散的动力学模型，就可以形成拥挤踩踏事故风险的理论、方法和模型，为有效预防此类

① 孙晓雳．罪犯预防中的情境预防［M］北京：中国政法大学出版社，1993：2－4.

事故提供指导。[①]

人群识别与处置、大客流控制与疏散，堪称城轨交通运行安全的重大课题。“国务院13号文件”关于保障城轨安全的首要原则，就是“以人为本、安全第一”，并把涉恐情报信息收集处理、人员物品安全检查等作为公共安全防范的基础性工作。其第十条规定，有关部门要加强涉恐情报信息搜集工作，运营单位要按照规定及时报告发现的恐怖活动嫌疑或恐怖活动嫌疑人员。第十一条要求，运营单位依法对进入城轨交通场站的人员、物品进行安检，发现涉嫌违法犯罪人员，要妥善处置并立即报告公安机关处理。鼓励推广新产品新技术，建立与城市轨道交通客流特点相适应的安检新模式。第十五条规定，强化运营单位对突发事件第一时间处置应对的能力，最大限度减少突发事件可能导致的人员伤亡和财产损失。发生突发事件时，有关部门和运营单位要通过乘客信息系统和专人引导等方式，引导乘客快速疏散。充分发挥志愿者在安全防范和应急处置中的积极作用，提高乘客自救互救能力。“交通运输部8号令”第四十五条规定，把交通客流控制作为保障运营安全的重要因素，要求运营单位加强对交通客流的监测，可能发生大客流时，应当按照预案及时增加运力进行疏导；大客流可能影响运营安全时，可以采取限流、封站、甩站等措施；发生突发事件时，及时启动相应应急保障预案，做好客流疏导和现场秩序维护，并报告城轨交通运营主管部门。

对公安机关而言，无论是人群识别、客流控制，还是涉恐案件和突发事件处置等，城轨民警都是重要力量或主要力量。城轨警务可以借鉴人群心理及行为理论，高度重视人的因素特别是大客流对安全工作的特殊重要性，紧密结合自身职责任务，制定相应工作预案，提升岗位职责能力，推动研发相关技术产品，切实做到既能在前端及时识别、快速处置嫌疑人员，又能在案事（件）件中有效控制人群和客流，还能在后端开展舆情引导和社会心理安抚工作，减轻或消除个人及人群对城轨交通安全运行的负面影响。这种警务模式似可称为“客流管控警务”。

四、社会控制多元化理论与“综合治理警务”

社会控制多元化理论，被认为是在研究现代社会变迁过程中，主张国家控制

① 刘茂，张青松．城市公共安全——理论方法及应用［M］．北京：中国石化出版社，2014：7－55.

体系的分解以及在多元化结构的框架中社会控制结构扩展的一种社会理论。这个理论的体系比较庞杂，其基本观点认为，现代城市和现代社会的发展，导致传统社会控制形式产生分裂，社会控制的中心由国家向市场发生转移，并呈现多元化发展的趋势。在此过程中，国家警察机构维护社会安全的首要地位开始衰退，所谓“警务”已不再仅限于警察机构的事务，而是围绕“安全治理”这一目标，由许多旨在维护秩序的机构组织共同工作形成的、相互交织的体系。这些警务代理机构，包括中央政府机构、地方政府机构、半私营机构、私营组织、志愿团体或合作社等。警察正在成为一个更为多样化的具有警务功能的机构的一部分，一个更具扩散性的民族国家中或民族国家间结构的一部分，不得不以一种更有效和更适当的方式，履行其犯罪管理和在紧急事件中维持和平的特定实用性职能。① 所谓政府“责任制”战略的要点，就是促进这些机构之间合作伙伴关系的形成，推动非国家警察机构参与本地的犯罪控制，使这些机构组织能和国家警察一样去渗透、影响和管理相应的社会秩序。随着现代社会的发展，私营保安业、“社会控制国际化”等趋势也对警务工作不断提出新的挑战，政府的警务战略将向尽量利用其他警务机构的方向发展，并通过“收缩核心业务”“合作”“竞争”等方式，动员联合更多的社会机构和力量参与社会控制与治理。②

相应的犯罪学理论认为现代社会控制的本质问题就是“多机构协作”，犯罪预防模式要向多机构协作的社会防控模式转化，即由国家职权机构（如警察机构、地方政府）、私人企业以及公共组织等社会机构，通过有计划地相互协调配合，来共同处理犯罪和社会不良问题。这意味着，社会、家庭、个人还有警务人员在犯罪预防系统中都能发挥相应的作用，可以综合采取控制犯罪的原因、减少犯罪机会、打击具体的犯罪、帮助犯罪被害人减少对犯罪的恐惧感等措施，实现一体化的犯罪预防。③

我国一直十分重视社会治安综合治理对维护国家安全和社会稳定的极端重要

① ［英］罗伯特·雷纳．警察与政治（第三版）［M］．易继苍，朱俊瑞译．北京：知识产权出版社，2008：249－250.

② ［英］A. 韦克菲尔德．社会发展与警务变革——公共领域的社会化警务［M］．郭太生等译．北京：中国人民公安大学出版社，2009：12－51.

③ ［英］戈登·休斯．解读犯罪预防——社会控制、风险与后现代［M］．刘晓梅，刘志松译．北京：中国人民公安大学出版社，2000：101－144.

性，在城轨交通这种人员密集、风险集中的领域更是如此。“国务院 13 号文件”指出，保障城轨安全的一项基本原则就是“属地管理、综合治理”，构建多方参与的综合治理体系。其第十二条明确要求加强社会共建共治，并以列举的方式提出了多个治理主体，包括政府和公安、交通运输、综治部门，运营单位、社会力量，街道、社区，志愿者、“常乘客”、社会公众等，努力形成城轨交通公共安全协同防范体系和专群结合的综治模式，实现群防群治、协同共治。

从上述规定可以看出，公安机关在城轨安保工作中毫无疑问是重要力量，但不是主要力量，更不是唯一力量；承担的是重要责任，不是主体责任，更不是唯一责任。城轨民警要切实承担起国家在城轨安保领域赋予的职责任务，就应按照社会治安综合治理要求和上述规定，进一步明确“干什么”和“怎么干”的问题，在完成好本职任务的同时当好参谋助手、协同推手，真正把“部门行为”变为“政府行为”，把“单打独斗”变为“联合行动”，与有关部门一起共同推动城轨安保工作的发展。这种警务模式，似可称为“综合治理警务”。

综合上述有关理论及其与城轨警务关系的分析，可以看出，风险、场所、人群与控制四大主题和要素，基本涵盖了主观与客观、主体与客体等重要范畴，为从整体上构建城轨警务知识理论体系奠定了根基。

从主客观关系来看，主观表现为人的风险意识和不安全感，客观体现为场所、组织和其他人群。而现实案件与事故发生的直接原因，往往就是人群（个人）的不安全行为和场所（物体）的不安全状态；间接原因则是组织管理如组织机构、管理制度、应急救援机制等方面的问题与缺陷。

从犯罪构成来看，主体（犯罪人）、受体（交通受害者）和载体（犯罪空间、场所），共同形成了犯罪案件的三个基本要素。犯罪人往往直接针对交通运输设施工具实施犯罪，或者在交通运输场所利用特殊的空间及设施，对受害者实施违法犯罪行为。一般意义上的警务工作，就是采取法律允许的措施，对在既定场所居住或旅行的人依法加以制约，以达到维持社会公共秩序的目的。①

从社会治安来看，主要表现为治安主体（城轨安保的多元治理主体），通过治安规范（法律法规、标准规范等），与治安客体（交通场所、交通参与人等）

---

① ［澳］杰夫·蒂恩，［挪］培特·高兹查克．警务与执法知识管理：基础、框架与应用［M］．袁媛，张冬冬译．北京：中国人民公安大学出版社，2015：6.

发生的作用与反作用关系。而从具体工作流程来看，无论是管控治理还是教育动员，都包括主体（安保工作者）、客体（安保工作的对象）、介体（安保工作主体对客体所采取的内容、方式、方法和传输的有效信息）、环体（对主客体和工作过程产生影响的一切自然因素和社会因素的总合）这些环节和要素。

鉴于此，城轨警务的基础理论体系，似应以风险社会理论、城市犯罪空间（场所）理论、人群心理及行为理论、社会控制多元化理论为支柱，探索深化风险导向警务、情境预防警务、客流管控警务、综合治理警务等与城轨警务密切相关的理论形态和实践模式，努力构建主观与客观、主体与客体有机统一的完整规范的理论框架。同时，以这些知识理论引导和服务警务实践，切实整合资源、管控风险，形成集情报、打击、防范、管理、控制、服务等功能为一体，促打防、专群、动静、站车线、人防物防技防相结合，对城轨交通安保实施综合治理的警务工作体系。

第四节　城轨警务专业理论的主要内容

城轨警务的专业理论，是对城轨警务专业工作进行研究并揭示其一般规律的理论。因城轨警务的职责任务比较庞杂、边界界定相对模糊，实际勤务工作又与多个部门存在交叉，故其专业理论模块可有多种分类方法。如果按照工作内容划分，根据“国务院 13 号文件”第三条关于公安机关职责任务的规定，城轨警务专业理论应包括政策法规和标准规范研究、巡逻查控工作研究、查处违法违规行为研究、情报信息工作研究、监督指导工作研究等。如果按照一般的工作流程划分，主要包括风险评估工作研究、指导监督工作研究、巡防查控工作研究、案件查处工作研究、应急处突工作研究等。如果按照工作时段划分，则主要包括平时警务研究、战时警务研究、演练训练研究，等等。

鉴于城轨警务的复杂性、综合性和专业性，上述每种分法都有自身的局限性，似应将其合理成分结合起来，并参照公安行政法的体系构造，将城轨警务专业理论分为日常警务、应急警务和警务保障三大板块进行研究。下文将集中探讨每一板块的主要工作内容及政策法规依据，至于对其规律性的认识，尚待今后深入研究。

一、日常警务

日常警务也可称平时警务，主要内容包括风险管控、指导监督、巡逻查控、案件查处、群众服务、组织动员等，是城轨警务工作的主体部分。日常警务的基本特点是，依据既定法律制度和职责分工，由相对固定的机构、人员，按照正常程序和业务流程开展勤务活动。

（一）风险管控

防控风险、确保安全，是国家发展城轨交通的目标。“国务院13号文件”没有具体指明由哪个部门负责风险评估工作，而是在基本原则中概括提出了提升“两个能力”的要求，即构建运营管理和公共安全防范技术体系，提升风险管控能力；构建风险分级管控和隐患排查治理双重预防制度，提升应急处置能力。由此可见，风险管控应是各相关部门的共同任务。

对城轨公安机关而言，“控风险、除隐患、补短板”更应是日常工作的基点。城轨交通工具定线移动和间歇停顿的规律，空间形态兼有公共、非公共和边际空间的性质，交通工具内部空间拥挤狭窄、相互分割的特点，交通参与人在特殊环境下心理失常的特征，加上面向社会公众、乘客随机购票及彼此间形成的松散关系、司乘警等安保专门力量有限等因素，可以说，风险隐患时时处处存在。这就需要城轨公安机关以加强风险识别能力为基础，健全风险评估机制，用好风险研判成果，制定风险管控预案并加强实战演练，不断增强风险管控工作的针对性、主动性和实效性。

1. 对风险人群的识别。要利用情报信息和大数据技术，对恶性犯罪嫌疑人、涉恐嫌疑人等的风险信息进行收集，分类列出风险清单，准确进行风险评估和画像，增强对风险人群的职业识别能力。例如，美国纽约地铁系统是世界上最庞大、最老旧、使用效率最高、市民依赖程度最高的交通工具之一，一向是犯罪案件的高发场所，“9·11”事件之后又成为反恐的“焦点”，被视为纽约最大的安全“软肋”。其风险管控的一个主要做法，就是建立地铁惯犯数据库，汇集其个人照片、住所地址、曾经出庭的情况等信息，并供所有当天执勤的警察调阅查看。这一举措在实践中取得了良好效果，使地铁犯罪率呈连年下降的趋势。[①]

① 王瑞平．当代纽约警察［M］．北京：中国人民公安大学出版社，2009：315－319.

2. 对风险场所设备设施的识别。比如，分析研究出入口、紧急出口等公用设施的位置，场所中不同功能区的布局，电梯、坡道、护栏等设备设施的结构及其特征，周边的环境地理特性等，从中查找风险隐患。

3. 对风险临界点的识别。即识别风险最易发生的时段、场所、关键环节，并采取相应的措施和行动。

4. 对风险种类级别的识别。科学划分风险等级标准，根据实际情况准确判断风险级别，并根据不同种类、不同级别的风险，制定启动相关预案，配置防范技术设备，整合投放警力资源。

（二）指导监督

人民警察对治安保卫工作的指导监督职权，源于我国《人民警察法》第六条之规定：公安机关的人民警察按照职责分工，依法指导和监督国家机关、社会团体、企业事业组织和重点建设工程的治安保卫工作，指导治安保卫委员会等群众性组织的治安防范工作。国务院于 2004 年 12 月 1 日颁布实施的《企业事业单位内部治安保卫条例》，对单位治安保卫工作作了明确系统的规范。在城轨交通安保领域，“国务院 13 号文件”结合公安机关的职责任务，在第三条对城轨公安的指导监督职责作出了专门规定，即会同交通运输管理等部门，拟订城市轨道交通反恐防暴、内部治安保卫、消防安全等政策法规及标准规范并监督实施；监督指导运营单位做好进站安检、治安防范、消防安全管理和突发事件处置工作。

根据这些规定，公安部治安管理局等主管部门也对有关工作提出了明确要求。对于安检工作，要协同交通运输管理部门，督促运营单位坚持“安全与快捷并重”的原则，加强规划建设和新技术产品研发运用，变“乘车”安检为“进站”安检，变侧重物检为人物同检，变人工核查为智能比查，变逐一普查为报警核查，切实落实安检责任，提高安检速度和效率。对于治安管理防范工作，要指导运营单位建立内部治安保卫制度，加强治安保卫队伍建设，落实治保工作措施。督促运营单位建立安全生产责任制，设置安全生产管理机构，配备安全管理人员，保障安全运营资金投入，切实承担安全生产的主体责任。对于涉及多部门的问题，推动建立联席会商、联动协作机制，加强沟通协作，明确各自的职责任务。主动协调综治、反恐等部门，通过联合督导、年度考评、案件督办等形式，采取通报、约谈、挂牌督办等方式，把对有关单位的问责追究落到实处。根据社会治安综合治理要求，会同有关部门制定工作方案，加强对城轨安保的综治考评等。

（三）巡逻查控

“国务院 13 号文件”第三条规定：公安部负责指导地方公安机关做好城市轨道交通区域的巡逻查控工作。日常巡逻查控，是城轨民警最基本的勤务方式和城轨安保工作的基本防线，目的在于识疑查危、形成震慑、维护秩序。巡逻查控工作的关键，是按照“整体防控、重点加强，专群结合、公秘结合”的要求，将巡防查控纳入社会治安综合防控体系和公安机关防控勤务总体之中，注重整合各方力量，强化单位防控、物品管控和人员稳控，形成多方协调联动的工作机制。明确警、企双方巡防查控的分界点，指导运营单位的巡检防控和司乘员工的区域防控工作，形成站内站外、地上地下“双延伸”的工作机制。合理布建派出所、警务室，改进勤务模式和值班备勤方式，健全站区勤务机制。加强重点地区、站点、线路的巡守，建立民警定点盘查、特警武装巡控、武警把口巡逻、警犬进站震慑“四位一体”的巡控机制。定期协调有关部门、单位，对重点地区、重点问题开展联合整治行动。推行视频巡控勤务模式，广泛运用视频监控预警技术，在解放警力的同时提高巡控效率。

（四）案件查处

“国务院 13 号文件”第三条规定，公安机关依法查处有关违法违规行为。中外城轨交通治安的经验表明，盗窃、抢劫、性骚扰以及人身伤害、破坏公物、纵火失火等是最为多发的案件。这就需要结合城轨交通特殊的地形、构造、环境因素，以及交通参与人的人群结构和心理状态，制定相应的预防、查缉、侦查和抓捕策略与战术，保持对违法犯罪活动的震慑和高压态势，确保人民群众人身财产安全和城轨交通安全有序畅通。

（五）群众服务

正如有警察学者所说，警察距离民众只有一个电话的距离。警察随叫随到的特点，加上必要时可以合法使用暴力解决问题的能力，使得警察成为解决各种难题的理想“救助机构”。[①] 在我国，群众服务是所有公安工作的一项重要职责，城轨公安民警需要每天高频率、高密度地接触群众，做好服务工作尤为重要。

---

① ［美］罗伯特·兰沃西，劳伦斯·特拉维斯Ⅲ．什么是警察：美国的经验［M］．尤小文译．北京：群众出版社，2004：10－11.

“国务院 13 号文件”明确要求，把“安全与服务”贯穿城轨交通全过程，为广大人民群众提供安全、可靠、便捷、舒适、经济的出行服务。因此，城轨民警除了预防打击违法犯罪，保障广大乘客的人身财产安全之外，还应把服务群众作为重要的本职工作，结合自身实际不断拓宽服务范围、提高服务质量。例如，为学生等特殊群体提供安全服务，协同控制疏散大客流，处理儿童走失事件，回答咨询问路、失物招领等，努力在热情服务中增进人民群众对公安工作的理解与支持，形成和谐良好的警民关系。

（六）组织动员

动员组织公众共同做好城轨安保工作，是城轨民警的一项长期重要任务，也是落实专群结合方针的具体体现。“国务院 13 号文件”第十二条关于“加强社会共建共治”的规定，对各相关部门组织动员和宣传教育工作提出了综合性的要求。结合城轨公安机关的职责任务，要适应新的经济社会发展形态和新媒体传播样式，积极创新动员组织工作的形式和内容，采取广大公众喜闻乐见的方式，推动安保宣传进车站、车厢和学校、社区、单位，激发群众参与支持的热情，增强乘客自救互救的意识与技能，指导公众主动理性地维护城轨交通秩序。通过电视广播、“两微一端”以及车站、车厢的媒体等载体，滚动发布公告信息，建立安全提示、预警播报机制，并在与公众的密切互动中引导舆论、征询意见、增进理解。建立有奖举报机制，鼓励公众提供情报线索，报告可疑人员和可疑情况，协助查破案件与抓捕工作，做到警民携手共同预防打击违法犯罪活动。

二、应急警务

应急警务相对日常警务而言，也可称为战时警务，主要包括应急处突、反恐防暴等，是城轨警务的关键部分和检验城轨民警战斗力的重要标准。应急警务的基本特点是，针对突发事件和紧急状况，采取超常规的应对策略和指挥战术，形成多方联动、快速反应、精准处置的工作机制，以最快速度控制事态、维护秩序，最大限度地减少损失和危害。

（一）应急处突

“国务院 13 号文件”对应急处置工作高度重视，在第六章中用“完善应急预案体系”“加强应急救援力量建设”“强化现场处置应对”三个条文，对相关单位的职责任务作了具体规定。其中，关于应急预案体系，规定由城轨交通所在地城市及以上地方人民政府制定应对各类突发事件的专项应急预案、部门应急预案，督促运营单位制定完善具体预案；建立突发事件应急处置机制，成立应急指挥机构等。关于应急救援力量建设，规定由城轨交通所在地城市及以上地方人民政府和有关部门、运营单位配备满足需要的应急设施设备、应急物资和应急救援队伍。关于现场处置应对，要求强化运营单位对突发事件第一时间处置应对的能力，公安、交通运输等部门以及运营单位、街道、社区密切协同联动。“交通运输部 8 号令”第五章也用八个条文，明确了城轨交通运营单位和运营主管部门应急处置工作的具体职责任务。

据此，公安机关作为城轨安保工作中的一支重要力量，应遵循“有所为、有所不为”的原则，切实担负、全力完成好法定的职责任务。在健全工作机制上，把城轨应急管理纳入公安机关整体指挥调度系统，加强警地联动、警种协同，确保发生紧急情况时能够快速反应、有序联动、高效处置。在预案制定上，按照“站、车、线”的安保逻辑逐个制定工作预案，定期开展实战合成演练，强化岗位能力培训。在战备部署上，按照“屯警一线、动中备勤”原则，对重点部位、时段实行相对固定编成，科学部署站区民警、属地民警、交警、巡特警、武警、辅警等应急力量；同时，按照“小精全、就近拿”要求，配齐配好防爆防护装备设施。在战力组织上，推行由站区站长、警长负责，站区民警、员工、安保、安检、保洁等一线力量组成的车站防范处置“最小作战单元”建设，形成应急处置的整体合力。

（二）反恐防暴

反恐防暴，是中外城轨交通安保工作的核心任务。我国《反恐怖主义法》在恐怖活动组织和人员的认定、安全防范、情报信息、调查、应对处置和国际合作等方面，赋予了公安机关广泛而重要的职责任务。“国务院 13 号文件”，也就公安机关加强对危及城市轨道交通安全的涉恐等情报信息的搜集、分析、研判、通报、预警以及处置工作作出了规定。

当前，城轨交通反恐防暴工作，已经成为公安实战部门和理论界研究的重要课题，并取得了丰富的成果。一是在安全防范上，加强安全防控体系建设，督促指导运营单位建立完善治安保卫制度，落实在岗员工分区巡查巡检责任制和“全覆盖”常态安检机制；构建多警种叠加巡防机制、视频巡逻监控机制、网络巡查机制，增强防范能力。二是在情报信息上，加强部门间协作和国际协作，建立高效的反恐情报信息网络和共享机制；加强对城轨反恐情报信息的搜集研判，构建反恐防范预警机制。三是在预案演练上，围绕防范遏制暴恐袭击、个人极端暴力犯罪和拥挤踩踏等案（事）件，完善应急处置预案，细化处置标准程序，加强多部门、多警种联合实战演练，增强应急处置实战能力。四是在组织领导上，推动落实党政组织领导责任、行业主管部门监管责任、运营单位防范管理责任，搭建实战化的调度指挥中心，建立机制完备的应急处突体系、随客流灵动的勤务部署和适时支援的保障系统。五是在警务指挥上，以情报信息为主导，整合地上地下防控资源，建立联勤联动警务机制，构建应急处警“1.3.5 处置圈”（1 分钟到场、3 分钟处置、5 分钟恢复），确保对恐怖事件快速反应、有序运作、高效处置。① 六是在战时政治工作上，打好舆论战、心理战、法律战，特别是要做好舆情导控工作，权威统一地发布相关信息，及时准确地披露事件真相，加强对互联网、手机等信息载体的管理，正确引导舆论导向，严防过度报道、不实炒作造成社会混乱，引发诱导效应和连锁反应。

三、警务保障

城轨警务保障是广义上的综合性保障，是城轨警务专业理论研究的基础部分。从当前城轨警务的实践需要出发，应着重加强以下方面的研究。

（一）法制政策

公安机关是治安行政机关和刑事司法机关，最基本的工作要求就是忠实执行国家法律法规和政策。建设法治公安，关键在于以深化执法规范化建设为主线，通过完善执法制度体制、加强执法队伍能力建设、建立健全执法管理机制等措施，不断提高公安工作的法治化水平。城轨公安作为性质特殊、特点明显的新建警种，法制建设任务尤为重要和迫切。

“国务院 13 号文件”第三条明确规定：“公安部负责会同交通运输部等部门拟订城市轨道交通反恐防暴、内部治安保卫、消防安全等政策法规及标准规范并监督实施。”因此，要针对当前城轨安保法规体系不健全问题，抓紧推动制定与《反恐怖主义法》、“国务院 13 号文件”等相关法律法规相配套的规章、规范、标准，为加强和规范城轨安保工作提供依据。针对城轨公安机关指导监督职能难以落实、监管工作乏力等问题，推动制定监督指导工作规范，明确监督指导的内

① 陈文彪．地铁反恐应急处置［M］．北京：中国人民公安大学出版社，2017：181－197.

容、标准、程序和问责制度，确保监督指导职能落到实处。针对城轨公安机关自身建设缺乏相应的制度规范问题，抓紧制定城轨警务的专门规章，明确城轨民警的职责任务、勤务要求以及警力配置、办公用房、装备配备等要求，不断推进城轨公安工作的法治化、专业化、正规化进程。

（二）队伍建设

在全部公安工作中，队伍建设是根本也是保证。只有建设强大的城轨公安队伍，才能开展强有力的城轨公安工作。当前，一些地方的城轨公安队伍，还不同程度地存在“制度不全、职责不清、体制不顺、警力不足、保障不力、素质不齐”等问题，与城轨公安工作面临的严峻形势、高度风险不相适应，与其承担的艰巨任务、繁重工作不相匹配。因此，应把队伍建设及其理论研究放在突出的位置抓紧抓好。

1. 组织领导

这要求把城轨警务作为“一把手”工程，置于公安工作的全局中进行规划部署，以管控风险为导向制定勤务方案、配置警力资源，建立由城轨安保和政工、督察、刑侦、治安、消防、网安、技侦、反恐、交管、巡特警、武警、辅警及属地公安机关一体运作、信息共享、责任共担的工作格局。建立具有城轨警务特色的目标管理和绩效考核制度，并与干部任免、人才选拔、表彰奖励紧密挂钩，充分激发队伍的活力和战斗力。

2. 机构设置

根据目前基层一线的实战需求，应明确在直辖市公安机关，设置专门的总队级机构；其他省级公安机关，原则上在治安部门设置归口管理机构；有城轨交通的城市公安机关，设置专门机构负责城轨安保工作。在基层治安机构建设上，立足风险防控，依托重点车站，优化设置派出所或警务室。

3. 警力编制

这要求改变当前主要从公安机关内部调剂解决警力的临时性做法，推动编制管理部门根据城轨警务工作的风险程度、治安状况和实战需要，综合考虑公里数、人流量、派出所或警务室的数量等因素，制定统一的城轨公安编制标准，建立警力随着任务的增多而增长的自然增编制度，形成编制管理的长效机制。

4. 教育训练

这要求加强对城轨民警职业核心能力和岗位职责规范的研究，制定具有自身特色的训练大纲，切实统一训练标准，规范训练内容。适应城轨治安形势变化和实战需要，瞄准实务中的难点、痛点，及时抓好警种专业训练，推动民警不断更新知识结构，增强实战技能。创新岗位培训机制，把集体研讨、跟班学习和自学自练结合起来，促进民警随时、随地、随岗进行训练，不断提升其综合素质和执法能力。

5. 福利待遇

这要求深入分析城轨警务的风险程度、压力状况、环境特点和职业伤害，有针对性地加强民警的身心健康保护和医疗保障，建立与城轨安保工作性质特点相适应的特殊岗位津贴补助制度和伤亡抚恤制度，以良好的职业保障体系凝聚警心、促进工作。

6. 监督救济

这要求深入研究城轨民警因在特定的工作区域、面对特定的执法对象、执行特定的法律规范，进而形成的特殊职业群体和职业文化，有针对性地开展党风廉政教育、纪律作风建设、纪律检查、行政监察、警务督察、内部审计以及执法监督等工作。同时，完善警队内部的信访、申诉机制和民警执法权益保护制度，把对民警的严格教育管理与合法权益保护有机统一起来。

（三）信息技术

城轨交通诞生于工业革命时期，大发展于信息科技时代，做好城轨安保工作，情报信息和科技支撑十分重要。所谓警务情报信息，是指与警务行为相关的所有情报、资料、数据和指令的总和。对情报信息的全面采集、科学研判与共享运用，决定着现代警务的层次和警队的战斗力。城轨警务应借鉴“情报主导警务”理论，把情报信息作为战略性的资源，做到广泛感知、全面搜集、充分运用情报信息进行战略策划和资源配置，确保警务活动能够瞄准最需要打击的违法犯罪行为，并精确预测新滋生的违法犯罪聚集领域，实现更科学、更具针对性的管理决策。“这种由侦查主导情报到情报主导警务的转变，对现代警务具有革命意义”①，也是城轨警务转型升级的关键。

在警务实践中，要大力加强科技研发运用，建好安防监控中心及安全管理平

① ［英］杰瑞·莱特克里菲．情报主导警务［M］．崔嵩译．北京：中国人民公安大学出版社，2010：7.

台，实现对组织指挥、入侵报警、视频监控、出入口控制、电子巡查等子系统的集成应用。建立城轨交通联网管理系统，破除信息“孤岛”现象，促进城轨警务安防系统与公安机关、运营单位监控指挥系统之间的互联互通，实现警务指挥一体化和联合作战合成化。针对可能形成城轨交通场所、移动空间盲区的基础因素和诱导因素，加强安全风险辨识与分析技术、视频监控巡防和指挥调度技术、大客流监测预警技术、通行导向标示优化技术、人群管控疏散技术、无线通信指挥技术、安保资源优化配置技术等专项技术和产品的研发使用，解决实战亟须破解的关键技术难题，不断提升城轨安保工作的科技含量。

（四）装备后勤

经费装备与后勤保障是城轨警务的实物要素，主要包括业务经费、警用装备、基础设施建设、资产管理、物资装备的仓储调运，以及后勤服务、内部运维管理等。城轨公安作为新警种，在很多地方和单位都不可避免地存在规划建设不完整、基本建设标准缺乏、安全系统设施“欠账多”、经费投入不到位、基础积累薄弱等问题，加强装备后勤保障工作可谓迫在眉睫。

为此，要主动向主管部门汇报沟通，真正落实“国务院 13 号文件”第六条关于城轨交通规划涉及公共安全的设施设备和场地用房等内容，与城轨交通工程建设“五同步”等要求，切实解决好相关安防设施设备、场地用房建设及其日常运行维护管理问题。此外，积极争取设立城轨安保专项经费，并纳入部门预算，从根本上解决当前一些地方“无项目、无渠道、无标准”问题；深入研究警务实战状况和勤务工作要求，立足城轨警务运行机制、工作流程、勤务方式的特殊性，制定城轨民警的装备配备标准和使用规范，把满足实战需求与保护民警自身安全有机结合起来；推动制定专门的业务技术用房和派出所、警务室建设标准，建立城轨警务基础设施建设标准体系并抓好贯彻落实，为各项警务活动开展提供扎实的物质保障。

第四章

水域警务论

水域警务是一个综合性的概念，包含了水上、海上等各具特色的涉水警务活动，欲构建其理论体系，须在分别对其进行深入研究的基础上，建立各自的“史、论、专”理论框架。但当前的相关理论研究还十分薄弱，另在警务实践中，水域治安机关在各个层级都不同程度地存在没有专业管理机构及管理规章等问题。

鉴于水域警务组织机构和职能规范相对缺乏，以及相关理论研究尚处在初级阶段，本书暂把重点放在对水域警务的概念界定、基本要素与特性分析，以及专门人才的培养教育上，以期形成对水域警务理论研究的基本梗概，并期待引起学界更加深入的研究。本章将首先对水上警察组织机构及其教育培训的源流作简要梳理，然后尝试界定水域警务的概念，比较分析其结构要素和基本特性，并阐述依据相通相近的原则，在铁路警务人才教育的基础上开展水域警务人才培养的可行性，最后对水域警务教育的基本内容做初步的思考和构想。

第一节　水上警察建设的源流

水上警察是中外共有的警察组织和制度，自近现代以来，世界各国因应水上治安的需要，渐次予以建立和发展。我国有学者认为，虽然名称意义上的水上警察是近代警察制度的产物，但实质意义上的水上警察早已出现。例如，在我国周朝时期，就已经有“较为完备的”水上警察制度。《周官》中所记载的“川衡”

“泽虞”等官职，负责掌巡川泽之禁令，对违者罚诛，这是水上警察制度最初见于典籍者。[①] 汉魏以后，直到晚清，衙署所设的“水衡”“舟虞”“水师”等，考查其所司执掌，皆属水上警察之功能。纵观历史，从秦朝到清朝几千年间，尽管不同时代名称稍有不同，但其组织功能大多近似，并无多大变革。[②] 这是一个很有意义的观点。但本书为了便于研究的衔接，还是采纳水上警察是近代警察制度产物的观点。

一、第二次世界大战前主要国家的水上警察

在梳理我国水上警察建设的源与流之前，简要扫描“二战”前国外部分国家水警建设的概况，可以为了解我国近代水上警察制度的起源萌芽和初步发展提供很好的参照。根据现掌握的资料，主要如下：[③]

（一）英国的水上警察

据学者考证，英国的水上警察诞生于1798年，当时为加强通商和水上治安的需要，成立了海上警察办公厅。这是一个公私各半的组织，其主任、书记和警察的薪俸，每年由政府支付一千磅，其余的四千磅由西印度商人提供。1808年，又成立了伦敦港口管理局，统一管理各船坞和泰晤士河的航行事务。其组成成员中，一半由政府各机关与公共团体推荐产生，另一半由港口付税者或船主与码头主等选出。

1829年，英国内政大臣罗伯特·比尔创立了伦敦大都市警察，创建了世界上最早的职业制服警察，并提出了著名的“建警十二原则”和“警务九原则”，被称为近现代警察制度的起源。[④] 1839年，根据比尔的新警察体制和警政革新计划，水上警察成为一支独立的警察队伍，为伦敦大都市警察局十三个大队中的一个大队。水警队的建制及分布，根据伦敦水路情况，分设为五个水上警察署。水警人员多为曾在海军服役，或者有航海和商船经历的习水性者。

1885年后，随着轮船的出现，水上警察的装备得以改进，拥有军用舰3艘，

① 刘怀璞．水上警察概论［M］．北平：中华警察学术研究社，1948：1.

② 边子光．海洋巡防理论与实务［M］．桃园：“中央警察大学”出版社，2005：3.

③ 刘怀璞．水上警察概论［M］．北平：中华警察学术研究社，1948：54－57.

④ ［英］罗伯特·雷纳．警察与政治（第三版）［M］．易继苍，朱俊瑞译．北京：知识产权出版社，2008：22.

小艇 27 艘，还有小划船若干，并使用无线电进行通信联络，每天二十四小时分班巡逻各地。其主要职能包括：船只往来之注意；码头及船坞船只进出之注视；水边私货之留意；船只运输货物之防护；水上安全之维持；水上拯溺或救护。另据“托马斯水警法令”，走私之查缉，水上一切不洁行为之报告，码头主持者与船主之联系等，均成为水上警察的任务。

（二）德国的水上警察

德国在第一次世界大战后，因水上犯罪案件日益增多，遂开始酝酿设立水上警察。1919 年春，其首先利用海军的一部分，改编为水警，并划拨若干艘汽艇作为装备。同年秋季，当局深感水警的重要性，决心进一步扩充，并将其隶属中央交通部。水上警察根据地理与经济的联系，共分为八个区执行职能。1931 年，普鲁士因袭德国水上警察的遗规，将其改建为水上警察队，并仿照陆上警察的派出所建制，分驻在各河道和码头执勤。

普鲁士水警共分三个大队九个小队。其中，柏林水上警察队因辖区河网密集，队伍规模占到整体的三分之一，计有警官十六名、警士六十名，分三个小队驻扎在河流各个要点处。柏林水警队隶属柏林警察厅，主要职能是：发给船只通行证；征收捐税；疏浚河道；维持水上秩序；巡逻水面、保护货船。为提高水警的素质，柏林水警队还专门设立了水警学校，对学员进行六个月的培训。其中，警官班的学员，须选自水警中的优秀者。德国的警察制度素称完备，曾被许多国家包括中国模仿学习。

（三）其他国家的水上警察

在“二战”前，美、苏、法、意、日、奥等国尚无独立的水上警察机构，多附属在陆警的机构内，另设水警巡查队负责相关事务。其中，美国于 1790 年设置了海上缉私队，负责查缉货物税收工作；1915 年将其与救难等部门合并，成立了海岸警卫队，直属财政部。奥地利因处于多瑙河中游，是国际水陆交通要地，鉴于水警队伍的重要性，曾筹备单设水警机构，并开始试办。

二、我国水上警察发展脉络

我国在清末开始兴办近代警察制度。但根据不同种类警察的性质特点，对警察队伍进行分类管理的工作，则自近代警察诞生之初就已经开始探索开展。水上警察作为其中一种专职的“特种警察”队伍，也于清末发端，并在时代裹挟下走过了一段曲折的发展道路，至今仍在不断发展中，堪称历史悠久的警种之一。

（一）初创时期的水警机构和水警教育

早在1898年戊戌变法期间，经一些维新派人士的大力呼吁推动，京师、湖南、江苏等地借鉴西方的警察制度，开始试办近代警察。1901年，清政府宣布推行"新政"，要求各省组建"巡警军"，随后创办了正式的警察机关——工巡总局。1905年，清廷设立巡警部作为全国警政的最高管理机构，近代警察制度由此步入轨道。翌年，巡警部被改为民政部，下设警政司专司警察事务。在这一时期，警察分类工作得到加强，除行政警察、司法警察、国际警察等外，还开始筹建铁路、军事、侦探等警察队伍。水上警察也在此期间应运而生。

1. 组织机构创生

在各类警察队伍渐次出现、逐步发展的背景下，一些警政大员开始酝酿设立水上警察，"以补助陆上警察之不及"。如当时的警政司行走郎中张仁提出："水陆宜兼巡也。……我国于江海水面有巡洋水师，实非对外海军之义，寓有水上警察行为。……司员拟请改巡洋水师为水上警察。"此建议很快得到清政府的首肯并予以推行。

在实践中，沿江、沿海和水网密布地区特别是长江五省和闽粤两省，积极因应时势需要，率先迈出了实际步伐，探索设立专门的水上警察，推动水警的机构和职能趋向独立。如湖北当局认为："就水师巡防营改编巡警，事半功倍，揆时度势，亦极可为。"① 在上下的积极推动下，民政部于1911年（宣统三年）初发出通饬，要求各省督抚"限于宣统三年腊月将水上警察一律设齐"。但很快辛亥革命爆发，清政府覆灭，这一饬令遂成一纸空文。

2. 水警培训萌芽

值得注意的是，我国近代警察制度虽然与罗伯特·比尔1829年创立伦敦大都市警察相比，落后了西方近80年，但重视警察和警察教育的观念在警政创立之初就十分浓厚。1901年，湖广总督张之洞等的《变法三折》就提出，警察之重要，"在于上通政府，而下达穷壤。无学校则无礼，无警察则无用。变法之行，必在警察"，"天下无事，寓兵于警；一旦有变，则化警为兵，是警察为我国转弱为强之一大关键"。就在这一年，京师警务学堂建立，中国近代警察教育由此

① 韩延龙．中国近代警察制度［M］．北京：中国人民公安大学出版社，1993：223－224.

肇端。1905 年，首任巡警部尚书徐世昌提出，“伏惟保安之用，警政为先；造就之方，学程为要”。一些学者也倡言，“欲求政治之进行而不以教育为入手之方针，其不贻敷衍皮毛之讥者几希矣。大哉教育！其为庶政之根本毫无疑义，而警察中之教育亦在其列矣”。[①] 他们已经清楚地看到，欲使警察专业化，必须要有专业化的教育训练。基于这种思想，清政府从光绪二十七年到宣统三年，白手起家，东拼西凑、惨淡经营，逐渐建立起一套初成体系的警察教育制度。也正是因为警察教育在京师和各地的展开，极大促进了警政实务的发展，使清末警政得以在短短的十年间迅速兴起和推广，为北洋政府和国民党政府的警政建设打下了基础。[②]

综观这一时期的警察教育，整体上尚处在模仿引进和探索阶段。以京师警务学堂为代表的高等警察教育并不发达，仅在京师等少数地方开设；而各地自行探索开展的初等警察教育，不仅在时间上早于高等警察教育，而且发展速度很快。各地除较正规的警察学堂、警务学堂之外，还设有巡警教练所、警务传习所、警士学堂、巡士教练所等多种培训机构。1908 年，清政府为改变各地滥设警察学堂、质量参差不齐的问题，决定统一各省的警察教育机构。同年 9 月，民政部制定的《各省巡警学堂章程》规定：巡警学堂除高等一种外，另一种是巡警教练所，每府厅州县必须设一处，且须在接到部文的六个月内完成。巡警教练所的课程设置主要有：国文、违警律、警察要旨、政法浅义、地方自治大义、本处地理、操法等。教育类型分为培养警察官员的警官教育和培养普通警察的长警教育两种，多以短期培训的方式进行。

至于当时的水上警察教育，还处在萌芽阶段，一般多在沿海、沿江地区的巡警训练所内，以附设水警学堂的方式开展培训。例如，福建当局，就在延平、厦门两处的巡警教练所内附设了水警学堂，并要求在其下属地区的教练所里相应添设水警科，共同开展水上警察的培训工作。

（二）形成时期的水警机构和水警教育

在北洋政府时代，为巩固统治地位，当局以“集中警权”为方针，对中央和地方的各级警察机关进行大幅改组调整，初步建立了自上而下的、比较完整的

① 韩延龙．中国近代警察制度［M］．北京：中国人民公安大学出版社，1993：252.

② 黄晋祥．清末警察教育论述［J］．安庆师范学院学报，2003（2）：38 -41.

近代警察网络体系。警察队伍的分工也逐步明晰，司法警察、卫生警察、消防警察、铁路警察、矿业警察等都已经组建并趋向正规化。同时，随着沿海和内河水上运输事业的发展，加强水上警察机构建设的需求也日益迫切，推动水警队伍建设得到了初步发展。

1. 水警组织机构

这一时期的水警组织机构沿革，大体经历了以下三个阶段：

第一阶段（1912—1915 年）。1912 年 12 月，北洋政府内务部与海军部联合向各省都督发出指示电，要求各省仿照湖北“将长江及荆襄水师改为水上警察”的成案，将各地水师一律改为水上警察。1913 年 2 月，内务部颁布《长江及其他水师改组令》规定，“长江及其他水师改为水上警察，设水上警察厅管理之”。此后，各地均先后把原清军水师改组为水上警察。由水师改组为水警，不仅是任务、隶属的变化，最根本的是性质的改变，即从原来由海军部领导的，独立于地方政府、单纯执行军事任务的武装集团，改变成了由政府内务部领导、地方行政官署管辖、专门维持水上治安的警察机构。此外，一些原来未设水师的滨水地区，则探索自定章程，试办水警。

第二阶段（1915—1919 年）。北洋政府颁布《水上警察厅官制》，要求在滨海、沿江、滨湖、通河的要冲地点设置水上警察厅，事务较简单处设水上警察局，管理水上警察卫生事项。同时明确，水域属于数道者归省，属于一道（数县）者归各道，分别由省长或道尹节制。厅、局之下设警察队，分区设区长，统辖队、分队及水巡长并水巡若干名。[①] 至此，各地水警的领导体制和组织机构开始大体趋于一致。

第三阶段（1919 年以后）。北洋政府发布《地方警察局组织章程》，提出水上警察与地方警察“细目容有不同，大体原属共贯”，应适用相同的规章，以免产生分歧，维护警察机构的统一性。[②]

2. 水警教育培训

北洋政府对警察教育十分重视，认为“整理内治以警务为先”、“振兴警政以人才为亟”，并致力于把警察教育与集中警权相结合，提出了“统一教育，集

---

① 边子光. 海洋巡防理论与实务［M］. 桃园：“中央警察大学”出版社，2005：4.

② 韩延龙. 中国近代警察制度［M］. 北京：中国人民公安大学出版社，1993：471.

中警权，注重实用，以期整饬地方警政”的目标。1913 年，北洋政府先后发布《警察学校教务令》和《警察学校组织令》，对警察教育进行统一规制，并形成了包括高等警察教育（高等警官学校）、初等警察教育（巡警教练所）和特种警察教育（警察传习所即警察师范教育）三种类型的警察教育体系。但这一时期警察教育的职业化特征尚不明显，学科课程以中外法律为主，术科几乎完全是军事训练内容，在后期才加大了学科建设力度，强化职业技能训练。①

至于水上警察教育，基本上是在初等教育层次的巡警教练所进行，包括在职培训和新募警察培训两种，学制一般为三个月。但在各地，学制和课程并不统一。以山东为例，设有沿海水上警察厅和南运湖河水上警察局两个水警机构，前者对水警的教练分为平时教练和会哨教练两种。其中，平时教练以区队为单位进行，各队水巡都要轮流进行训练，由区长兼巡缉队长担任教官。会哨教练每半年进行一次，由厅长召集。教练内容包括警察讲义、水警章程、各种法令、驾驶训练，以及操法、地理等。②

（三）发展时期的水警机构和水警教育

南京国民政府成立后，大力强化警察的社会镇压职能，推行警察军事化，与宪兵、特务形成了“三位一体”的暴力集团。在这一时期，警察法规大量颁布，警察组织建设和员警的任用、奖惩、教育、勤务等逐渐进入制度化轨道，推动警察制度得到了快速发展。警察队伍内部的分工更加细腻，刑事警察、外事警察、司法警察、消防警察、驻卫警察、税务警察、盐务警察、矿业警察、渔业警察、森林警察、铁路警察、交通警察、公路警察、航空警察，以及政务警察、卫生警察等专业警种都已建立，女子警察也从无到有逐渐形成。水上警察在前代基础上，又有了进一步的发展。

1. 水警组织机构

关于水上警察建设，南京政府鉴于北伐战争后各地自定水警组织和编制，产生如公安局、公安队、江防局、巡缉队等名称分歧的乱象，决意进行整顿和扩充。

---

① 肖朗，施峥．中国近代高等警察教育综论［J］．浙江大学学报（人文社会科学版），2007（1）：125－126.

② 韩延龙．中国近代警察制度［M］．北京：中国人民公安大学出版社，1993：476－478.

1928 年 10 月，南京政府颁布的《各级公安局编制大纲》规定："水上警察事务得因必要情形设局专管，其未设专局地方，由陆地公安局管理之。"但实际上水警的管理权仍主要在地方，全国没有统一的专管机构。

1933 年年初，为巩固江防、加紧对江南各红色区域的围剿，其又颁布《长江各省水警总局分局组织条例》，成立了直属军事委员会并受内政部指导的长江各省水警总局，统管四川、湖北等七省水上警察力量。但旋即撤销，各省的水警分局改隶由省政府管辖。到 1934 年，全国二十三个省中已有八个省成立了省级的水上公安局或公安队。1936 年，为进一步统一各省的水警机构，南京政府颁布的《各级警察机关编制纲要》规定："各省政府为谋水上之安全起见，得设省水警队，直隶于省主管机关。"

抗日战争结束后，南京政府实施所谓"警政五年计划"，水警机构的管理调整得到加强，名称、编制等趋向统一。在各省一般设立水上警察局，隶属本省警保处或警务处。除了省直属的水警机关外，在水网密集的各级城市及各县警察机关里，也大都设有水巡队或水警队等组织。① 水上警察的工作职责，也通过一系列的章程规定得到初步确定，主要有水上户口、船只管理，水上救护，维持社会治安、征税，稽查毒品、水上消防、打击水上贩卖人口犯罪，剿灭湖匪、海盗等。②

此外，渔业警察也属于水上警察的一种，1931 年根据内政部和实业部联合发布的《渔业警察规程》而建立。其名称一般被称为渔业警察局或渔业警察所，由各省根据渔区大小和事务繁简而酌定，主要担负护渔缉盗、保护渔商之责。

2. 水警教育培训

在这一时期，国民党政权为巩固专制统治，在极力整顿扩充警察机构的同时，高度重视警察教育。蒋介石多次宣称："一个国家有两种伟大的力量，担任国防的是军队，维持公安的是警察，譬如飞机之有两翼，缺其一便不能飞。这两种任务的分配中，警察地位的重要性比较军队也有超过若干成分的。"在他看来，警察权丝毫不亚于军队大权，要建立独裁政治，必须掌握全国警察权；而在警察

---

① 韩延龙．中国近代警察制度［M］．北京：中国人民公安大学出版社，1993：607－611.

② 董纯朴．民国水上警察制度考略［J］．黑龙江史志，2009（4）：47－48.

权中，警察教育权是纲，纲举目张。[①] 因此，蒋介石把统一警官教育视为统一全国警察力量和警政的“先决条件”，“象征全国由分而合，由乱而治”。于是，在1936年，原警官高等学校与浙江省警官学校合并为中央警官学校，由蒋介石本人亲任校长并长达11年之久，“首开以政治领导人兼任警官学校校长之先例，显示当局对警察教育训练之重视”[②]。这在举办近代警察的国家中也是绝无仅有的。

由此，这一时期的警察教育得到一定发展，并形成了高、中、初三级制的较为完整的体系。高级警务人员教育由当时全国唯一最高学府中央警官学校实施，其宗旨为“以教授高深警察学术，养成高等警政人才”。该校学制为3－4年，其所设的14个系中就有“水上警察系”。中等警察教育由分设在各省市政府所在地、直辖省民政厅的警官学校实施，一般学制为2年。内政部《警官学校章程》规定其宗旨为“以教授警察应用学科造就初级警察官吏”。初级警察教育由各地警士训练所实施，内政部《警士警长教育规程》规定其宗旨为：以教授警察应用学术，养成警察人才。[③]

从整体上看，当时警察教育最具典型意义的课程体系为“学科＋术科”。其中，学科一般分为五类：一是政治学科，含党义、领袖言行、中国政治思想史、各国革命史、史地概论、政治学概论、经济学概论、社会学概论、国防问题、政治讲话等课程；二是军事学科，含典范令、战术、兵器、筑城、地形、交通、军制、国防概论、陆海空军概要、总动员概论等；三是警察学科，含警察法、违警罚法、警察实务、犯罪学、指纹学、验枪术、应用理化学、警察应用电气学、警犬信鸽使用法、警察人事管理、各国警察制度、战时警察业务、法医学，以及各警种的基础知识；四是法学学科，含法学通论、宪法、行政法、刑法、刑事诉讼法、民法概论、国际法等；五是辅助学科，含公牍、社会调查统计、群众心理学、地方自治、市政学、土地行政、监狱学以及外国语文、音乐。术科包括制式教练、战斗教练、阵中勤务、重兵器教练、作业实施、劈刺和擒拿等技术、体育等。[④] 以此为基础，经过多年的探索实践，由政治教育、军事教育、法律教育、警察专业教育、警察职业技能训练五大模块组成的职业化警务教育模式逐步

---

① 孟庆超，宫淑艳．近代中国警察教育之探索［J］．山东警察学院学报，2005（5）：123.

② 李显裕．“中央警察大学”校史［M］．桃园：“中央警察大学”出版社，2016：16－17.

③ 韩延龙．中国近代警察制度［M］．北京：中国人民公安大学出版社，1993：718－739.

④ 中央警官学校．中央警官学校概况［M］．铁道警察学院图书馆藏（影印本），39－44.

形成。

在此期间，水上警察教育于高、中、初三个层级上都有体现和发展，专业化水平得到逐步提高，理论研究也取得一定成果。如出版的《水警职守问答》，以问答的形式明确水警的应知应会，以便“负水上警察之责者，执行职务时，知所依据”。当时，还出版了由刘怀璞编著的《水上警察概论》，该著作堪称具有代表性的水警专著。中央警官学校也撰写了统一的《水上警察概论》讲义。该讲义提出，水上警察建设具有重大意义，因为“国运之发展，基于商业之发达，而商业之发达又与水运之良否，有密切之关系，故助长水运之发展，而保持水路之秩序，解除公共之障害，以图谋民生之安定，实为国家最重要之措施”。水上警察的任务，就是维持水上秩序，确保水路安宁。水上警察的管辖事项，主要包括水上交通、水上卫生、水上消防和其他关于一般犯罪之预防或举发等。①

但综合来看，水警教育与“陆地公安”的差距仍然较大，正如有学者所说，“惟以系大陆国家之故，举凡政府设施，学者议论，率多偏重于陆地公安，而于水上警察之法规学说，则略而不详”②。因此，实践中也多在警察通用的教育内容基础上，“参以水上情形”，补充一些具有水警特点的课程。当时的水警教育一般分为三个阶段：前期学习普通法学和警察学科等内容，中期学习水警必修课程，后期进行应用技术训练。其中，必修课程的学科类含气象学、地理学、海关法、船舶法、引水法、轮机学、中国地理、海港防疫、船舶丈量、海军礼节、航行规则、水位测量、各国海军概论、中国海军现状、水上安全法规等。在技术方面，含急救法、驾驶术、游泳术、万国旗语、轮机简单修理法、水上应用符号通讯法等。同时，警察教育高度重视水警的养成教育和常年教育，要求警官养成教育统一于中央警官学校，并在重要港口请海军部协助设直属专修班；长警教育按区域由沿海各省警察学校主办，各地舰队司令部协助，设班统一训练；对于普通员警，则是把表现优良者进行调训，以提高业务素质。③

在各地特别是水网密集地区，为适应水上治安需要，多设立专门的水警教练所进行专业化培训。例如，《湖北省水警教练所章程》对内河水警培训事宜作了

---

① 中央警官学校．水上警察概论［M］．中国第二历史档案馆藏（影印本），3－6.
② 水警职守问答［M］．铁道警察学院图书馆藏（影印本），1.
③ 刘怀璞．水上警察概论［M］．北平：中华警察学术研究社，1948：5.

专门规定，并于1934年经内政部核准，成为全国的模范。1945年水警教练所改建为水警训练所，在教育观念和内容上都有所发展，明确提出，“水上警察是一种专业警察，既要有普通的警察学识，还要具备水上生活的一切技能”。因此，在课程设计上，除学习警察学相关知识外，更加注重水警实务的讲授，如轮机摘要、舰艇常识、信号通讯、河川地理等。对从事巡艇服务的水警，则专办巡艇员警训练班，增加轮机学、舰艇战术、航行法规、驭舟术、信号通讯、舰炮概要、气象学要义、舰艇演习、船艺演习等科目，使员警“既懂法律政治军事经济等知识，亦晓畅海军常识、海商船舶等检查法规及驾驶轮机等技能”。此外，对警士警长的常年教育，则按照分局（所）、保警队、舰艇队等不同单位的特点，分别制定训练时间和内容。例如，分局及分驻所每日的学科、术科学习时间各为1个小时，保警队和舰艇队各为2个小时。其学科中，精神（政治）教育占总数的15%，警察学占40%，军事学占25%，史地数理化等基本学识占20%。术科则强调河川战术、信号通讯船艺、游泳等技能，占总数的40%。[①] 单从技术的角度来看，这种分级分类、学术并举、各有侧重的教育训练体系，充分体现了当时水警教育的专业化已经达到一定水准。

（四）新生时期的水警机构和水警教育

新中国成立后，水上警察队伍建设获得新生，进入了新的发展阶段。这一时期的主要特点是，水上警察权分散在多个职能部门，管理机制上除行政公安机关外，多以相关职能部门和公安部的双重管理为主。根据掌握的资料，截止到2018年，除军队的海军系统外，国家交通运输部、国家海洋局、海关总署、中国铁路总公司以及公安部、地方公安机关等多个主体，都设有相应的组织机构。整体上可分为以下三大板块：

1. 行业公安机关

以交通运输部门为主，管理体制几经变化。1953年，公安部成立交通保卫局（第十局），负责全国交通运输系统的保卫工作。1971年，国务院批准在交通部设立公安局，主管全国交通、铁道、邮电系统的公安保卫工作，将之列入公安部序列。1975年，交通、铁道、邮电三部分设后，交通部公安局单独存在，负

---

① 孙静．民国警察群体与警政建设研究（武汉：1945—1949）［M］．北京：人民日报出版社，2015：147－150.

责公路、航海、内河航运方面的公安保卫。2008 年，交通运输部成立后，仍设立公安局作为国家派驻在水运交通线上的专业公安机关，担负服务保障水运经济发展的使命，指导全国航运、海事、港口公安工作，负责本系统的维稳、国保、治安、刑侦、反恐、生产保卫、消防、交通监管等业务。各交通系统港务局、航运局、海运局、航务工程局等一般设公安局（处），下设分局（处）、派出所、民警队等基层公安机构。

此外，在 2018 年以前，中国铁路总公司因所辖区域的特殊性，也涉及水上警察业务，由内设的铁路公安局（被列为公安部第十局）及下属机构承担。如粤海铁路有限责任公司经营“两线一渡”业务，其中铁路轮渡的治安和反恐工作，由广州铁路公安局海口公安处具体负责。中铁渤海铁路轮渡有限公司经营烟台—大连铁路轮渡业务，治安管理工作由济南铁路公安局青岛公安处具体负责。

另外，还有海关总署的缉私局及各直属海关缉私局，承担走私犯罪案件侦查和行政执法工作等职责。2013 年，国务院将缉私局海上缉私队伍和职能划归中国海警局。

2. 行政公安机关

在涉水的地方公安机关中，如浙江、江苏、上海、重庆、广东、湖北、湖南、江西等地，一般都在相应的公安局之下设有水上公安局（分局）、派出所等，具体负责水上治安管理工作。浙江、广东、湖北、天津、江西等地还结合本地实际，出台了关于水上治安管理的行政规章。但公安部尚未设立专门的水警管理机构，也未颁布专门的水警和水上治安管理规章，主要由治安管理局等单位设立的相关相近机构，负责涉及的水上治安管理业务。

3. 公安海警机关

在二十世纪七十年代，公安部根据沿海治安形势需要，决定成立公安海巡部队。1987 年，各海巡支队改称为海警支队。至 1998 年，全国 11 个沿海省、区、市共设有 20 个海警支队，形成了“公安部边防管理局、边防总队、海警支队、海警大队”的四级组织架构。根据最高人民法院、最高人民检察院、公安部（以下简称“两高一部”）《关于办理海上发生的违法犯罪案件有关问题的通知》，公安海警的主要职能是：打击违法犯罪，维护海上治安；负责海上重要目标的安全警卫；抢险救难，保护人民生命财产安全；开展海上执法合作与交流等。

2013 年，为整合海上执法力量、提高执法成效，国务院将国家海洋局中国海监、公安部边防海警、农业部中国渔政、海关总署海上缉私警察的职责进行整合，重建国家海洋局，由国土资源部管理。国家海洋局以中国海警局的名义开展海上维权执法，接受公安部的业务指导，下设北海、东海、南海三个分局，并在11个沿海省、区、市设置了11个海警总队及其支队。① 其主要职责包括管理海上边界，负责海上重要目标的安全警卫，处置海上突发事件，综合行使海上治安、刑事、缉私、渔业、海洋环境保护、海域使用、海岛保护等执法任务，维护国家海洋权益和海上安全稳定。

2018年3月，中央印发《深化党和国家机构改革方案》，明确“按照先移交、后整编的方式，将国家海洋局（中国海警局）领导管理的海警队伍及相关职能全部划归武警部队”。由此，我国海上执法力量又迎来了从“海警队伍”到“海警部队”的重大转变。

从教育培训来看，目前还没有专门的水警专业和学历教育机构，各职能部门的警力来源以公安院校培养的公安专业学生为主。同时，各部门还依据形势任务需要，由各自所属的培训机构开展有自身特点的业务培训工作。此外，公安部所属的中国人民武装警察部队学院、公安海警学院两所公安现役部队院校，在相关专业中设有涉及海警教育的内容，但完整意义上体系化的水警专业教育尚未建立。例如，武警学院设有边防系、消防指挥系、警卫系等系部，开设边防指挥、边防管理、边防检查、边境管理等本专科专业。海警学院设有船艇指挥系、机电管理系、电子技术系等系部，开设航海技术（海警舰艇指挥）、治安学（海上治安管理）、轮机工程（机电技术指挥）、电子信息工程（海警信息指挥）、通信工程（海警通信指挥）、边防船艇指挥、边防通信指挥等本专科专业，为包括海警在内的公安边防部队培养指挥管理和专业技术人才。随着2018年党和国家机构改革以及全面深化公安改革的进程，武警学院现已改制为中国人民警察大学，办学定位将侧重移民管理、出入境检查、涉外警务、警卫、消防等专业人才培养，以及相关警种的民警培训等领域。公安海警学院则已经成建制划归武警部队。

---

① 赵旭辉．中外警务比较研究——公安改革思考［M］．北京：中国人民公安大学出版社，2016：200－201.

第二节　我国港澳台地区的现代水警机构和水警教育

我国港澳台地区在特殊的历史背景和行政区域下，水警机构及教育培训形成了不同的体制机制和运作模式，在我国乃至世界上都有鲜明特色和独到之处，是另一个特殊的构成板块。

一、香港特别行政区

香港警务处设有水警总区，下辖海港警区、港外警区、行动课、支援课、行政课五个部门，具体负责香港300公里海上界线内近2960平方公里海域范围的治安，其中包括244个岛屿。主要职责是维护辖区海上治安、保护性命及财产安全、侦查及防止海上罪案、反偷渡及打击走私犯罪等。

香港水警设有专门的训练学校，负责对新加入或轮岗到水警工作的警员的培训，内容涉及水上警务的方方面面。培训采取考取证书和重温课程的方式进行，颁发的证书得到香港海事处的认可。新警首先要接受4个星期的水警干练证书课程培训（包括航海、轮机等），然后进行12个月的海上工作，其间必须完成海上求生课程、小艇操作课程的训练，之后经过考试获得干练证书。此后，再完成12个月的海上工作，经水警训练学校8个星期的轮机或舵手训练，获得水警轮机或舵手证书；然后还要经过12个月的海上工作经验，再次回到学校进行8个星期的舵手或轮机培训，取得舵手或轮机证书，最后获得水警双牌证书。当取得双牌证书并晋升为警长后，再经过12个月的海上工作，可选择水警航海及指挥或水警机械主管方向进行12个月的培训，最终分别取得水警航海及指挥证书或水警机械主管证书，成为船艇航海或轮机方面的指挥员。[①]

二、澳门特别行政区

在澳门特别行政区，由澳门海关负责有关的水上警务，其历史沿革为：1868

---

① 黎宇轩．香港水警警务运作模式对水上公安工作的启示［J］．政法学刊，2006（4）：114－115.

年设立水上警察，隶属港务局。1975 年成立水警稽查队（PMF），由保安部队统一指挥。1999 年改称水警稽查局。2001 年再改名为澳门海关，具体行使水警稽查队全部职能，以及经济局（打击侵权）及劳工事务局（打击黑工）的部分职能。而根据《水警稽查队规章》，其管辖范围包括澳门地区附近之水域、港口范围及造船厂、水域公产以及通往外界之地方（指人及财物在本地区的出入境地带）。一般任务为：维持公共秩序及安宁，确保人身与财产之安全及保护，预防及打击犯罪，预防非法移民，监察货物之进口、出口及过境，监察对海事法律及规章之遵守，参与民防及应付紧急情况等。

澳门水警与治安警、消防警同属保安部队，其教育培训分为各部门管辖的训练中心、澳门保安部队学校两级。后者是澳门地区警察的高等学府，成立于 1988 年，主要承担警官课程、新警基础训练、警察进修与晋升课程三类教育。其中，警官课程设治安、水警和消防三个专业，学生一部分来自保安部队的警察，一部分来源于高中毕业生，学制为 4 年，对毕业生分别授予警务科学或防护工程及安全学士学位。警官课程的范围有法律、文化、心理学、地理学、社会学、数学、计算机、物理、化学、统计学、职业操守和有关治安、水警、消防的专业课程，以及各种基础训练课和语言课，共近 5000 个课时，并实习 7 个月。新警培训的训练内容为基础的法规、文化、语言、体能和简单的警务知识，为期 3 个月；然后还要到部门培训中心学习执法知识和技能，为期 3 个月；再经见习 5 个月后，合格者就可正式上岗执勤。进修与晋升课程包括职业操守及各种专业知识和技能培训，多为短期。各保安部队的员警每晋升一级，都规定有严格的学历、工作年限和业绩的考核指标，其中，晋升高级警官必须获得保安部队高等学校的学历和学位。①

三、我国台湾地区

我国台湾地区的水上警察建设，基本因承了清朝末期以来水警形成发展的模式，并保留了日本侵略台湾时的部分水警制度，同时依据其水上治安的现实需要，做了进一步改进发展，形成了具有一定规模的水上警察队伍。

---

① 辛民，马黎．澳门警察的高等学府——保安部队高等学校［J］．公安教育，2001（10）：47.

（一）水警组织机构

国民党政府败退台湾后，沿袭1936年颁行的《各级警察机关编制纲要》，准许各县市警局设置水上警察所；一些地方还自行设置了港务警察所，但均非真正的水上执法单位。1969年，台湾当局成立了“台湾省淡水水上警察巡逻队”，虽然其任务范围仅限于淡水河流域的巡防，但却被认为是其现今水上警察的前身。① 1990年，水上警察巡逻队改制为“内政部警政署保安警察第七总队”。

1998年，正值联合国第四十九届大会宣布该年为国际海洋年，台湾当局趁机成立了“内政部警政署水上警察局”。根据“内政部警政署水上警察局组织条例”，“水上警察局”的职责包括：海上犯罪侦防及警卫警戒等执法事项；海上涉外事务之联系、协调、调查及处理事项；执行海上犯罪侦防等事项时，对海上船舶或人员，得依法执行紧追、登临检查、扣留及逮捕事项；水上警察业务之规划、督导及考核等事项；其他依法应执行或协助的事项。“水上警察局”的成立，解决了某些机关的海上执行能力不足问题，被认为是台湾地区“水警发展历史上具有划时代的意义”的事件。②

2000年，台湾当局整合“海岸巡防司令部”“水上警察局”“关税总局”等军队、行政部门的相关机构成立了“行政院海岸巡防署”，负责在“内水、领海、邻接区、专属经济海域、大陆礁层与公海上得使行政管辖之事项及台湾地区限制、禁止水域”行使海域管辖权，从事海域执法、海事服务和海洋事务等业务。“海岸巡防署”下设“海岸巡防总局”“海洋巡防总局”两大实务部门，前者主要来自原军队的海岸巡防部队，分为北、中、南、东部四个地区巡防局，勤务范围为台澎金马地区海岸自海水低潮线以迄高潮线起算500米以内的岸际地区及近海沙洲，主要负责出入海岸管制区的检查管制事项，查缉走私、防止非法出入，船舶及其他水上运输工具非法进入海岸地区的管制和处理等。后者主要来自原警政署的水上警察局（前保安警察第七总队），分为北、中、南、东四个机动海巡队，主要负责海岸之外海域的相关治安管理和服务救护等业务。此外，在其行政警察组织架构中，还设有水上警察巡逻队，以及设在花莲、高雄、台中、基隆地区的四个港务警察总队。

---

① 吴东明．海巡应用科技［M］．台北：五南图书出版公司，2010：82.

② 边子光．海洋巡防理论与实务［M］．桃园：“中央警察大学”出版社，2005：29.

（二）水警教育训练

台湾地区的警察教育依据其“警察教育条例”的规定，“中央警官学校”为高级警察教育机关，可设本科，修业 4 年，授予学士学位；研究所硕士班修业 2－4 年、博士班修业 2－6 年，分别授予硕士、博士学位；得设专修科修业 2 年，授予专科学位。其水警教育，据此可分为大专、本科及以上两类学历教育层次。其中，大专层次由台湾警察专科学校以分科的形式进行，该校于 1998 年设置水上警察科，2000 年更名为海洋巡防科。[①] 本科及以上层次由“中央警察大学”内设的水上警察学系、水上警察研究所进行。

水上警察学系的课程设计，以通才兼具专业教育为目标，兼有大学教育（通才）及水警干部（专业）培育两种目的。其学士班课程分为通才教育、法学课程、海上知识技能三大群组，即传统的“学科”。其中，“通才教育”泛指基础学科课程，如国文、英文、海洋学、微积分、工程数学等；“法学课程”除宪法、法学绪论、刑法等共同法学课之外，还要修习国际海洋法、海巡法规、海上犯罪侦查等海上执法相关课程；“海上知识技能”分为海洋科技、海巡实务、航海、轮机等，海洋科技又包括海洋物理学、海洋生物学、航海气象学、海洋环境科学、环境科学导论等。此外，作为唯一采取航轮兼修的科系，其还设计了航海、轮机等相关课程，并鼓励学生报考航海、轮机特考，取得相关证书，以利于今后职场发展。除上述学科外，其术科包括警察专业武术训练（如摔跤、综合逮捕、射击等），海上技能相关证照即游泳救生、潜水、小艇驾驶，以及灭火、救生技能、人员安全与社会责任、基本急救与医护四项专长，以便培养“专业分工的优势学能”。海上技能一般在暑假实习期间进行，委托海洋巡防总局人员研习中心、中华航业人员训练中心具体实施，以贴近实际。所取得的合格证书，也是未来获得“二等船副”的重要证书之一。这种学术结合的教育模式，横跨法、理、工三种领域，体现了“专业化程度深、纪律化要求高、科技化需求强”的“水警教育特色”，使“水上警察学系毕业生赢得了允文允武之美称”。

其水上警察研究所成立于 1998 年，主要招收法律、航海或理工相关背景的大学毕业生，分“海洋科技组”“海洋法制组”两大类培养高等海域执法人才。其教育目标有五个方面：培养专精海洋法政的专业研究人才；强化海巡案件的处

① 章光明．台湾警政发展史［M］．桃园：“中央警察大学”出版社，2013：63－67.

理能力；培养专精海洋科技的研究人才；赓续与深耕关于海洋科技与海洋法政的研究；提升海巡机关幕僚的核心能力。鉴于海域执法是涵盖海巡舰艇科技应用、勤务理论与实务、海洋法律理论及海洋学等相关学门的综合性学科，其课程内容设计也被分成两大主轴：理论核心课程与独立研究课程，同时，要求以实务经验、法学素养、航海技术为基础，整合相关的学术理论，以互动教学方式，达到教学相长的效果。①

（三）水警教育训练的规划

台湾地区正在对当前及未来一段时期的水上警察教育训练框架，进行系统的研究和规划。在正规教育方面，主要有：（1）基层海巡人员教育：警专海洋巡防科。（2）海巡领导干部教育："中央警察大学"水上警察学系二年制技术及四年制正科等。（3）海巡专业学术深造教育："中央警察大学"水上警察研究所。（4）海域执法研究：设立海域执法研究中心。（5）海巡应用科技研究：设立海巡应用科技研究中心。（6）海洋事务规划研究：设立海洋事务执行策略规划研究中心。（7）海域执法及海巡技术等相关学程推广教育：台湾海洋大学、台湾"国防大学"、中正理工学院及高雄海事技术学院等校协助教育训练工作推广。（8）筹设海岸巡防学院或海岸巡防大学。先期以现有水上警察教育体系为基础，融合"国境警察"及岸巡等相关执法及工程学科，建设海岸巡防学院；未来时机成熟时再扩增相关电机、土木、造船、航海、轮机及海洋科学等学程，最终设立海岸巡防大学。

在职培训方面的规划，主要有：（1）以执行海域执法及海洋事务等为主组织专责目标，加强如海域犯罪侦防、海域交通安全、海洋污染防治、海难搜索救护、海域环境保育及海域渔业巡护等工作。（2）在海岸巡防署本部，设立海巡及海防等专业人员研习训练中心。（3）在研习中心，专责建立海巡执法、海巡科技等课程内容及教学绩效评价系统，构建海巡人员及干部的基础教育、深造教育和在职训练制度。（4）建立强化海巡应用科技设备等专长的人力教育训练中心机构，着重研究海巡执法、海巡科技设备研发等相关法理研究及实务应用。（5）建立强化海上交通管理、海洋污染防治等海洋事务专长的人力教育训练中心机构，以建立基础海洋事务设备等保修能量，回馈未来海洋事务科技设备应用

① 李显裕．"中央警察大学"校史［M］．桃园："中央警察大学"出版社，352－370.

研发及专业人员教育训练课程等规划。①

第三节　水域警务的概念界定和构成要素

基于水域警务的工作范围广及内河、湖泊、港湾和内外海等区域，加之相关部门不同程度存在的管辖权限分散，组织机构名称不统一，职责任务交叉，以及相关理论研究积累薄弱等因素，对于水（海）上警察以及水域警务的概念范畴、构成要素等，理论界一直缺乏清晰的界定和深入的研究。

一、相关的涉水概念

地球最显著的特征是70%的部分为水所覆盖，水不仅是人类的发源地，也孕育、维护和推动着人类文明的发展。在政治上，水域管理又涉及一国主权的行使范围，与国家利益直接相关。一直以来，涉水的相关概念既十分重要但又比较模糊，且存在诸多争议。下文主要汇集国际海洋法上的相关概念，以为继续讨论提供基础。②

（一）基线（Baseline）

其是确定国家海域管辖权限的起始线，起算点通常为陆地上的海岸。在国际海洋法中，基线不仅是国家内水与领海的区分线，也是所有国家海域管辖权的测算基础线。一般而言，由基线向外延伸12海里为领海，向外延伸24海里为毗连区（或称邻接区），向外延伸200海里则为专属经济区（或称专属经济海域）。在不同的海域内，各国行使管辖强度不同的权利。

（二）内水（Internal Water）

基线向大陆的一面水域被称为内水，包括潮间带、海岸与领海直线基线间的海洋、海港、河港、内河、内国湖泊等。内水在政治、经济、军事等各方面都具有重大意义，原则上国家对内水与港口享有与领陆相同的完全主权。在语义学上，内水又有广义、狭义之分，广义概念涵盖一切国家基线向陆一面的水域，包括淡水与海水；狭义概念则局限于国家基线向陆一面的海水水域，即咸水水面，

---

① 吴东明．海巡应用科技［M］．台北：五南图书出版公司，2010：193－194.

② 姜皇池．国际海洋法（二版）［M］．台北：新学林出版股份有限公司，2018：127－696.

又称“内海”。

（三）领海（Territorial Sea）

领海是指一条与海岸线平行，且延伸到离海岸一定距离的海水带。领海及其上空、海床和底土，均受到沿海国家主权的支配。领海的宽度有“大炮射程说”、“3 海里说”、“大于 3 海里说”以及“200 海里说”等，海洋习惯法一般认为 12 海里是领海的宽度限制。

（四）公海（High Seas）

传统上将海洋仅划分为公海与领海两部分，非沿海国家的领海或内水者即公海。随着各国对海洋利益的倚重日益加深，公海在横向和纵向上的范围都在缩小。一般而言，公海是指国家海域管辖外部界线向海一面的海域，但难以包括公海水域上空、海床、底土等空间范围。在性质上，根据《公海公约》和《海洋法公约》，公海不是“无主物”，而是“共有物”，是不属于任何国家，不受任何国家管辖，且不得为任何国家主张主权的对象。

（五）河口、海湾、港口

河口（Mouth of River），是指河流流入海洋的出口。如果河流注入海湾，适用海湾的规定；直接流入海洋，则适用海洋的特殊规定。海湾（ Judicial Bays），是指沿海国海岸线上，海洋深入陆地所形成的明显水曲的海域。国际法一般认为海湾与陆地有密切关系，应视为领土的一部分。港口（Ports），是指港湾或河流上具有天然条件或人工设施，而用于船舶停泊、装卸货物或上下乘客的地方。世界粮农组织的公约将港口界定为：包括用于卸货、转运、包装、加工、加油或物资补给的近岸码头和其他设施。各国都将港口视为沿岸国的内水，对其享有与陆地领域一样的主权。

二、水域警务的概念辨析

在历史发展上，水上警察作为一个警种在清代就已经诞生。而“海上警察”虽也在清代出现，但一直没有作为独立的警种存在，一般是在水上警察这一官方概念之下，将其作为水警的一部分对待。不过，在一些地方也有将内河、外海警察分设的实际情况。例如，浙江在北洋政府时期，曾设内河和外海两个水上警察厅；1933 年又将其分别定名为水上警察第一、第二大队，分别管理江、河、湖治安和外海治安；1936 年再将其改为内河和外海水上公安局。江苏等省除了设立省属水上警察外，还在沿海县设立水巡队，后者实际为海巡。① 此外，还有学者从学理的角度分析，对水警的分类更加复杂。例如，按管辖区域可划分为内河警察、外海警察、港湾警察、湖泊警察四类；按业务内容则可划分为渔业警察、船舶警察、航务警察三类。②

在现代警务实践和理论研究中，相关的概念有水上警务、水面警务、水上治安，航运公安、港务警务，以及海上警务、海事公安、海岸巡防、海洋巡防等多种名称。我国大陆相关的法律规章中，也有多种名称和界定。例如，《海上交通安全法》（1983 年 9 月 2 日）对“沿海水域”的交通安全管理作出专门规定，并在附则中指出，“沿海水域”的含义“是指中华人民共和国沿海的港口、内水和领海以及国家管辖的一切其他海域”。另在第十一章“特别规定”中，提出了“渔港水域”的概念。《港口治安管理规定》（1989 年 3 月 4 日）对客货运输港口的治安管理工作作出规定，提出了“沿海和内河”的概念，并明确“本规定由港口公安机关负责监督执行”。《反恐怖主义法》（2015 年 12 月 27 日）第二十条规定了“水上”货运的安全查验制度；第三十四条规定了“码头”“口岸”等重点目标的人员、物品和交通工具的安全检查制度；第六十一条对特定区域内实施“海（水）域”管制作出了规定等。

一些国家和地区对水上（域）、海上（域）概念的运用也不一致，相应警务机构的名称也不尽相同。一般而言，在内河、湖泊、港口等地区，各国均有水上警察机构，在性质名称上区别不大，但海上警察机构的情况比较复杂。如美国、加拿大、澳大利亚、新加坡、印度等国设海岸警卫队（Coast Guard），韩国设海洋警察厅（现已改为海洋警备安全本部），英国、日本设海上保安厅等。其中，日本海上保安厅原英译为 Japanese Maritime Safety Agency，2000 年又改为 Japan Coast Guard。这些分歧变化的主要因素在于 Coast 一词。美国在 1915 年成立了海岸警卫队（US Coast Guard），其名称中的 Coast 与 Shore 几乎是同义词，而海岸警卫队声称的执勤范围却包括内陆水域（Inland）、海岸区域（Coastal）和深水区域（Deepwater，即离岸 50 海里以上的海域）。由此可见，Coast 实际上很难涵盖整个海域的区分，如内水、领海、邻接区、专属经济海域以及公海。但因为

---

① 杨波．我国海上警察的建立及发展［J］．海洋开发与管理，2004（6）：34.

② 刘怀璞．水上警察概论［M］．北平：中华警察学术研究社，1948：3.

Coast Guard 历史悠久、沿用至今，且名声越来越响亮，很多国家为了与其接轨和交流的便利，都使用了 Coast 一词。2013 年，我国海警队伍成立后，英译名也为 China Coast Guard。

我国台湾地区有水上、港务、海岸、海洋、海巡等多个机构及名称。其“海岸巡防署”含海岸巡防、海洋巡防两个总局，而其警察组织架构中又设有水上警察巡逻队、港务警察总队等，似乎“海”是指海洋相关的水域，“水”是指内河、湖泊、港口相关的水域。但有台湾学者提出，“海洋”（Ocean）乃洋、海、湾、峡之首，属于海事地理学的范畴；而“海域”（Maritime Realm or Region）乃是国际海洋法中所规范设计的名词，即内水、领海、邻接区、专属经济区、大陆礁层以及公海，以作为国际海洋法规范的区域划分。由于国际海洋法与海域执法关系密切，因此“海域巡防”与“海洋巡防”是同义词；从各国海域执法机制来看，“海洋巡防”与“海岸巡防”“水上警察”“海上警察”也属同义词 。[①]此外，令人疑惑的是，台湾地区的海岸巡防署英译为 Coast Guard Administration，下设的海洋巡防总局却英译为 Maritime Patrol Derectorate General。更使人迷惑的是，其“中央警察大学”内设的水上警察学系，英译为 Department of Maritime Police，其名为“水上”，而 maritime 的主要含义则是“海上”“海事”。联合国所属的“国际海事组织”（International Maritime Organization），以及该组织所辖的专门处理海事安全性的机构“海事安全委员会”（Maritime Safety Committee）等，其英译名中的“海事”都用的是 maritime。[②] 另外，台湾警察专科学校起初开设“水上警察科”，后根据海洋巡防机构的变化又将其更名为“海洋巡防科”。除了台湾地区外，我国的香港、澳门地区似也存在同样的问题，即以“水”之名，行“海”之实。

综合来看，从词义上分析，“海上”显然不能涵盖内河、湖泊、港湾等区域，而“水上”又似难以涵盖港口、码头及周边地区。同时，这两个概念都难以覆盖水陆毗邻、过渡、交叉等区域，以及交通运输中典型的站（码头）、车（船）、线（路）一体化系统。此外，当前关于警种的划分一直缺乏明确、权威的标准，水警之名也少见于我国的法律规章。鉴于此，如果使用“水域警务”

---

① 边子光．海洋巡防理论与实务［M］．桃园：“中央警察大学”出版社，2005：33－34.

② 吴东明．海事安全与船舶设计［M］．台北：五南图书出版股份有限公司，2012：16.

这一概念，似可纾解困局并聚焦研究的着力点。主要理由有以下三个方面：

一是在实务上具有明确性和合理性。水上警察、海上警察等，以人和警种为界定标准，实践中难免造成过宽或过窄乃至与实务相脱离等问题；“水域警务”不以警种，而以“地域+业务”的界定形式，似更具客观性和规范性。

二是在概念上具有抽象性和包容性。从内涵来看，其概括性强，海洋、湖泊、江河等均可用“水”来涵盖。从外延来看，更具广泛性，传统意义上的水上、海上，相对静态的港口区域、内河湖泊区域、水陆连接区域的治安管理，以及动态的船舶交通运输线的客流、物流等安全保卫等，都可在“水域警务”这一词语中得到体现。

三是在产生上具有参照性和针对性。一般认为，一国之领域包括海域、空域、陆域。在这三个空间的执法中，陆域（领土）执法的历史最为悠久也最具规模，空域（领空）执法正在迅速发展。而海域（Maritime Realm）一词最初源自国际海洋法，关于海域的法律规范随着时代发展而不断演变，深具国际性，故在国际社会中衍生出了海域执法（Maritime Law Enforcement）的概念，即“以海域为执法之范围”。[①] 本书提出的水域，大致包括了海域和陆域的涉水地区，把针对这个空间的执法和警务，称为水域执法与水域警务，看来具有理论和实践的渊源。

三、水域警务的构成要素

关于这方面的研究，海上交通很具有借鉴性。“海上交通”一词是欧洲共同科技研究计划301号沿岸航海系统主报告提出来的，其含义为“系在特定海域（或空间）内发生，它包括使用这一空间的所有船舶的运动”。有学者据此提出，海上交通不是指“运动的船舶”，而是“船舶的运动”，也可称为船舶交通。现实中一切海上交通事故，都是在人、船、环境相互作用下发生的。要避免和减少海上事故的发生，就必须能控制人—船—环境系统。因此，海上交通安全管理系统的基本要素结构，是由人、船、环境、控制所构成的，每一要素都与其他要素有着紧密联系。在这四大要素中，控制的含义包括：指挥、管理、监督、克制、管辖、支配、调节、驾驭、处理、限制和抑制等。因此，控制不仅是狭义的管

① 边子光．海洋巡防理论与实务［M］．桃园：“中央警察大学”出版社，2005：35.

理，还包含对人、船、环境的控制与调整，对险情、事故的控制和限制。世界各国的海上交通安全制度，虽然执掌有所不同，规模大小有别，但其终极目标，均在于达到海上“治安、船安、人安、航安”四大要求。其中，又以治安为首要，是借法律执行，维护海上秩序，以达到海上治安、船舶安全、人命安全与航行安全。①

结合水域警务来看，基于其与海上交通管理和执法的相通相近性，上述人、船、环境、控制四大要素均可借鉴吸收。不过，考虑到水域警务的特殊性，还应在此基础上进行补充和调整。

其一，须将航道补充为要素。本书第一章中就提出，交通运输的构成要素一般包括通道、场站、工具、动力、环境和组织。其中的通道，表现在水域交通中就是航道，如果没有承载人与船的航道，就不能形成完整的交通运输系统，也难以体现水上交通所关注的“船舶的运动”。事实上，水上警察在初生发展时期，也被我国学者同时称为“水路警察”；而所谓水路，是指其水面上可供船舶舟筏等往来交通，包括国内水路与海洋两种。② 在当前我国相关法律法规中，关于航道的重要法律规章就包括《航道法》《国内水路运输管理规定》等。在生产实践中，航道是重要的水路运输基础设施，分为一至七级航道和等外航道。据统计，截至 2015 年年末，全国内河航道通航里程达到 12.7 万公里，其中，长江水系、珠江水系、黄河水系、黑龙江水系、京杭运河、闽江水系、淮河水系通航里程达到 11.3919 万公里。另据国务院 2011 年发布的《关于加快长江等内河水运发展的意见》，截至 2020 年，我国 1.9 万公里的“两横一纵、两网十八线”内河高等级航道应基本完成。同时提出，要利用 10 年左右的时间，建成畅通、高效、平安、绿色的现代化内河水运体系，这也标志着发展内河航运上升为国家战略。③

其二，须将港口补充为要素。交通运输构成要素中的场站，表现在水路运输中即港口，水路运输活动基本就是在以港口—船舶—航道为主体组成的、点线面结合的网状结构上运行的。在警务实践中，必须把“以港保船”、“以道保船”和“以船保船”有机结合起来，才能确保交通运输安全有序。在生产实践中，

---

① 边子光．海洋巡防理论与实务［M］．桃园：“中央警察大学”出版社，2005：366 - 367，406.

② 中央警官学校．水上警察概论［M］．中国第二历史档案馆藏（影印本），3 - 6.

③ 中国交通发展综合报告编委会．中国交通发展综合报告（2016）［M］．北京：中国铁道出版社，2016：115.

港口建设也是重要的水路运输基础设施。据统计，截至2015年年末，全国港口拥有生产用码头泊位31259个，其中内河港口生产用码头泊位25360个，沿海港口泊位5899个。全国港口拥有万吨级及以上泊位2221个，其中内河港口414个，沿海港口1807个。①

其三，须将货物补充为要素。交通运输的基本特点，就是交通运输业的生产（旅客和货物的位移），与生产对象的消费（人的旅行和货物的运输）不可分离、同步完成，其生产过程和消费过程是统一的。在交通运输生产过程中，人和物（物品的背后也有人的存在），是主体参与者，而不是被动的加工对象。结合警务工作，货物与旅客都是要保护和防控的对象，是治安控制的保护客体和防控客体。在生产实践中，货物和旅客的运输与服务都是检验交通运输业发展的主要标志。据统计，2015年年末，我国完成水路客运量2.71亿人次，比上年增加3%；完成旅客周转量74.34亿人公里，比上年减少1.7%。全国完成水路货运量61.36亿吨，比上年增加2.6%；完成货物周转量91772.45亿吨公里，比上年减少1.1%。

其四，宜将控制调整为组织。从词义上分析，海上交通安全管理要素中，“控制”的含义包括指挥、管理、监督、克制、管辖、支配、调节、驾驭、处理、限制和抑制等，显然是动词，指称行动，是无形的；而其他要素都是名词，指称静态的人或物，是有形的，这些有形的人物基于特定目标，相互影响、相互作用，构成了鲜活的交通运输活动。将这些动与静、有形与无形混合在一起，存在不协调和不在一个层面上表述的问题。对此的解决办法是，用交通运输构成要素中的“组织”来替换“控制”。这里的“组织”包含两类：一是监管治安机构及其人员，主要从事管理监督、防范控制、应对处置等工作；二是经营单位及其人员，主要从事生产经营、生产管理等活动。由此可见，“组织”在整体上既包含又不限于“控制”要素的含义，其性质类型与其他要素更具类似性、对称性和协调性。

综上，水域警务的构成要素，应是由旅客、货物、港口、船舶、航道、环境、组织所构成的安全管理系统。其中，旅客、货物是运输对象，港口、船舶、

① 林晓言．中国交通运输服务发展报告（2015）［M］．北京：社会科学文献出版社，2016：105－111.

航道构成了运输网络，环境是运输条件，组织是对运输的运营管理和指挥控制。水域公安机关的职责任务，是围绕这三类七个要素，分析治安状况，制定勤务规划，完善勤务指挥，加强勤务督导，推动任务完成，努力实现水域“治安、船安、人安、货安、航安”的整体要求。

第四节　水域警务的基本特性比较研究

有比较才有鉴别。一般而言，采用比较法的关键，在于各比较项之间有比较的可能性，简单的罗列并不是比较。这就要求，各比较项之间必须具有结构的类似性和功能的等值性，即确定合适的比较因子。以下拟撷取警务实践中比较突出的因素，从水上勤务与陆上勤务、水域警务与铁路警务两个层面进行比较，以期在分析鉴别中深入认识水域警务的基本特性。

一、水上勤务与陆上勤务

水上警察自诞生起，就与陆上警务存在紧密联系。中外水警起初组建的目的，多是为“补助陆上警察之不及”，缝合水、陆治安管理之间的缝隙，而水警的组织编成、警力驻屯、勤务模式等，也多移植或仿效陆警并加以适应性改造，两者存在诸多的共性特征。但是，两者的区别也同样明显。参考我国台湾地区学者的研究，以海上勤务为例，其与陆上勤务的差别主要体现在以下方面：①

（一）职能建制

与海上勤务相比，陆上勤务具有更悠久的历史，警察机关的职能任务明确，警务工作规范性强，职业化、专业化、正规化的程度比较高。警察队伍的管理体制也比较严密，中央和地方各级警察的事权划分比较清晰，彼此间存在明确的职责分工和密切的协作配合。另从警种划分来看，陆上警察内部的分工更为细致，如我国大陆公安机关就包括了国保、经侦、治安、刑侦、移民、交通、反恐、特勤、网安、技侦、监所、法制、禁毒、装财、科信、政工、监督等警种和业务。

而海上勤务，一般只有制服和便衣之分，在职能上集治安、消防、环保、灾难救助于一身。这种混合性的职能任务，常常造成海上勤务面临专业性、规范性

① 边子光．海洋巡防理论与实务［M］．桃园：“中央警察大学”出版社，2005：103－104.

不足的困境与疑问。在内陆水上治安领域，长期受“重陆上治安、轻水上管理”观念的影响，水上治安机关的职能任务、体制机制、警务保障等与现实需要之间都存在明显的不适应。其主要表现为关系不顺、管辖不清、职责不明的体制性障碍，管理模式僵化、基础工作薄弱、治安防控名不副实的机制性障碍，装备落后、待遇偏低、经费匮乏等保障性障碍，以及法律保障不力、执法不统一、执法不规范等问题。①

（二）交通工具

陆上勤务的交通工具种类繁多，包括警车以及普通汽车、自行车等，而且可替代性很强，紧急状态下还可征用任何交通工具。

而在海上勤务中，交通工具只有船艇。如果没有船艇，整个勤务就会陷入停顿，替代工具也难以取得，更无法步巡。因此，船艇是海上执法者的“第二生命”，其重要性不是交通警察的巡逻车、刑事警察的侦查车等可以比拟的。

（三）勤务规范

陆上警察的勤务，依据通用的规章条例、执法规范进行运作。此外，一般关于勤务方式以及警务原理原则的研究，往往以陆上警察为适用对象。实践中，常规的警务体制、运行机制、勤务模式等，也主要是针对陆上治安的需要而设计的。例如，我国现行《治安管理处罚法》等法规规制的违反治安管理的行为，主要是陆上的行为，而对水上发生的违反治安管理行为则很少规制，导致水上治安管理在对非法扣船、非法采沙、非法造船、非法运营和强迫交易、霸河霸港、聚众堵塞航道等常见违法行为适用法律，以及水上公安机关在查处治安案件时采用的执法程序和执法方式等方面，都面临依据不足、权限不明或交叉混淆等突出问题。②

海上勤务的范围，往往受到国内法和国际法的双重规范，勤务方式多为紧追、登临、检查等。一些陆上执法的方式，不一定能在海上执法中适用。而水上治安，在实践中多套用甚至照搬陆地的属地管理原则和执法方式，缺乏符合自身需要的警务机制和勤务模式。而在理论研究上，关于海上、水上警务的研究往往

---

① 赵一龙．构建杭州现代水上警务机制初探［J］．公安学刊，2007（3）：15－16.

② 邓国良，韩选新．水上治安管理适用法律：问题、困惑与对策［J］．江西公安专科学校学报，2009（1）：112－119.

不为学界所重视，相关的理论成果也比较薄弱。

（四）基本单位

陆上勤务的基本单位，在长期的警务实践中相沿成习，除了警务区外，还有警察局、分局、派出所等设置，虽然可以调整裁并，或者改变驻屯的地点、方式，但稳定性相对较强。

而海上勤务的基本单位，主要是快艇与舰船，具有浮动的性质，且机动性、灵活性强，可以根据治安状况和海事服务的需要，进行及时的调整或实施快速的支援。至于水上公安机关的基层机构设置，目前普遍比较薄弱，有的设水上派出所或水上大队，有的挂两块牌子，还有的与治安大队合署办公等。如何加强基层单位建设，确保水上治安工作有依托、有阵地，是构建水上警务机制亟待解决的重要基础性问题。

（五）户籍人口

陆上治安管理的一个重要手段就是户籍和人口，故勤务方式有警区或户口查察等。且陆上治安以社区服务管理为基础，强调通过警民合作共同防范、打击违法犯罪。

而海上只有“运动的船舶”和“船舶的运动”，没有户籍人口，因此，海上治安和海上服务的内容方式与陆上显然不同，主要包括海事安全、助导航、航安信息发布、搜索救助等。在水上治安管理中，登船入户、水面巡逻等往往是水上勤务工作的主要方式。

（六）涉外程度

陆上勤务就全部警察治安而言，涉外因素的比例虽然随着时代发展和对外开放程度的增强而迅速增加，但从整体上看份额仍相对较小，或者说不是日常工作的主体部分，政治敏感性和急迫性也相对不突出。

而海上执法往往涉及国际海洋法的执行，案件的涉外性强，经常面临国家与国家之间、国家与地区之间的执法问题，如跨国犯罪的处理、公海执法、专属经济海域和重叠海域的渔业纠纷处置，甚至业务涉及领土岛屿之争等。这些都需要海上警察站在第一线，及时进行初步清查和应对处置。因此，在一定程度上可以说，海上勤务的政治敏感性较陆上更为突出。

二、水域警务与铁路警务

比较铁路警务与水域警务的异同，分析两者的共性特征，不仅可以深入认识水域警务的特性，还可从其与铁路警务的相通相近中，探寻参照铁路警务人才教育模式开展水域警务人才培养的可行性。以下将从发端起源、管理体制、工作内容、警务要素、执法环境等方面，尝试分析铁路警务和水域警务的共性特征。

（一）发源于军队并深受军事化管理模式的影响

从水域警务来看，在新中国成立前，各大解放区的水上运输安全保卫工作基本上由解放军和民兵等人民武装力量承担。其中，设有内河航运的企业都由解放军实行军事管制，轮船也由解放军武装护航队护航。全国解放后，各地军事管理委员会和人民政府按照“按各系统，自上而下，原封不动，先接后分”的原则接管水上运输企业，并设立专门的公安保卫机构承担安全保卫任务。1952 年 2 月，长江航务管理局公安处成立，其被称为“航务系统建立的第一个公安机构，标志着我国水运警官的诞生”①。此外，新中国成立后，一些沿海公安边防机关也陆续建立了海上公安巡逻力量，并于 1952 年根据中央军委命令统一命名为“中国人民解放军公安第 X 海巡队”，这就是公安海警的前身。②

而人民铁路公安机关，据学者考证，是在 1945 年由我军接管旧铁路开始创建并逐步发展起来的。同年秋，在河北张家口建立的北绥铁路警务处，被称为最早建立的人民铁路公安机关。1949 年 3 月，中央军委铁道部及其公安局成立。新中国成立后，其改为中央人民政府铁道部及其公安局，自此其从党的部门变成了政府的行政部门，滕代远将军任铁道部部长，并兼任铁道部公安干部学校的校长。

可以说，军事化是警察教育重要的“DNA”。近代警察教育创办伊始，就与军队保持着千丝万缕的联系，教学与管理中军事化的特点一直十分浓厚。清末第一代行业警察几乎都是由旗兵、绿营、团练等改头换面而来的，水上警察则基本由各地水师直接改建，军官转任警官十分普遍，由此带来了严格的军事化管理模式和浓重的纪律等级观念，教学中的军事课程也始终占有相当比重。在“学科 +

① 警官素质与研究课题组．警官手册［M］．北京：中国人事出版社，1998：183 - 184.

② 杨波．我国海上警察的建立及发展［J］．海洋开发与管理，2004（6）：34.

术科”的课程结构下，早期的术科也主要由军事训练组成。外国警察也有类似情况，如德国1919年就将海军的一部分改编为水上警察。这种参照军队的模式，对于促进集中统一管理，养成良好纪律作风等具有十分重要的作用，但过于强调整齐划一，无形中会阻碍学生的人格和个性发展，导致平等、民主、独立意识薄弱，创新精神缺乏。对此，早在二十世纪三十年代就有学者提出反思意见，认为这种“只要学会立正报告，服从师长，即视为成绩优良”的教育管理模式，“所造就之学生，不军不警，非牛非马”，即使投身警界，“实不过增一治人之警察官僚，决非得一治事之警察人才”。[①] 时至今日，如何科学处理好警务化管理与学生个性创造性发展的关系，仍是各公安院校面临的重要课题。

（二）管理体制上多实行双重管理和垂直领导相结合的体制

在水域警务中，以最具代表性的交通运输部公安局为例，其长期作为国家派驻在水运交通线上的专业公安机关，被列为公安部第十四局，实行交通运输部、公安部双重领导，业务工作以公安部为主的管理体制。而地方的分支结构则实行垂直管理，由交通运输部公安局管理指导各航运公安局、港口港区公安局、海事公安局。

铁路公安系统自2009年实行管理体制改革后，被一次性整体纳入了国家司法管理体系。铁路公安局被列为公安部第十局，实行中国铁路总公司和公安部双重管理的体制，业务工作接受公安部领导。而在铁路公安系统内部，则实行铁路公安局、18个区域铁路公安局、铁路公安处三级垂直管理体制；18个区域铁路公安局的业务工作，同时接受驻地省、区、市公安厅（局）的领导。[②] 这种体制一直延续到2018年的行业公安机关管理体制改革时期。

（三）警务工作内容具有综合性

以港航公安机关为例，其是公安工作的重要组成部分，但与治安、刑事、消防、外事等业务警种不同，它的工作内容不是单一的，而是涉及公安业务的方方面面，综合性特点十分明显。港航交通运输安保工作的业务包括：港区安全管理（客运、货场库房、道路交通、外来人口）、客船安全管理（乘警随船安全保

---

① 肖朗，施峥．中国近代高等警察教育综论［J］．浙江大学学报（人文社会科学版），2007（1）：127－128.

② 解新喜，朱士传．铁路公安民警基础知识读本［M］．北京：中国人民公安大学出版社，2016：8－9.

卫)、港区消防管理、航运治安管理（客船治安、警卫、船舶消防)、船务工程治安管理（港口工程)、远洋运输安全管理（反偷渡、防劫船、防破坏、防海盗)，等等。[①] 其中，既有治安、刑侦，又有消防、警卫；既有行政执法，也有刑事司法。由此，港航公安队伍也被视为“特种警察”的一个类型。

铁路公安机关作为典型的“特种警察”，业务工作具有十分突出的综合性特征。根据相关规定，铁路公安机关的主要职责是维护铁路治安秩序、保证铁路运输安全畅通、保卫旅客人身财产安全等，同时还肩负国家安全部赋予的铁路反间谍侦察职能。从整体上看，铁路公安机关在职能任务上，除户籍、出入境管理外，具备行政公安机关的其他所有职能。

（四）警务工作要素具有同一性

就典型的水域治安管理而言，其工作对象包括：水域，含领海、江河湖泊、大中型水库等；船舶，含水上各类浮动排筏、趸船、平台；从业人员，即船民和作业人员；相关场所，如港口、码头、渡口、船闸、堤防护岸、滩涂等；基础设施，包括航标、水下通信电缆、导航领航设施、桥梁、涵洞、市场、公共娱乐场所、特种业务等。[②] 而铁路治安也含有区域、线路、人员、场所、基础设施、内部单位等类似的工作对象。如果再对其加以抽象，两类警务在空间范围上的共同特点，可以视为是以站（港口）—车（船）—线（铁轨、航道）为主体组成的、点线面结合的网状结构。

此外，两者共同的工作要素在交通运输实践中所表现出来的基本特性，似可简要归纳为线路固定、位移跨区、空间狭窄、客货密集、科技集成等方面。这些共同要素和特性，使两者的警务工作具有内容上的相通性和勤务方式上的相近性。

（五）执法环境具有行业相关性和开放性

铁路与港航等同属交通运输部门，是国民经济的大动脉、国家重要的基础设施和大众化的交通运输工具，连接城市乡村、国内国外各个区域，沟通生产、流通、分配、消费各个环节，与经济社会和生产建设密不可分。当前，我国交通运

---

① 警官素质与研究课题组．警官手册［M］．北京：中国人事出版社，1998：924－950.

② 熊一新，李健和．治安管理学概论（修订本）［M］．北京：中国人民公安大学出版社，2007：179.

输事业的一个重要发展战略，就是大力推动“铁水联运”，实现集疏运体系的快捷化和高效化，并将“铁水联运”作为“一带一路”特别是二十一世纪海上丝绸之路的海运衔接建设的重要通道，不断完善综合交通运输体系。① 这两大部门的公安机构，既是国家派驻在该部门执行治安职能的行业公安机关，又是该部门自身的保卫机构，业务工作具有点多、线长、面广，与其他行业、部门联系广泛等突出特点，表现出十分鲜明的行业相关性和业务开放性。

例如，港航公安机关和水上治安机关，就与水上运输业、渔业、水产养殖业、旅游业等水上行业紧密相联，与港口码头等陆上单位密切相关。这种复杂的环境、开放的水域与便捷的交通相结合，再加上人船财物高度集中且处在全方位、大流动的运行状态，旅客乘降频繁，情况瞬息万变，使水域违法犯罪活动具有突发性和流动性，往往呈现水上作案、陆上逃窜，陆上作案、水上藏身，水陆互涉的鲜明特点。同时，由于船艇行使在广阔开放的水域，公安机关的定点防控和机动巡控难以覆盖所有区域、所有时段，导致水上报警求助难、警察快速反应难、调查取证难、依法打击难，严重影响执法效率。②

铁路警务也具有类似的特点。我国铁路四通八达、纵横交错，紧密连接各行各业，广泛带动上下游产业，是经济社会发展、百业兴旺发达的基础和保障。特别是随着以铁路为主要力量的多式联运体系的发展，以及高铁沿线经济带的形成，推动人口、资源、信息、城镇、客货流高度集聚，交通干线和以第二、第三产业为主的产业体系、城镇群等协调发展，不同层面的产业链、知识链等围绕铁路复合联动，带来了社会经济科技等各领域的重大变革和发展。这些都使铁路事业的行业相关性和开放性更加突出。由此，铁路治安问题也与各地区、各领域、各行业紧密相关、联动共变，铁路治安秩序往往是所在地、途经地社会治安状态的直接反映。“铁路一条线，连着地方一大片”的俗语，就是对这种状况的生动写照。铁路及其警务的行业相关性和开放性，不仅深刻地影响着铁路警务的构造、机制和模式，也对警察队伍的素质提出了特殊要求。铁路公安民警不仅要掌握公安专业知识，还要掌握与本行业相关的铁路专业知识，广泛涉猎社会各领域

① 林晓言. 中国交通运输服务发展报告（2015）［M］. 北京：社会科学文献出版社，2016：113－114.

② 邓国良. 警察执法前沿理论探析［M］. 北京：中国人民公安大学出版社，2014：131－132.

各行业的知识，只有这样，才能有针对性地制定实施防范打击措施，保障警务工作的科学性和有效性。在警务模式上，内部勤务要求民警必须适应所在行业的运转规律和工作节奏，确定相应的警务运作机制和作业方法；外部勤务则必须打破区域和行业封锁，加强与当地公安机关的协调配合，实行条块结合、联勤联动的警务机制，形成共建共治的社会治安综合防控体系，共同确保铁路运输生产安全有序。

铁路警务和水域警务的共同特性表明，两者具有明显的相通相近的特点。当前，水域警务对职业化、专业化、正规化教育培训的要求日益迫切，而公安院校对此的研究和实践尚属空白。铁道警察学院亟宜认真总结建校以来开展铁路警务教学科研、人才培养的成功经验，按照“相通相近、逐步拓展”的路径，从深入开展铁路轮渡反恐、水域警务理论研究，主动承接相应的在职民警业务培训工作入手，抓紧从中开发课程、孕育学科，积极储备人才、锻炼队伍，并加强与有关主管部门的沟通汇报，加快建设水域警务教育机构的步伐，尽快开展专业人才教育。

第五节　水域警务教育的初步构想

鉴于前述涉水警务概念上的不确定性，综合考虑水警发展中的传统与现代、整体与个体等相关因素，结合教育培训工作实际，可将水域警务视为传统的海警业务和水警业务的整体、上位概念，而把水域警务教育划分为海警教育、水警教育两种。其中，海警教育宜主要由公安海警学院进行，以通行的海岸警卫队性质的武装执法教育为主。铁道警察学院应抓紧探索开展水警的专业化教育培训。在此基础上，为发挥铁警优势、扩大服务面向，夯实学科基础、丰富学科结构，还可参照我国台湾“中央警察大学水警研究所”的模式，适时开展海警双学位教育（如早期的经侦教育模式）或第二学位教育，直接从航海类大学毕业生或者转业海军（警）中招生进行培养。待条件成熟时，再探索开展研究生层次的教育。

一、海警教育

我国是世界海洋大国，拥有 1.8 万公里的大陆海岸线、近 40 万平方公里的领海和内水、200 多万平方公里的大陆架和 6500 多个岛屿，可管辖海域共约 300 万平方公里，海洋渔场总面积为 281 万平方公里。建立一支多职能的、统一的海上综合执法队伍，实行海上综合执法一元化，是世界各国海洋综合管理和执法的成功经验，也是多年来我国学界和实务界的强烈呼吁。我国海上执勤执法体制过去存在的种种弊端，更是亟须建立一支“近能管理、远能维权、平战结合”的海上综合执法力量和管理机构，以此来抵御非军事入侵、维护海洋权益和实施海洋管理。[①] 2013 年，中国海警局的成立，使原公安边防海警、中国海监、中国渔政和海关总署海上缉私等执法力量得到整合，初步形成了一支有力的海上综合执法队伍。

在机构职能统一后，教育培训体系必然需要整合。从当前教育培训现状来看，公安海警学院拥有相对完整的学历教育与干部培训体系，中国海监无职业学历教育但职业培训体系较为成熟，中国渔政无职业学历教育但职业培训体系相对完整，海关总署的海上缉私警察尚无独立的教育培训体系。鉴于此，应以公安海警学院为主，将四支队伍的教育培训资源进行整合，建立统一的海警教育培训体系。[②] 实行这种模式，不仅在于海警学院拥有相对完整的人才培养体系，还在于海洋环境的特殊性决定了海上生产或管理团体往往具有军事或准军事的组织形式，那么海上执法力量也必须实行军事建制、实行军事化管理，强化执法力量的权威性、严肃性和震慑性，以保证海上执法高效、快速、有力，更好地维护国家海洋权益。[③]

公安海警学院作为海警队伍唯一的高等院校，办学 30 年来一直是海警船艇操纵、轮机人才和执法人才的主要来源，完全应该也有能力承担这一使命。当然，面对当前我国严峻复杂的海上执法维权形势，尚需对现有的课程教学体系进行改进完善，克服有学者指出的问题，包括课程学习内容与毕业实习内容没有明显区别，学习时间短，教与训都不到位；不能做到“顶岗”实习，缺乏实际执法能力的训练；实践教学环节“不考证”，不利于强化学员的任职能力意识，不利于推进专业化、职业化发展；不直接参与航行指挥和保障，缺乏航海作风和领

---

① 徐宽宥．论我国海上执法力量的整合与构建［J］．武警学院学报，2005（1）：59－61.

② 阮志刚，何博．中国海警教育培训工作的既有格局及其启示［J］．中国水运，2016（8）：80－82.

③ 李培志．我国海上综合执法存在的问题及对策［J］．公安教育，2004（3）：33.

导能力的训练，从而不断提高海警教育培训工作的职业化、专业化、正规化水平。[①] 2018 年 7 月，在公安现役部队管理体制改革中，公安海警学院已经成建制划归武警部队管理。其后如何进行办学定位和人才培养，还有待观察。

二、水警教育

这是当前理论研究和实践积累均相对薄弱的领域，我国大陆各高校尚无专门的水警专业学历教育和系统化的职业培训体系，而我国港澳台地区的“水警教育”则更具海警教育的色彩。这就要求我们既要从传统水警教育中汲取有益经验，更要根据当前的实战需求不断进行探索总结。

关于水警教育的服务面向，应适应当前“大交通”的格局和未来整合发展的趋势，深入分析各涉水治安机构对专门人才的培养需求，切实发挥铁道警察学院作为公安部所属院校的优势，立足大局、统筹兼顾，努力成为行政公安机关和行业公安机关共同的水警人才培养基地。具体而言，主要服务面向有两大类：一是行政公安机关的水警机构，二是行业公安机关的港航、铁路轮渡等相关治安机构。在目前没有相应专业学科的情况下，可先在治安学专业之下设置水域警务专业方向，通过“教、学、练、战一体化”的培养模式，有针对性地造就忠诚可靠、纪律严明，基础宽厚、专业精深，技能娴熟、体魄强健的实战化应用型人才。

关于课程设计，宜充分考虑当前路面、轨道、水域、航空等多种交通方式协调发展，以及物联网、大数据、云计算等高新科技对社会治安防控体系和警务运行机制的影响，采用通专结合、学术并举的思路，形成以通用基础课程、公安学课程、交通管理学课程、警务专业技能、水上知识技能五大群组为主体的课程教学与技能训练体系。其中，在通用基础、公安学课程方面，可依托铁道警察学院现有的课程体系，适度调整并向水警聚焦，强化数据警务、智慧警务等内容，夯实理论与技术支撑，打牢专业基础，增强发展后劲。在交通管理学课程方面，可根据“大交通”格局的需要，加强与公安部交通管理科学研究所和地方交通大学的合作，引进、开发一批相应的课程，充实丰富课程学科结构。在警务专业技

① 赵旭辉．中外警务比较研究——公安改革思考［M］．北京：中国人民公安大学出版社，2016：202－203.

能方面，应充分发挥铁警在站车线安保、查缉战术、密集人群控制、反恐指挥战术等方面的优势，依据水上警务的需要加以改进提炼，形成水上查缉、水上消防、水上警卫、水上反恐等特色课程。在水上知识方面，应包括地理学、水文学、气象学、生物学、环境学，以及轮机、船艇、机械、通信、雷达等；水上技能应包括水上搜救、船艇驾驶以及游泳、潜水等，并要求学生取得水上救护、船艇驾驶证书。在实训实习环节，应高度重视船艇的实操实战训练，培养学生的指挥能力、应急情况下的判断处理能力、水陆协同能力和相互间的协调配合能力。努力通过“学科＋术科＋证书”的复合模式，充分体现水警教育的专业化、纪律化、科技化、实战化特色，为水域治安机关培养高素质的专门人才。

第五章

空域警务论

在交通运输警务中，空域警务与水域警务一样是综合性的概念，包含航空警务和警用航空两大涉航警务。其中，航空警务属于行业公安机关的工作，由民航公安机关承担；而警用航空则由行政公安机关的警航部门负责，主要职责是组织各类警用航空器执行任务。两者的管理主体、基本属性、职能任务、执法区域、勤务要求等都具有本质差异。

本章将把视角投向空域警务，简要梳理中外航空警察的组织机构和人才培训源流，回顾我国警用航空工作的发展历程，并在此基础上，辨析界定有关概念和空域警务的内涵，探索构建航空警务的基础理论和专业理论体系，最后提出开展空域警务人才培养工作的基本路径。期待以此引起学界对这一课题的重视和探讨，并尽快付诸实践，以服务我国航空警务和警用航空工作的迫切需要。

第一节　航空警察建设的源流

自 1903 年美国莱特兄弟实现了人类的飞行梦想后，航空及航空运输开始萌芽成长。有了航空运输事业，必然就有航空运输安全问题。随着世界航空运输业的不断发展，基于航空运输极易受到干扰、威胁和破坏等特点，如何确保航空安全遂成为世界各国普遍关注的重要问题。

一、国外航空警务组织机构及训练发展概况

欧美诸国的航空运输业先行一步，因此也较早开始对航空运输安全和航空警

务问题进行研究，并探索开展专业人才培训。在第一次世界大战期间，飞机已经不限于民用，还被投放战场用于军事作战。“一战”结束后，民用航空开始得到大发展。1919 年年初，德国首先开展了民用航空运输。随后，英国等国家也相继开展定期的航空运输活动。同年 10 月 13 日，根据法国政府的建议，《关于管理空中航行的公约》（又称《巴黎公约》）签署，这是世界上第一部国家间的航空法。随着民航事业的发展，威胁航空安全的行为随之出现。1931 年 2 月 11 日，南美洲的秘鲁发生了非法劫机事件。这次事件是一些反政府分子利用航空器来宣传反政府活动，也是世界民用航空史上出现的第一起犯罪行为。① 这些因素引起了世界各国对民用航空安全工作的重视，航空警务也随之诞生。

（一）初创时期的情况

关于欧美国家航空警务初创时期的情况，相关的研究资料十分匮乏。根据 1935 年时任内政部警官高等学校校长李士珍考察欧亚十五国警政的资料表明，欧洲早期主要基于防空和城市安全的需要，设立了防空警察或航空警察从事相关的警务工作，并开展初步的知识技能训练。其主要特点是，先期军民一体，逐步走向军民分开，后在实践探索中将航空警务与航空业务进行区分，推动航空警务及训练工作得到初步发展，并渐具雏形。

1. 德国防空警察

德国最早开展民用航空，其航空警察的出现也较早。在二十世纪二三十年代，德国的特种警察中就设有防空警察序列。该国的防空事务统一于航空部，下设航空司、军事防空司和民事防空司。其中，民事防空司负责管理民事防空的组织、训练、设备与救护等事务。平时，民事防空的侧重点在于训练和设备，主要包括建设各种防炸、防毒设备，组织工程救护队等，为此还设立了全国防空协会，专门负责培养防空干部人才。战时，民事防空的侧重点在于防范与救护，主要包括探守报告、安全救护（如秩序维护、消防、工程救护、排毒、医疗、失所救护等）、人民自救、工厂救护、夜间防空及灯火管制等。

关于人员训练，共分为三个层次：一是中央防空干部学校，在全国防空协会领导下专门负责培养防空干部人才，建有各种地下室、防毒器具、防火练习房、救护实习室、防空陈列所等设施，开设德国危险概况、各种防空组织及相互关

① 刘昊阳．航空犯罪及防控体系理论研究［M］．北京：中国民航出版社，2011：131.

系、防炸防毒情形、防范与救护等课程。训练方法是以25人为一组，由32位教官分别指导，并在课程结业时做联合大练习，使学员能够亲身体验参证。二是各省干部学校，由各地自行筹办，共有15所，训练内容和方式与中央防空干部学校略同。三是民众训练学校，全国共有2200处，主要负责训练提高民众的防空意识和防空能力。①

2. 英国防空警察

1934年，英国鉴于都市安全形势日益严峻，遂在其内政部设立民事防空处，负责设计并指导全国的防空事务。在筹备期间，防空处设司令1人，从现承担防空工作的官长中调任；视察员2人，由专门的技术工程师担任；另有内部勤务人员6人。各地设防空委员会，由内政部防空处指导，负责办理各地防空事务。

英国的防空训练分为普通和特别两种。普通训练由政府编成防空小丛书普及防空常识，并开展相关演习；特别训练则专门设立防空训练所，选择优秀警士和志愿学习者入所训练。②

3. 奥地利航空警察

奥地利在特种警察中，专设有航空警察序列。其航空警察主要设在维也纳飞机场，由所在地警署派警官2人、警士52人组成，除受该警署监督节制外，并受督察处交通指挥组的指挥。航空警察的主要任务有五项：飞机场的警戒；飞机升降的指挥；飞机起飞前及到达时旅客护照物品的检查，并将涉嫌偷税者移交税务机关，刑事犯罪者交由刑事总管处办理；飞机种类、人数、物件及时刻等事项的登记和报告；执行国际航空规则。③

（二）第二次世界大战后的发展

"二战"后，欧美作为世界航空业的发源发展地，一直在航空领域保持领先地位，是世界上经济最发达、航空运输最繁忙、技术保障水平最高的地区，航空警务也随之得到快速发展。

1. 航空安保

1955年，欧洲为保障航空运输系统的安全、高效和持续发展，并考虑环境

---

① 李士珍．现代各国警察［M］．北平：商务印书馆，1935：34－39.

② 李士珍．现代各国警察［M］．北平：商务印书馆，1935：246.

③ 李士珍．现代各国警察［M］．北平：商务印书馆，1935：99－100.

保护的要求，成立了欧洲民航会议（European Civil Aviation Conference）组织。该组织规定，航空保安问题统一由“保安工作组”负责。至二十世纪六十年代末期，鉴于暴力犯罪活动急剧增加，并严重影响到民用航空安全，欧洲推动联合国国际民用航空组织（International Civil Aviation Organization）于 1970 年 6 月召开了特别会议，专门研究航空安全问题。

1974 年 3 月，国际民航组织理事会通过了有关航空保安的标准和建议措施，并被指定为国际民用航空公约的附件 17，即《保安——保护国际民用航空免遭非法干扰行为》。这是航空警务领域的一份重要规范性文件。1985 年，欧洲民航会议根据该文件，制定了 ICAC30 号文件即欧洲航空保安手册，确立了航空保安审计和成员国合作机制，敦促各国建立航空保安主管机构，并推出了航空保安计划、保安措施和标准等。1997 年 11 月，欧洲航空保安训练学院成立，专门负责为欧洲各国提供航空保安课程，并组织各种专题研讨会，集中讨论特定的航空保安课题。2002 年 12 月，欧洲议会和理事会颁布欧盟规章 2320/2002，在成员国间统一航空保安标准，推行国家航空保安项目，并监督规章的执行情况。同时成立了专门负责航空保安的委员会，各成员国代表参与其中，主席由欧盟委员会的代表担任，协助欧盟委员会开展民用航空保安工作。①

2. 空中警察（空警）

在这一时期，欧美航空警务另一个引人瞩目的发展就是空中警察队伍的建设。美国是世界上最早组建空警的国家。1961 年，为打击频繁发生的劫机犯罪，肯尼迪总统创建了第一个美国空中警察项目，挑选 18 名被称为平安警察（Peace Officers）的人员，由联邦航空管理局（Federal Aviation Administration）负责培训，专门服务于高危航班。1970 年，尼克松总统提出了“反劫机计划”，授权各航空公司随航班配备空中警察（Air Marshals）。1985 年，里根总统要求国会增加国际航班空警人数。两年后，空警一度达到 400 人，但随后慢慢减少，到“9·11”事件发生前仅有 33 人。

2001 年美国“9·11”事件的发生，被称为世界民航安全保卫工作的“分水岭”，推动各国航空安保工作发生了质的改变和快速发展。其中，空中警察建设

---

① 刁伟民．航空保安［M］．北京：中国民航出版社，2008：143－146.

被视为“防范‘9·11’类型的劫机事件的最后一道防线”，盛行于世界许多国家。① 在美国，布什总统要求大力加强空中和陆路交通安全，并大量招募空中警察，派往国际国内的各条航线上执行安全警戒任务。② 同时，政府推动制定了许多航空和机场安全政策，颁布了一系列法律法规，全面革新航空保安系统。2001年11月，美国国会通过了航空和交通保安法（Aviation and Transportation Security Law），其主要内容有：一是要求在运输部新设立交通保安局（Transportation Security Administration，TSA），负责包括航空运输在内的各种交通运输方式的保安。2002年11月，交通保安局转隶国土安全部管理，由助理部长任局长。二是强化安全检查，要求在2002年11月19日前，在全美429个商业机场部署联邦安检员。三是改进原来联邦空警项目（Federal Air Marshal Program）只在国际航班配备空警的规则，授权TSA可在可能存在保安风险的任何航班上部署联邦空警。此举使空警成为TSA最主要的执法人员，他们可以配备武器，发现、制止和挫败任何针对美国承运人、机场、旅客和机组的不法行为。同时，建立联邦安检员资质标准和培训计划，开展私营公司实施安检服务的试点工作。2006年，为进一步加强航空保安队伍建设，TSA实施了“综合行为管理系统”，根据交通保安官员的技术熟练程度、顾客服务技能、团队精神、职业态度和领导能力等情况，支付其相应的薪酬，还大力推行交通保安官员职业进步计划，承诺为其创造职业生涯发展空间，提供晋升和培训机会，鼓励他们在岗位中长期任职。③ 为提高空警的职业技能，美国还在一些地方建立了空警培训中心，对学员进行客舱个人突进、小组交替及掩护突进，航空医学，自杀式恐怖袭击识别与防范等课程的训练。

此外，美国以外的国家，空中警察也得到了快速发展。欧盟在“9·11”事件发生后，立即召开会议专门讨论空中警察建设问题，并把在飞机上安排警察（In－Flight Security Officers）视为开展反恐活动的基本要求。此外，澳大利亚于2001年11月建立了空中警察（Air Security Officers）项目，由联邦警察负责，参照美国和以色列的方式进行建设。2005年又全面开展了“反恐空中警察项目”，用以招聘更多警员，增加执勤的国际航线。英国、加拿大、新加坡、印度等国，

① 张君周．空中警察客舱执法规范［M］．北京：中国人民公安大学出版社，2012：28－29.

② 周航．试论我国空中警察法律地位之完善［J］．湖南工业大学学报（社会科学版），2014（5）：64.

③ 刁伟民．航空保安［M］．北京：中国民航出版社，2008：140－143.

因应美国关于建立航空安全体系、在跨越大西洋所有航班上配备武装空警的“谅解备忘录”，以及美国国土安全部部长里奇于2003年12月关于部分进入或经越美国领空的国际航班上必须配备武装执法官员，否则将禁止进入美国领空的“声明”，都先后建立了空中警察队伍。为加强空警的业务培训，各国一般都建有相应的训练基地。例如，德国建立了联邦警察空警训练基地，对学员开展诸如客舱解救人质、制服劫机歹徒、排除爆炸物，以及客舱内枪支使用、小组战术配合等实战技能的培训。

二、我国航空警务发展脉络

我国航空运输业发展较晚，航空警务也在实践中缓慢起步，并伴随时代更迭、经济发展和社会变革，经历了引进介绍、学习模仿、自主探索和快速发展等阶段。

（一）北洋政府时期

这是我国航空警察的始创时期。虽然当时航空事业刚刚起步，发展规模和技术水平都比较低，但当局已开始关注航空警务建设工作，并在政府机构中专设航空署负责相关事务。1921年8月27日，航空署为警卫本署及其附属机关发布了《航空警察编制章程》，正式决定设置航空警察。根据该章程，航空警察以队为单位，直辖于航空署。派往各附属机关服务的航空警察，则由各该机关长官直接指挥管理，可自行确定设立多少航空警察队。各航空警察队均设队长、副队长和书记各1人，下辖4个班，总计47人。其日常警务活动，由勤务督察长承航空署署长之命进行监督。各航空线的警务工作，一般由该航空线管理局下设的总务课负责。航空警察的职员、长警服制，一般用内务部颁行的警察服制，加缀航空的帽章和简章，以示区别。①

当时的航空警务培训工作，主要由航空署成立的航站警察教练队承担。为规范各航站的警务培训，航空署于1921年5月10日专门颁布了《航站警察教练队暂行编制》，其规定：各教练队一般设总队长1人，教官若干人，队长、副队长各4人，司事书记共5人。其中，教官专司教授课程，队长专司教练并整理队

① 商务印书馆编译所．最新编定民国法令大全：民国十三年增订［M］．北平：商务印书馆，1924：778.

务。学员一般定额160人，学制三个月，毕业后分配到航空署、南苑、清河及京沪航线各站服务。[①]

（二）南京政府时期

在这一时期，我国的航空事业虽有所发展，但仍不发达，航空警察也一直是一个较小的警种。根据相关规章，当时航空警察的职责范围十分有限，主要包括负责航空监视，维持秩序，防止危害发生，查核飞机及机师的各种证书，旅客、行李及航空遇险后的检查等。[②]

值得注意的是，当时关于航空警务的理论研究已经开始起步，并取得了一些初步成果。例如，有学者研究提出，关于航空警察设置的必要性，就地理而言，飞行场都在乡僻之地，普通警察不易达到，故需要另外设置航空警察；而就事理来说，航空警察管理的事项与其他警察不同，必须要有特别的技能训练，故需特设航空警察这一警种。关于航空警察的职务范围，应包含两个部分：一是航站飞行场的职务，如航站飞行场棚的安全、旅客保护、货物邮件运输、违禁物品查禁、飞行场外秩序维护等；二是飞机上的职务，如商用飞机中有航警押运的，须对机内旅客、邮件等进行维护。[③] 此外，鉴于当时航空事业发展缓慢，航空警务的实践和理论薄弱等问题，一些有识之士深感忧虑并大声疾呼："现正值提倡航空救国的时候，航空警察的设置，更不容缓，全国人士，当注意及此。"[④]

在航空警务培训方面，由于当时飞机失事及运输违禁物品等事件屡有发生，所以加强警务人才训练就显得十分必要。南京政府内政部遂于1934年发布《航空警察训练办法》，令各地警官、警察教练机关根据需要，各自设立航空警务特别班，以培训航空警察专门人才。设立特别班的目的是对空中交通加以监察与指导，以确保国家领空主权，维护地方秩序安全。训练目标是明了八个方面的意义和方法，即航空监视勤务；信号传达；航空遇险后之检查；证书查核及统计之设立；税务与护照事项；消防与卫生设备；关于军事防空全国警察应认识之要义；航空机械飞行及其他航空常识。根据这一训练目标，航空警察的训练大纲与原则

---

① 商务印书馆编译所．最新编定民国法令大全：民国十三年增订［M］．北平：商务印书馆，1924：779.

② 韩延龙．中国近代警察制度［M］．北京：中国人民公安大学出版社，1993：656－658.

③ 曹无逸．警察学问答［M］．北平：大东书局，1931：77－78.

④ 陈允文．中国的警察［M］．北平：商务印书馆，1934：60.

及其重要课目，由内政部会同各有关机关详细议定、分别实施。[①]

（三）我国台湾地区的航空警务

国民党政权逃台后，随着对外空运的逐步恢复，遂于 1970 年成立了台湾“航空警察所”，隶属当时的台湾省警务处，此为“台湾航空警察”建制单位之始。1978 年 7 月，“航空警察所”改建为“航空警察局”，隶属“内政部警政署”。根据“内政部警政署航空警察局组织条例”的规定，“航空警察局”的主要任务是：保护航空事业设施，维持民航场（站）的治安秩序，负责机场的出入境证照查验等。该局在行政上受台湾“交通部民航局”指挥监督，业务上受“警政署”指导。分局、分驻所、派出所或驻在所执行民用航空业务时，受驻在地“航空站主管”的指挥监督。“航空警察局”的内设机构，根据台湾当局 2013 年颁行的“航空警察局办事细则”，下设行政科、航空保安科、保防科、国际科、督训科、勤务指挥中心等 9 个科室；台北、高雄两个分局；以及保安警察大队、安全检查大队、刑事警察大队。其中，督训科为专司航空警察训练的部门，其十项职责之第八项即为“警察常年教育、训练规划、执行、督导及考核”。

根据相关规程，台湾“航空警察局”各分局掌理的事项为：警卫安全、航空保安事件处理及航站设施安全防护；辖内之公共秩序维持、聚众活动防处及执行各项专案勤务；地面交通秩序整理及行车稽查；空运旅客、货物、邮件总包、航空餐饮供应及航空器之安全检查；辖内爆裂物品之处理；预防、侦查犯罪及拾得、遗失物处理等。在其设置的三个直属大队中，安全检查大队主要负责空运旅客、航员、行李、货物、清舱、邮件、爆裂物品、航空餐饮等的安全检查，以及管制物与违禁物的核验和查处。保安警察大队掌理以下事项：警务安全执行及管制；航空保安事件处理；航站设施的安全防护；特定任务及专案勤务；地面交通秩序整理及行车稽查；公共秩序维持及聚众活动防处等。刑事警察大队负责如下事项：预防及侦查犯罪的规划、督导、执行和考核；刑事鉴识的督导、执行和考核；犯罪记录资料的收集、汇整、运用、督导、执行和考核；司法警察业务、经济犯罪侦查、社会秩序维护案件的督导、执行和考核；受理人民交存拾得遗失物业务的督导、执行和考核；拘留所的督导、管理和考核；刑事器材的规划、督导、管理和考核；检警联系等。根据上述规定，“航空警察局”的分局与直属大

① 戴鸿映．旧中国治安法规选编［M］．北京：群众出版社，1985：157－158.

队等单位的职责分工存在诸多交叉，实践中难免纠缠不清。为避免混乱，其“航空警察局办事细则”又专门规定：“本局处理业务，实施分层负责制度，以分层负责明细表逐级授权决定。”

“9·11”事件后，我国台湾地区为配合反恐行动，促进交通运输安全，分别推动实施了“大港倡议计划”和“空中安全官计划”，从海港、机场两个方面加强反恐措施。其中，“空中安全官计划”由“航空警察局”负责执行，主要方式是从警界精英中挑选人员，开展辨识爆裂物、人质挟持谈判、射击、搏击、手铐、组合战术、逮捕术、跆拳道等专业训练，并严格进行身家审查、情绪管理与忠诚查核。2010 年 2 月，首批 25 名“空中安全官”在来往美国的航班上岗，专门负责防范劫机、非法干扰及非经授权人员进入驾驶舱等行为。除了被动因应美国的要求而采取上述行动外，台湾当局还规定，如果相关单位在获得疑似恐怖袭击的情势时，“航空警察局”可以根据情势判断，主动派出“空中安全官”登机执行任务。①

（四）新中国航空警务发展

新中国成立以后，十分重视民用航空及其保卫工作。1949 年 11 月 2 日，中央人民政府人民革命军事委员会民用航空局宣告成立，随后各级民航机构也相继建立了保卫部门，由人民解放军政治机关的保卫部门领导。到二十世纪六十年代初，随着我国民航事业的发展，民航的业务量增大，民航组织管理机构逐步扩张，保卫工作也得到相应加强。当时，在民航总局政治机关内设立了保卫部，统一领导民航系统的保卫工作；六个民航地区管理局的保卫机构也相应扩编为保卫处。

二十世纪八十年代，民航运输与经济社会的联系日益广泛，治安任务日益繁重，原有的民航保卫机构已不能适应新的形势需要。1980 年 3 月，中国民用航空总局的管理体制，由空军建制调整为国务院直属局。1981 年 4 月 11 日，国务院批转民航总局、公安部《关于组建民航公安机构的请示报告》，仿照原铁道部和原交通部设置公安机构的办法，在原民航保卫机构的基础上组建了专门公安机关。民航公安机关在属性上既是民航的一个机构，又是公安部门的派出机关，其

① 台湾特训空中警察负责往来美国班机的反恐任务［EB/OL］. 中国新闻网，（2010－2－21）. http：//www.chinanews.com/tw/tw－mswx/news/2010/02－21/2129335.shtml.

管理体制为：民航总局公安局列入公安部编制序列（第十五局），受民航总局和公安部双重领导；民航所属各公安处、公安分处，受所在单位党委领导，在公安业务上受民航总局公安局和所在省（区、市）公安厅（局）的双重领导。[①] 其机构设置为：民航总局设立公安局，执行公安部业务局权限；民航地区管理局设立公安处，执行行署公安处权限；民航省级管理局和部分单位设立公安分处，执行县公安局权限；航空站设立公安派出所或公安特派员。至此，具有规范意义的民航公安体制正式形成。

二十世纪九十年代以后，随着民航事业的飞速发展，我国再次探索开展民航体制改革工作。1998 年，国务院进行机构改革，民航总局作为国务院主管全国民航事务的直属机构，其职能按照政企分开的原则进行调整，加强运输市场管理、安全管理和宏观调控职责。民航总局公安局的职能随之调整，在加强民警队伍管理的同时，突出了航空安全保卫工作的立法、监督和指导的职能。与之相应，民航公安机关基本形成了民航总局公安局、各民航管理局公安局、省局（机场）公安机关的三级民航公安业务管理体制。

2002 年 2 月，随着中央政治局常委会议批准民航体制改革方案，我国民航管理体制再次发生巨大变动。此次改革的主要目标是，进一步强化民航的行政管理和市场监管职能，弱化其国有资产管理和市场经营职能。随即，国务院批示同意原国家计委就民航机场公安机构改革提出的意见，确定了机场公安机构随机场移交地方政府管理的原则。据此，民航总局、公安部于 2003 年 8 月 30 日联合发布实施《民航机场公安机构改革方案》。该方案规定：按照机场公安随机场下放的原则，除首都机场集团公司所属机场的公安机构、西藏自治区机场的公安机构和中国民航飞行学院所属机场的公安机构外，由民航总局、民航地区管理局、民航省（区、市）局管理的机场公安机构和民航省（区、市）局公安处，随同机场一并移交地方政府管理。划归地方政府管理的机场公安机构，由地方政府公安机构直接领导，同时接受民航总局和地区管理局公安机构的行业指导、检查、监督。[②] 这一组织管理体制，一直延续到 2018 年行业公安机关管理体制改革时期。

---

① 警官素质教育与研究课题组．警官手册（上册）［M］．北京：中国人事出版社，1998：186－187.

② 车彤，曾德琼．论我国空警体制的完善［J］．西南石油大学学报（社会科学版），2010（1）：65－66.

"9·11 事件"发生后，因应全球反恐斗争的新形势，我国开始着手组建空中警察队伍。2002 年 3 月，根据《民航体制改革方案》（国发〔2002〕6 号）的精神，由国家民航总局负责组建民航空中警察队伍。按照《中国民航空中警察组建方案》，其组织机构设置如下：在民航总局公安局设立空中警察总队，在各航空公司分别设立支队，支队再下设大队、中队。空警队伍的组建，为依法执行反劫机、反炸机等反恐任务提供了组织保障，改变了原来机上执法仅靠安全员、缺乏法律支持的局面。在管理体制上，空警总队的总队长和政委人选，由民航总局提出，征得公安部同意后由民航总局任免。空警总队对空警队伍实行集中统一管理，其中，支队、直属大队领导班子由总队考核任免，事先应征得所派驻航空公司的同意；非直属大队和中队一级领导班子由支队和直属大队考核任免，事先应征得所派驻航空公司的意见。2004 年，空中人民警察队伍全部上岗执勤。为加强这支年轻警种的训练，2004 年 9 月 13 日，《中国民航空中警察训练大纲》颁行。该大纲规定：空警初任训练时间约为 3 个月，不少于 480 小时；每季度日常训练不少于 35 课时，每年训练不少于 140 课时。训练内容主要是体能、客舱擒敌术、法律法规、空防业务等。同时，每季度开展一次日常训练考核，合格者才能执行航班任务；每 36 个月开展一次脱产集训，时间不少于 200 小时。

综上所述，自 1981 年我国正式成立民航公安机构以来，民航公安机关的管理体制、组织归属、工作机制、队伍结构等，一直在变化发展的过程中，但其基本任务和基本职责始终是统一的，即执行国家民用航空法规和规章，承担机场航空安全保卫工作，接受国家航空保安主管当局及其派出机构的指导、检查和监督。① 2018 年以后，随着行业公安机关管理体制改革的进程，民航公安机关的转隶改制工作渐次开展，民航公安队伍必将在新的时期获得新的发展。

第二节 警用航空的探索与发展

与航空警务相关相近、容易混淆，但又有明显差别的是警用航空。所谓警用航空，是指警察机关组织各类警用航空器执行任务的航空活动。从理论上看，直

① 杨惠，张莉琼等．民航公安刑事执法规范［M］．北京：中国人民公安大学出版社，2012：10－11.

升机（旋翼机）、航模、动力伞、滑翔机、热气球、飞艇、固定翼飞机等飞行器，都可作为警用航空装备来执行不同的任务。但在实践中，直升机因具有垂直起降、留空悬停、超低空飞行、不依赖机场和跑道等能力，与其他飞行器相比，其在执行任务时表现出机动速度快、灵活性强、监控范围大、适用领域广、威慑力强等突出特点，在警用航空中应用最为广泛，也是世界各国警察警航部门的主要装备。① 我国警用航空器主要也是直升机，部分公安机关根据实际需要，还配备了警用无人机以及动力伞等警航装备。

因此，警用航空在习惯上，主要是指警察机关运用警用直升机执行任务的航空活动。从长远来看，随着经济社会发展和现代警务革新步伐的加快，公安机关对警用航空器的需求将会越来越大，警用航空器的应用范围也将越来越广，将逐步形成包括直升机、无人机等在内的完整规范的警用航空体系。② 大力推进和不断加强警用航空建设，是公安机关适应时代发展潮流、实施科技强警战略的有效手段，是提高警务效率、推动警务机制现代化的重要途径，也是构建立体化社会治安防控体系的重要组成部分，将有力地推动公安工作由人力密集型向科技效能型转变。可以说，发展警用航空，是时代的进步，是警用装备现代化的必然要求。③

一、警用直升机

警用直升机是警用航空中使用最早、运用最广泛、运管最成熟的种类。早在二十世纪四十年代，美国警方就开始装备警用飞机。二十世纪六十年代，美国曾专门组织专家，对警用直升机的使用效益进行评估，认为空中警力的监视范围，通常是地面警力的 15 倍；街道巡逻的速度，通常是地面警力的 10 倍，因此，一架直升机的作用等同于 30 辆警车和 100 名警察，能有效增强警察机关的战斗力。到二十世纪七十年代，发达国家警察机关使用直升机的情况更加广泛，同时，泰国、马来西亚、印度等发展中国家也陆续装备了警用直升机。近年来，据不完全

---

① 刘刚，张晓春．中国警用航空建设现状及发展构想［J］．广西警官高等专科学校学报．2011（6）：50.

② 新警种，新发展［J］．警察技术，2005（4）：17.

③ 杨铁虎，张经彤．刘道林：四大利好有力促进我国警用航空的发展［EB/OL］．人民网，（2017－9－14）．http：//society. people. com. cn /n1/2017/0914/c1008－29534157. html.

统计，全球有4000多架警用直升机。其中，美国约占一半，平均每百万人口就有警用直升机7架；日本拥有近百架，法国有50多架，德国有60多架。[①] 另根据新的研究，当前警用直升机的性能作用又有新的提高。1架警用直升机的监视范围可达4.6万平方米，其作用相当于150名警察和30辆警车，而且在城市中的通行速度是警车的47倍。[②]

（一）我国大陆地区警用直升机的运用与发展

我国警用航空发展较晚，第一架警用直升机是武汉市公安局于1995年启用的。随后，广州、深圳、郑州等地开始积极探索和推动。这些率先配备警用直升机的公安机关，在使用、管理等方面逐步摸索形成了一些有效的办法和路径，为警用航空的进一步发展打下了基础。警用直升机在实战中的成功运用，也使公安机关认识到，直升机使警务活动的范围得以由地面向空中拓展，形成地空立体执法的局面，能够有效提高警务效能，推动警务装备迈向现代化的轨道。因此，装备和使用警用直升机，对于警务机制调整和警务装备建设等具有重要意义。

2001年4月，公安部召开了第一次警用航空发展战略研讨会。以此为标志，我国警用航空工作正式起步，"警用航空"一词也成为这一领域的专有名称。2003年8月，国务院、中央军委发布批复，明确警用直升机为国家航空器，并规定其飞行保障归口纳入军航保障系统，飞行管制由空军统一组织实施。这一批复，使警用直升机实现了身份合法化，标志着警用直升机正式列入人民警察的装备序列。[③] 我国警航工作也由此步入规范有序发展的阶段。2004年1月，公安部党委批准成立公安部警用航空管理办公室，规定其主要职责是：统一管理全国警用直升机，拟定规章制度和发展规划，指导警务飞行、航空机务、飞行安全和后勤保障等工作，开展飞行战术协同研究和技战术训练，负责适航管理以及飞行事故的处置调查工作等。2005年4月，国务院、中央军委空中交通管制委员会批准公安部为国家空管委成员单位，公安部是继空军（军航）、民航总局（民航）、体育总局（航空体育）和航空工业集团（航空制造业）之后的第五大航空管理

① 逸文．空中巡警——中国警务航空与警航直升机［N］．中国航空报，2014-03-04（S01）．
② 张洪．促进我国警用航空现代化建设的发展策略探析［J］．民航管理，2018（5）：69.
③ 肖静．警用直升机成为国家航空器［J］．中国民用航空，2004（6）：55-56.

部门，警用航空正式成为我国航空家族的新成员。[①] 此后，我国警用航空步入了快速发展的轨道。

2012 年 8 月，公安部党委制定《关于加强警用航空建设的意见》，对警用航空的体制建设、制度建设、装备建设、队伍建设和能力建设做出了整体规划，要求建设一支“规模适度、布局合理、装备适用、训练有素的警航队伍”，并明确了警用航空主要担负的九项职能任务：一是参与处置恐怖、暴力案件及重大突发事件。主要通过向事发现场运送警力，或者索降特警队员、空中通告威慑、现场警力或者信息支援等方式，与其他部门联合行动。二是参加重大活动的安全保卫。主要通过空中警戒、图像传输、索降特警队员等方式，掌握大型活动现场情况，为安保指挥提供决策信息。三是参加追捕逃犯、禁毒缉私。主要通过空中巡查监控、搜索可疑目标，必要时对地攻击，然后配合地面、海上警力进行抓捕。四是组织空中侦查、监控警戒。在重要时期、重要地区使用直升机进行空中巡逻，及时掌握地面安全形势，协助指挥和控制地面警务活动。同时，在某一地区实施空中巡逻，对犯罪分子形成震慑，减少犯罪案件的发生，降低犯罪率。五是协助治安管理、交通管理。对指定区域实施空中监控、搜寻目标或者应急处理突发情况；对交通拥堵地段和高速公路超速超载车辆进行监控，或者处理交通事故、运送伤员。六是协助或者实施消防灭火。当地面人员无法及时赶到火灾现场，或者地面灭火装备无法到达高层建筑时，运用直升机进行空中灭火，帮助遇险者撤离火场。同时，利用机载通信和探测设备收集火灾现场情报，传输到地面指挥中心，协助指挥灭火行动。七是实施警力、物资的紧急投送。当案件发生地较远、地形复杂、公路交通不便时，运用直升机迅速把部分警力运送到案发地点，及早控制局势，取得主动权。八是参加抢险救灾和应急救援。包括搜索救援、医疗救助等。九是协助政府有关部门开展城市规划、安全监管、环境监测等执法活动。[②]

《关于加强警用航空建设的意见》的颁布实施，极大地推动了我国警务航空的职业化、正规化、专业化建设进程。截至 2017 年 9 月，全国已有 19 个省

---

① 公安部警用航空管理办公室．关于警用航空发展建设的几点思考［J］．警察技术，2005（4）：18.

② 胡建亭，梁宏涛．警用直升机的作用及在我国警务实战中的应用［J］．警察技术，2015（4）：6－7.

（区、市）建立了32支警用航空机队，共有50多架直升机。从整体来看，警用直升机在立体动态监控、实时信息传输、快速警力机动等方面，有着地面警力不可比拟的特长，在反恐防暴、缉私禁毒、交通管理、消防救援、搜索巡逻等领域都有着不可替代的优势，必将在提高公安机关战斗力、维护社会治安稳定方面发挥越来越重要的作用。

当前，警用直升机发展的限制因素或说“瓶颈”问题，主要有三个方面：一是空域环境受限。虽然警用航空器有空域使用优先权，但警航部门没有空域控制权。警航的飞行活动必须向空军申报计划，与民航协调飞行冲突，日常任务都需要提前一天制订计划并申报，严重影响了警航的快速反应能力。二是飞行保障困难。无论是机场选址、经费保障、运管维护，还是管理机制、专业训练等都存在诸多制约因素，不利于警航的进一步发展。三是人才极为缺乏。不仅飞行人才匮乏、机务人才稀缺，而且因待遇不高，选调人才也非常困难，不利于人才队伍建设和队伍稳定。①

（二）我国台湾地区的警用航空

在我国台湾地区，设立有“空中警察队”。需要注意的是，其虽然名似空警，但实质上却是警用直升机队伍，即名为航空警务，实为警用航空。建立“空中警察队”的目的，是“为空中机动支援各类警察勤务，实施警政现代化，使警察勤务迈入立体境界，以加强为民服务”②。其具体建制和发展过程如下：

1979年5月，台湾当局在“航空警察局”之外成立“空中警察队”。该队拥有17架直升机，分北、中、南三区，从空中参与和支援地面警察的各项工作。“空中警察队”下设警务、航务和机务三组，主要任务是：特殊刑事案件的空中监控、追捕；交通巡逻，都市及公路交通状况的观测、通报、疏导及交通事故发生后的人员抢救；高层建筑物发生火灾后的观察和抢救；群众骚乱事件的监控和取证；山难事件的搜索和营救；其他紧急灾变的营救和支援等。在管理体制上，“空中警察队”与“航空警察局”之间没有隶属关系，两者分别受“警政署”指挥监督。

2005年11月，当局将“空中警察队”与“消防署空中消防队筹备处”“交

① 张洪．促进我国警用航空现代化建设的发展策略探析［J］．民航管理，2018（5）：71.
② 章光明．台湾警政发展史［M］．桃园：“中央警察大学”出版社，2013：72.

通部民用航空局航空队”“行政院海岸巡访署空中侦巡队”进行整并，组建为“内政部空中勤务总队”，主要执行救灾、救难、救护、运输和观测侦巡五项任务，“以整合消防、救灾与警政治安之功能”。①

（三）警航专业人员及培训

在警航发展初期，因公安机关尚不具备培训能力，遂主要借助社会力量，从军航、民航选调所需的空勤、地勤和各类保障人员。随着警用航空的进一步发展，开始依托军航、民航及有关院校开展培训工作。根据有关资料，其主要是与飞行类和地勤类的民航院校进行合作，初步形成了以院校培训、警队自训、基地轮训为主体，以短期集训为补充的警航专业训练体系。

一是与中国民航飞行学院合作。2005 年 10 月，公安部装备财务局与中国民航飞行学院签订培训合同，联合开展第一届警用航空飞行员培训。来自南京、郑州和武汉公安部门的 6 名在职警航飞行员，在民航飞行学院进行为期一个月的培训，接受包括航空理论学习，以及在复杂环境、复杂气象等特殊条件下执行出警飞行任务的适应性训练和能力测试。2013 年，双方的合作引向深入，民航飞行学院在继续进行在职警航飞行员技术保持与提高培训的同时，开始开展“零起点”警航飞行员的养成培训工作。“零起点”学员培训大纲，设计了 150 小时的考试内容，包含悬停起落、空域、转场、夜航、模拟特情、野外选点着陆等 20 余项科目。此外，还安排了有助于提高规章意识、处境意识和操纵能力、决断能力、快速反应能力的地面理论课，如事故案例分析、驾驶舱资源管理、特殊科目飞行技巧和特情防范、山区飞行、低能见飞行和复杂机场运行管理等。②

二是与中国民航大学合作。2005 年，公安部在民航大学建立警用航空培训基地，并连续组织实施了五期警航机务人员培训班，完成了“中国警用直升机机队建制研究”等多项科研课题。2009 年 9 月，首期警用航空飞行学员培训班开办，来自全国警航部门 8 个单位的 13 名学员参加培训。这些学员均从具有本科以上学历的在职民警中选拔产生，首先在民航大学完成为期半年的航空理论学习，然后进行一年的上机操作，通过这种“4 +1. 5”模式的学习，最后取得由公

---

① 章光明．台湾警政发展史［M］．桃园：“中央警察大学”出版社，2013：224.

② 孙粟，殷东来．中国民用航空飞行学院支持我国警用航空发展侧记［EB/OL］．中国高校之窗，(2015 －9 －22）．http：//www. gx211. com/news/2015922/n5466297736. html.

安部认证，相当于民用航空商业驾驶执照的证书，成为首批由我国公安机关自行培养的警用航空飞行员。①

此外，2014 年，公安部还与中航工业集团签署战略合作协议，在购机、维修、保障、培训等方面明确了一系列优惠措施，致力于为警航发展提供良好的环境和条件。

二、警用无人驾驶航空器

在警用直升机稳步发展的同时，警用无人驾驶航空器（俗称无人机）作为警用航空的重要组成部分，也在短时间内得到了迅速发展。2008 年，北京市公安局、山东省公安厅在全国公安机关最早购置使用无人机系统。随后，内蒙古、河北、辽宁、浙江、新疆等地陆续购置了警用无人机。② 无人机系统在警务工作中具有快速响应、机动灵活、高空大范围视频采集、可视化应急指挥、人员零伤亡等优势，在群体性突发事件应急处置、暴恐事件应急处置、犯罪嫌疑人追捕、交通管理、灾害救援、违建查控、口岸处突处置、海上救援、禁种铲毒等方面得到了广泛运用。

2015 年，全国警用航空建设推进会召开。这次会议明确提出，将警用无人机纳入警用航空管理范畴，建立管理、运行和安全工作规章制度，统筹发展规划。由此，警用无人机正式被纳入警用航空大家庭，进入规范有序的发展时期。这是我国警用航空和警务装备建设的又一次跨越式发展。

（一）发展概况与特点

截至 2018 年，全国已经有 25 个省（区、市）、150 多家实战单位，配备了 4000 多台（套）各型警用无人驾驶航空器，在警务活动中发挥了重要作用。从整体上看，当前警用无人机的发展态势，正在经历从“个别化”向“规模化”、从“无序型”向“有序型”、从“单一型”向“复合型”、从“表层化”向“深层化”应用的巨大转变时期。③ 关于警用无人机的配备应用，大致有传统型、扩

---

① 朱虹，朱瑞新．公安部首次培训警用航空飞行员［EB/OL］．人民网，（2009－9－7）．http：//society. people. com. cn/gb/41158/10006770. html.

② 陈莹．看 20 年来我国警用航空建设［EB/OL］．中国经济网，（2016－5－19）．http：//www. ce. cn/aero/2016o5/19/t20160519－11774391. shtml.

③ 王庆，姜琼．无人驾驶航空器技术在警用装备领域的应用［J］．警务保障，2017（4）：66－67.

展型和智能型三类。

1. 传统型警用无人机系统

其由飞行器分系统、任务载荷分系统和地面站分系统组成，以高可靠飞控、高清视频采集与传输等为核心技术。

2. 扩展型警用无人机系统

其主要通过将指挥中心、移动指挥车和单兵便携设备分系统引入传统型解决方案，构建实时联通作战前线与后方指挥的空地联合立体化作战系统，实现无人机与指挥大厅、移动指挥车、警务人员的信息共享，以实时信息交互、指挥平台集成、多源信息融合为核心技术。

3. 智能型警用无人机系统

其依托智能作战系统、决策指挥系统等功能模块，实现集群作战方式下无人机动态智能任务规划、指挥车机动作业、多终端联合自动调度等业务，形成从无人机数据采集、融合、目标筛减、传输到地面的任务规划与控制、情报分析与处理、信息存储与发布、辅助会商决策等的智能体系架构，以智能控制、智能视频分析、智能通信智能指挥决策为核心技术。①

由此可以预见，随着无人机技术的成熟进步及与警务工作的深度融合，警用无人机必将成为助推信息化、智能化警务的重要机动装备，成为警务工作不可缺少的重要空中力量。

（二）管理体制

一段时期以来，鉴于某些领域无人机运用的乱象，国家高度重视无人驾驶航空器的管理问题，并形成了部际联席工作机制。根据有关资料，目前，国务院、中央军委空中交通管理委员会办公室正在牵头制定《无人驾驶航空器管理规定》；民航局依据有关法规制定民用无人驾驶航空器运行管理要求和相应适航审定标准；其他相关单位制定各系统的定型规章和行业标准。此外，无人驾驶航空器研制生产的基本条件和评价方法、身份识别规则、登记标志、飞行手册编写、人员培训等规章，也正由相关单位研究制定。

从公安机关来看，公安部非常重视警用无人驾驶航空器的管理工作，要求认真研究警用无人机的建设、管理和应用特点，尽快建立管理、运行和安全工作规

① 吕宁．警用无人机系统整体解决方案及应用［J］．警务保障，2017（3）：56－57.

章制度，统筹发展规划，制定建设标准，完善运行机制，规范飞行活动。在具体管理上，公安部警航主管部门明确提出，要将无人机作为警用装备进行管理，同时遵循航空工作的特点规律，以全寿命周期备案管理为基础，以“人”“机”准入管理为前提，以“运行监控”管理为核心，实施相对集中统一管理，确保发挥职能作用、保证飞行安全。其中，公安部负责制定“人”“机”准入和“运行”管理制度、标准，省级公安机关负责本行政辖区内“人”的培养、“机”的登记、“运行”的管控。关于具体管理机构，明确由公安机关警用航空管理部门负责；未设立警用航空管理职能部门的，应设立警用航空管理部门或者由警务保障部门履行相应管理职责。

（三）专业人员及培训

警用无人驾驶航空器专业人员，包括机组人员、维修人员和勤务人员。根据公安部警航管理部门的要求，驾驶警用无人机的公安机关人员，应当依法取得警用无人驾驶航空器驾驶执照。

基于航空器驾驶的难易程度，驾驶执照签署分为 A、B、C 三个种类。B 类执照持有者，可操作最大起飞重量七千克（含）以下的警用无人驾驶航空器；A 类执照持有者除具有 B 类执照操作权限，还可驾驶大于七千克的警用无人驾驶航空器，也可担任飞行教员；C 类执照持有者可操作无人直升机。在警务任务中，有特殊操作和使用环境限制的，如穿孔飞行、掠地飞行、室内飞行等，还需要经过专门培训，并在驾驶执照上签注相应资质，方可执行特殊飞行任务。同时，为确保警用无人驾驶航空器的驾驶技能水平，还须对培训机构实施培训资质管理。①

第三节　空域警务的基本概念辨析

因涉及航空领域的部门多、范围广，加之航空运输业自身发展迅速，目前，无论民用航空还是警务航空均尚待建立一套严谨规范、界定严密、具有排他性的理论概念体系，形成公认的专有名词和话语系统。在理论与实践中，往往军/民航与警航、传统与现实、惯例与政策、国内与国际等相互交叉，令人产生混淆。因此，有必要对有关概念进行辨析，并在此基础上聚焦研讨涉航警务问题。

---

① 胡建亭．警用无人驾驶航空器的管理［J］．现代世界警察，2017（2）：16－17.

一、民航保安：航空保安与飞行安全

与航空和飞行安全相关的概念，国际民航业界和学界还没有统一适用的阐述，大多根据国际民用航空公约附件 17 的规定，以“民航和航空运输安全”或“保安”为属概念（上位概念），以“航空保安”、飞行安全等为种概念（下位概念）进行研究。所谓航空“保安”，根据上述附件 17 第一章的定义，是指“为保卫民航安全不受非法干扰行为的影响，而采取的措施和使用的人力物力资源的总和”。所谓“非法干扰行为”（Acts of Unlawful Interference），是指“危及民航和航空运输安全的行为或预谋行为，即非法劫持飞行中的航空器；非法劫持地面上的航空器；在航空器或机场内劫持人质；强行闯入航空器、机场或航空设施场所；企图犯罪而将武器或危险装置或器材引入航空器或机场；发出虚假信息，危及飞行中或者地面上的航空器、机场或民航设施场所的旅客、机组人员、地面人员或大众的安全”。

学者根据上述界定，进一步将航空保安（Aviation Security）与飞行安全（Flight Safety）提炼为世界航空安全领域两个最基本的概念，并称其为保障航空器安全飞航的两大重要课题。其中，飞行安全一般是指处理和防范于飞航过程中，因相关作业因素的影响而造成意外事故的工作。航空保安则是指处理和防范于飞航过程、机场或其外围的犯罪行为，并且危及安全及正常飞航秩序者，如劫机及破坏事件等。可见，飞行安全侧重于意外事故，属于自然性的生产安全问题；而航空保安则关注犯罪行为以及危害正常飞航秩序的行为，属于社会性的公共安全问题，也即航空警务问题。两者的区别，从其分别对应的英文词汇 Safety、Security，也能清楚看出性质上的不同。

二、航空安全：空防安全与飞行安全

在我国的语境中，飞航业界和学者以“航空安全”为属概念研究部署相关问题。习近平总书记强调指出：“要站在国家战略和国家安全的高度，加强我国航空安全保障体系建设的总体规划和统筹协调，着力提高航空安全监控能力、技术装备支撑能力和应急反应处置能力，切实维护我国航空安全。”国家民航总局每年都要召开航空安全工作会议，对包含民航公安在内的所有安保力量进行统筹安排和部署。近年来，又强调围绕“反劫机、反恐怖、防炸机、防袭击”的目标，以“六严”工作（公安严打、安检严查、空中严控、监管严管、货运严治、内部严防）为抓手，按照“空中反、地面防、内部纯”的要求，筑牢地面、空中、内部三条防线，提升机场公安打击能力、地面安检查控能力、空中防空能力、行业监管能力、货运治理能力、内部安全风险管控能力、重大活动运输安保和专包机警卫保障能力，确保民航安全。①

在航空安全的大概念之下，我国学者基本接受航空保安与飞行安全的两分法。但受历史发展和习惯影响，又将航空保安称为“空防安全”。其主要历史背景是：在新中国成立初期，鉴于国共两党严重对立、政治军事斗争形势严峻，新中国民航提出了要建立“空中防线”的安全保卫目标，简称“空防”，主要是防止驾机外逃行为。二十世纪七十年代后，随着1977年新中国成立后第一起劫机案件的发生（湖北省张某云劫持飞机外逃事件），空防的目标转变为防止非法劫持航空器行为。1983年12月，《中国民用航空局关于保证安全的决定》首次提出，“民航各级主要领导一定要把保证飞行安全和空防安全作为自己的中心任务”。空防安全的内涵也由此发生了根本性的变化。二十世纪九十年代，我国国内劫机犯罪达到高潮，在1993年一年中，就发生了十起既遂劫机事件，其中11月的一周内就连续发生了三起。反劫机再次成为空防的重要目标。美国“9·11”事件后，世界航空安保形势发生了新的质的改变，我国空防安全的目标再由保护人机安全上升为保卫公共安全，空防工作实现了全面国际化。②

由此，民航空防安全与飞行安全就构成了我国民航航空安全的两大组成部分。我国学者在习惯用语上，又将两者及相关工作统称为民航安全保卫工作（以下简称“民航安保”）。空防安全和飞行安全的区别在于，空防安全属于社会安全，包括国家安全、公共安全，目的是防止人为破坏对航空运输安全造成的影响，保护旅客、机组、地面人员和一般公众生命与财产安全。而飞行安全则属于生产安全，目的是防止由于飞机自身故障、机务、天气等原因引起的危及安全的事件。③ 从安保实务的角度来看，空防安全与飞行安全（运行安全）相比，飞行安全基于科技进步，安全性、可靠性必然呈逐步上升趋势；而空防安全受各种各

---

① 李喧．为民航提供优质的安防安全保障——访民航局公安局局长魏亚军［EB/OL］．中国民航网，（2016－03－15）．http：//editor. caacnews. com. cn/2016zt/zt1602/ft11. asp.

② 张君周．空中警察客舱执法规范［M］．北京：中国人民公安大学出版社，2012：3.

③ 刁伟民．航空保安［M］．北京：中国民航出版社，2008：6.

样难以预见和控制的社会因素的直接影响，所面临的安全风险越来越高，形势越来越复杂严峻，工作的难度也更大。[①]

三、涉航警务：航空警务与警用航空

我国当前的空防队伍组成，主要包括机场公安机关、空中警察队伍以及安全检查队伍、航空安全员队伍等。有学者鉴于空防安全的特殊性，将其界定为："为了有效预防和制止人为的非法干扰民用航空的犯罪与行为，保证民用航空活动安全、正常、高效运行所进行的计划、组织、指挥、协调、控制，以及所采取的法律规范的总和"[②]。可见，空防安全又是一个涵盖广泛的大概念，传统意义上的航空警务只是其中的重要组成部分；而在航空警务中，机场公安机关和空中警察队伍又是其中最主要的部分。

航空警务与警用航空，共同构成了公安机关主要的涉航警务活动。关于航空警务，通过此前对中外航空警务史的简要梳理，能够清楚地看到，其内涵和外延随着时代与航空事业的发展，经历了一个从混合模糊、到逐步明细聚焦、再到丰富发展的过程。在诞生之初，航空警务与军事、防空密不可分，把防炸防毒、防范救护等作为主要内容，在德、英等国直接就被定位为"防空警察"。之后，开始逐渐向机场、航空器聚焦，相关业务和理论研究随之分化、细化、深化。我国在北洋政府时期，航空警察设置的主要目的为"警卫本署和附属机关"，南京政府时期已经延伸到机场安保和机内安全领域。新中国成立之初，受内外环境影响，航空警务相关工作由军队保卫部门承担，属于空军建制，军事上的功能相对突出。二十世纪八十年代后，随着航空事业的发展，航空公安机构和警务工作的规范化、专业化进程加快，迅速融入了世界航空警务主流。

至于警用航空，虽与航空警务在名词上容易混淆，但其概念的内涵和外延却是十分清晰的，主要是指警察机关组织运用各类警用航空器，执行空中执勤、空中运输、空中协同执行警务等特定任务的航空活动。如果说航空警务是专门警察机关为维护民航交通运输安全而进行的警务活动，那么警用航空则是公安机关运用直升机、无人机等飞行器，进行侦查、巡逻、抓捕、救援、监控取证等警务活动。

---

① 刘昊阳．航空安保管理［M］．北京：中国民航出版社，2014：序Ⅰ－Ⅱ．

② 张君周．空中警察客舱执法规范［M］．北京：中国人民公安大学出版社，2012：4－9．

四、空域警务的初步界定

在厘清上述三组概念对后，结合公安工作的实际和需要，可将“空域警务”作为整体概念，指公安机关的涉航警务活动。空域警务可有狭义、广义两种理解，在狭义上专指传统意义上的航空警务，而在广义上则包含航空警务和警用航空等所有的涉航警务活动。

从法理的角度来看，西方警察学者将航空警察视为“特种警察”的一个种类。而所谓的特种警察，一般是根据特殊或特别政府职能设立，并为特殊或特别政府职能服务的警察机构，是旨在向特定地区、特定人群提供警察保护的政府机构。特种警察与普通警察的区别，主要是地理与种类上的差别，职能上并无根本差异。在我国的语境中，航空警察是行业公安机关警察的一种，与普通警察即行政公安机关警察在职能上并无根本不同，差别只是前者在特定地区、特定环境、特定人群中行使职能，进而形成了具有自身特色的管理体制、运行机制和职业文化。至于警用航空，它是行业公安机关和行政公安机关都在使用的一种警务装备及警务方式，即运用各种航空器来执行警务活动、实现警察职能。

航空警务是特种警务活动，警用航空本质上是警用装备及其运作机制，两者除了“涉航”之外，很难找到其他共同的内涵和要素。因此，从严格意义上说，空域警务并非单一、同质性的学术概念，主要是为了指称和研究的方便，把航空警务和警用航空这两种主要的涉航警务活动放在一起进行对照研究。总之，只有辨析界定了这些种属概念和范畴，明晰其能指与所指，才能从根本上避免混淆和误读，并在统一的术语框架和话语体系下进行相关问题的研究与讨论。

第四节　航空警务的基本理论体系

在空域警务中，航空警务是民航公安机关的专门工作，也是比较典型的特种警察事务。在第一节梳理其发展源流的基础上，结合学界相关研究，遵从对社会现象认识研究的三维框架，即明确“是什么”“为什么”和“怎么办”三大课题，可将航空警务的基础理论和专业理论体系作如下初步概括。

一、航空警务的基础理论

民航公安作为行业公安机关，在行使警察权时，不仅具有一般警察权所具备的共同特征，也具有因应民航领域工作特殊性所导致的特有属性。有学者提出，民航公安机关行使警察权时，具有以下突出的特征：其一，开展工作日益具有国际性，特别是随着全球化的发展，需要通过世界范围内的国际司法协作和警务合作，才能更好地预防、惩治民航领域的犯罪行为。其二，警察权行使目标的高危性，尤其是机场、航空器等安保工作的难度越来越大。其三，警察权行使主体的多元性，除了警务人员，机长、安全员、安检员等也通过授权和协助等方式行使部分警察权。其四，警务发展趋向民营性，警务工作注重更多地利用企业、社会组织和公民个人的力量。其五，警察权行使手段日趋科技性，犯罪与反犯罪的科技对抗越来越激烈。①

正是民航公安机关行使警察权的这些特殊性质，使得航空警务工作的主体、客体、规范，以及三者之间的联系互动等，呈现出不同于其他警务的明显特点。为此，关于航空警务的基础理论，拟主要从主体论、客体论、规范论三个方面进行构建。

（一）航空警务主体

航空警务的主体组成，是其区别于其他警务方式的重要方面。基于航空安保的特殊性，航空警务是指以民航公安机关为主要力量，协同或指导其他机构及人员，共同开展民航内部以及机场的安全防范工作，确保民航治安秩序和航空器飞行安全的活动。航空警务的主体，或者说民航领域警察权行使的主体，与一般治安主体一样具有多元化特征，但这些主体的构成及相互关系，又具有特殊的性质。

1. 依职权的主管部门公安机关、机场公安机关、空中警察

主管部门公安机关是指民航公安局、民航管理局公安局及其所属机构的人民警察，主要承担制定规章规范、组织指挥、业务领导、监督管理等任务。机场公安机关执行民用航空法规和规章，承担机场航空安全保卫工作，接受国家航空安

① 张鸿．民用航空领域警察权行使问题研究［D］：［硕士学位论文］．天津：中国民航大学，2017：19－21.

保主管当局及其派出机构的指导、检查和监督。空中警察执行民航公安机关的决定和命令，按照客舱执法规范，对客舱实施安全检查，依法维护空中治安秩序，与机长、航空安全员共同防范、制止和打击破坏民用航空器及劫机、炸机等非法干扰行为，以及处理机上发生的其他违法犯罪活动，制止一切有碍飞行秩序和公共安全的行为。

2. 被授权的机长、航空安全员、安全检查员

这三类人员依据相关国际国内法授权，行使具有警务性质的某些权力。

（1）机长。机长的权力问题是航空安保一个极其重要的问题。机长虽然不是警务人员，也不是公共官员，但在航空器上却具有领导地位，具有广泛的权力，甚至被称为空中的“无冕之王”。飞机在一国领空飞行时，机长的权力由国内法赋予；当进行国际飞行时，其权力还须有国际法做出相应的规定，才能得到国际社会的承认。为保证航空运输的绝对安全，无论国际公约还是国内法律，都赋予了机长“绝对的权威”，使其在航空器上面对发生的违法犯罪行为时，能够采取必要的强制性措施制止不法行为。正是因为机长在飞行中的航空器内具有最高治安权，虽然我国法律法规未对机长治安权、空警执法权之间的关系做出明确规定，但一般认为，空中警察履行执法权需要在机长的领导下完成。①

在国际公约上，根据1963年《东京公约》的规定，机长拥有以下权力：有正当理由认为此人在航空器内已经或即将实施相关犯罪或行为，可以对此人采取必要的合理措施，包括看管措施；可以要求或授权其他机组成员进行协助，并可以请求、授权（但不得强求）旅客给予协助，来看管他有权看管的任何人；有正当理由认为某人在航空器内已经或即将实施危害航空器或其所在人员或财产的安全，或者危害航空器内正常秩序和纪律的行为时，只要是为保护安全、维持正常秩序和纪律的目的所需要的，可以使该人在航空器降落的任何国家的领土上下机；如果有正当理由认为，某人在航空器内实施的行为，在他看来，按照航空器登记国刑法已构成严重犯罪时，可以将该人移交给航空器降落地的任何缔约国的主管当局，等等。该公约还明确规定了机长和机组人员、航空公司、航空运输经营人甚至其他乘客，对阻止机上犯罪和不良行为，享有豁免权。

在国内法中，我国《民用航空法》第四十四条规定，机长在其职权范围内

---

① 刁伟民．航空保安［M］．北京：中国民航出版社，2008：25－34.

发布的命令，民用航空器所载人员都应当执行。机长的权力主要如下：第四十五条规定，飞行前，机长发现民用航空器、机场、气象条件等不符合规定，不能保证飞行安全的，有权拒绝起飞。第四十六条规定，飞行中，对于任何破坏民用航空器、扰乱民用航空器内秩序、危害民用航空器所载人员或者财产安全以及其他危及飞行安全的行为，在保证安全的前提下，机长有权采取必要的适当措施；飞行中，遇到特殊情况时，为保证民用航空器及其所载人员的安全，机长有权对民用航空器作出处置。第四十七条规定，机长发现机组人员不适宜执行飞行任务的，为保证飞行安全，有权提出调整。第四十八条规定，民用航空器遇险时，机长有权采取一切必要措施，并指挥机组人员和航空器上其他人员采取抢救措施。另外，根据我国《民用航空器安全保卫条例》第二十三条的规定，机长在执行职务时，可以行使下列权力：在航空器起飞前，发现有关方面对航空器未采取本条例规定的安全措施的，拒绝起飞；在航空器飞行中，对扰乱航空器内秩序，干扰机组人员正常工作而不听劝阻的人，采取必要的管束措施；在航空器飞行中，对劫持、破坏航空器或者其他危及安全的行为，采取必要的措施；在航空器飞行中遇到特殊情况时，对航空器的处置作最后决定。

（2）航空安全员。我国在1973年便设置了属于军人的航空安全员，后随着民航体制改革，安全员逐渐从军人转变为机组人员、企业职员，身份从“公”转变为“私”，工作从“警卫”转变为“服务”。航空安全员既非警务人员，又未被授权独立行使警察权，但其作为机组的一员，可以在机长领导下，协助机长或者空中警察行使部分治安权。我国《民用航空器安全保卫条例》第二十二条规定：航空器在飞行中的安全保卫工作由机长统一负责。航空安全员在机长领导下，承担安全保卫的具体工作。航空安全员的工作对象，根据《公共航空旅客运输飞行中安全保卫规则》的规定，包括扰乱性行为、严重危害飞行安全的行为两类。其具体权限包括制止打手机、吸烟等违规行为，维持客舱良好秩序；以及在机长授权下，对违反客舱秩序与安全的旅客采取搜查、管束措施（如捆绑）等强制性措施。这些强制性措施，集中体现了航空安全员对警察治安权的行使。

（3）安全检查员。民航安全检查机构是依据法律授权，执行国家法律规章，实施安全保卫的关键部门之一。根据我国《民用航空器安全保卫条例》第四章第二十六条至第三十三条的规定，其职责包括：依法通过实施安全检查工作，防止危及航空安全的物品非法进入民用航空器，保障民用航空器及其所载人员、财产的安全。负责对乘坐民用航空器的旅客及其行李、进入机场控制区的其他人员及其物品，以及空运货物、邮件的安全检查；对候机隔离区内的人员、物品进行安全监控等。安检员是机场公司或者被机场雇用的安保公司的人员，不是公共官员，也不是依职权行使警察权的主体，但其可以依法协助机场公安机关进行安全检查工作，对人身、财物实施搜查，消除安全隐患。安检员的这些职能表明，其承担的是现场任务执行权，或者说是被授权行使的有限治安权。

3. 其他相关部门和参与人

航空安保是一个众多单位广泛参与的综合体系，除公安机关外，还涉及民航行业主管部门（中国民航局、民航地区管理局、民航安全监督管理办公室等）、地方人民政府、机场管理机构、民用航空安全检查机构、公共航空运输企业、机场租户、机场联检单位、军事部门，以及空中交通管理部门、航空油料和地面服务代理等其他驻机场单位等。各单位分别按照法律规定的职责任务，采取相应的措施，共同保障航空安全。[①] 这些单位，有学者称为暂时性、辅助性警务主体。另外在特殊情况下，航空旅客、普通公民、民间社会团体等，也可能从事航空警务性质的工作，成为自发性警务主体。

（二）航空警务客体

航空警务的工作对象即警务客体，与治安客体类似，不外乎人、地、物、事等方面，但又具有自身的特殊性。[②]

1. 人

人，即治安问题的实施者、被害者以及参与者。人是社会治安的主体，也是最活跃的治安防控客体。治安防控客体的一切活动，都是由人的行为通过一定的物、时间、事件等表现出来的。结合航空警务，这里的人既包括自然人，也包括单位法人。例如，违法犯罪行为人、受害人，以及潜在违法犯罪行为人和潜在被害人；部门、企业、单位；货物托运人、收货人；民用机场经营人、民用航空器经营人；航空邮件承运人、航空货物销售代理人；以及旅客、工作人员等交通运输参与人。作为警务客体的人或组织，从主体对客体作用的功能属性来看，既是依靠的客体、合作的客体，又是服务的客体；另外，可能危害航空安全的则是防

---

① 刁伟民．航空保安［M］．北京：中国民航出版社，2008：12－17.

② 刘振华，蒋荣清．论社会治安防控客体［J］．湖北警官学院学报，2013（12）：50－53.

范的客体，重点人口等是控制的客体，违法犯罪人员是打击惩治的客体。①

2. 地

地，即治安问题发生的空间。这里的空间即地点、区域等，包括实体空间和虚拟空间。在航空警务中，最为典型的是机场、航空器、航道等特定空间。这些地点、场所、区域、空间，是警务主体防范的客体和控制的客体。其中，机场是服务型公共空间，作为流通服务场所，在其中的旅客互不熟识，缺乏必要的组织，多带有一定量的现金和财物，一般都有“人在旅途”的特殊情绪；在客运高峰期时，拥挤与混乱成为常态，极易发生各类治安问题。飞机是移动空间，起飞后脱离大地，与外界处于完全隔离状态，容易形成治安盲区，发生盗窃、贩毒，以及劫机、人为空难等严重犯罪。②

3. 物

物，即治安问题发生的载体。这里的物，是警务主体予以保护的设备设施、物品，或依法限制和取缔的物品等，也是警务主体保护、防范、控制的客体。在航空警务中，对机场、航空器及其内部的一切设备设施、物品器件，旅客合法携带的行李、财物，交运的货物、邮件以及外交邮袋等，都是警务主体要加以保护的重要客体。乘坐民用航空器禁止携带或者交运的物品，根据我国《民用航空器安全保卫条例》第三十二条的规定，包括枪支、弹药、军械、警械；管制刀具；易燃、易爆、有毒、腐蚀性、放射性物品；国家规定的其他禁运物品。

4. 事

事，即治安问题的表征。治安防控中的事，是指具有一定的社会危害性，一旦发生就会影响社会治安稳定的各类治安问题，主要包括治安案件、治安事件、治安事故，以及暴力恐怖袭击活动、群体性事件、重大灾害事件等，是警务主体防范、控制和打击惩治的客体。从整体职能上看，航空警务以及航空安保工作，实际上就是围绕人和事进行防范、处置和打击的专门工作。其中，防范工作包括机场地面的封闭管理、安全检查、通行管制、治安防控和空中防护；处置工作包括反劫机、其他突发事件应急处置、应急救援等；打击工作包括行政处罚和刑事

① 袁明林．试论治安主体与治安客体之关系辨析［J］．湖北警官学院学报，2011（9）：84 - 85.

② 王发曾．城市犯罪空间［M］．南京：东南大学出版社，2012：215 - 309.

侦查等。①

（三）航空警务规范

航空警务规范主要包含在航空安保法体系之中。所谓航空安保法，是有关规定制止危害航空安全的违法犯罪行为，维护空中航行秩序和纪律，保障旅客和机组生命、财产安全的法律规范的总称。航空安保法的调整对象，是民用航空安全保卫活动所产生的各种社会关系，其内容以航空刑法为主，涉及空中航行法和航空运输公法，但不涉及航空运输私法关系。目前，我国还没有制定专门的航空安保法，航空安保和警务工作的法律规范主要来自相关国际条约、国内法律法规、行政规章、行业标准等。②

1. 国内法渊源

国内法渊源由法律、法规、规章等不同层次的法律文件构成，这些法律文件又可分为公安专门性的法律法规和民航行业性的法律法规两类。其中，公安专门性法律法规，除了户籍、出入境管理等民航公安不涉及外，其他警察权行使的法律依据与一般公安机关警察权行使的法律依据基本相同。关于民航行业性法律法规，最重要的是我国 1995 年通过的《民用航空法》，这是国内具有最高法律效力的民航领域特有的法律。另外，有关机关还根据该法与相关法律法规，制定了专门规范民航安全保卫工作的《民用航空安全保卫条例》《民用航空运输机场航空安全保卫规则》《公共航空运输企业航空安全保卫规则》《中国民用航空安全检查规则》《公共航空旅客运输飞行中安全保卫规则》《航空安全员合格审定规则》《民用机场航空器活动区道路交通安全管理规则》七部规章，以及相应的一百余部部门规章、规范性文件、行业标准，涉及航空器运营人的安保、民用机场的安保、安全检查、安保预防措施、紧急情况处置等。主要的法律法规和标准体系如下表：③

---

① 刘昊阳．航空安保管理［M］．北京：中国民航出版社，2014：8.

② 刁伟民．航空保安［M］．北京：中国民航出版社，2008：8－11.

③ 张鸿．民用航空领域警察权行使问题研究［D］：［硕士学位论文］．天津：中国民航大学，2017：26.

	名　称	备　注
法律	《中华人民共和国民用航空法》	1995年10月30日由第八届人大常委会第十六次会议通过，自1996年3月1日实施，是具有最高法律效力的民航领域特有的法律。
行政法规	《中华人民共和国民用航空安全保卫条例》	1996年7月6日由国务院颁布，是专门为民航安保设立的行政法规，也是至今我国规范民航安保工作的级别最高的专门法规。
部门规章	《中国民用航空安全检查规则》	1999年5月14日由中国民航总局第85号令发布实施，自1999年6月1日起施行。
	《中国民用航空行政处罚实施办法》	2003年4月7日由中国民航总局第116号令发布，自2003年6月1日起施行。
	《民用航空行政检查工作规则》	2006年2月8日由中国民航总局第163号令发布，自2006年3月20日起施行。
	《处置非法干扰民用航空安全行为程序》	1999年12月30日由中国民航总局第174号文件发布实施。
	《公共航空旅客运输飞行中安全保卫规则》	2016年3月4日由交通运输部令第5号发布，自2016年4月4日施行。
规范性文件	《国家处置劫机事件总体预案》	
	《空中警察管理规定（试行）》	
	《国家民用航空安全保卫规划》	
行业标准	《民用航空安全检查人员定员定额》	属于国家标准
	《民用航空运输机场安全保卫设施》	属于行业标准
	《民用航空运输机场消防站装备配备》	属于行业标准

2. 国际法渊源

民用航空自诞生之日起，就具有显著的国际性特征。特别是随着经济社会发展和国际航班急剧增多，针对航空器这种“浮动的领土”的犯罪不断增多，航空犯罪的跨国性日益突出，航空执法也面临着越来越多的涉外事务。因此，我国所参与并签署的一系列国际公约、国际协定等，也是航空警务执法的重要依据。

其中，最早的是联合国及国际民航组织和世界各国制定的三个有关空中劫持的国际公约。①

第一个是1963年在日本东京签订的《关于在航空器内的犯罪和其他某些行为的公约》（以下简称《东京公约》），其于1979年2月12日对我国生效。《东京公约》明确了条约的适用范围，解决了管什么的问题；明确了管辖权，解决了由谁管的问题；明确了机长的权利和义务，解决了怎么管的问题；还首次规定了航空违法犯罪及非法劫持航空器罪，具有重大的开拓性意义。

第二个是1970年在荷兰海牙举行的外交会议上通过的《关于制止非法劫持航空器的公约》（以下简称《海牙公约》），我国于1980年9月10日申请加入了该公约。《海牙公约》主要从三个方面对反劫机措施作了法律规范：一是明确将非法劫持和控制民用航空器的行为，规定为违反国际公约的严重犯罪行为；二是明确规定了国际管辖与缔约国管辖的权利与义务；三是提出了严惩劫机犯罪的措施，创造了新的适用范围。

第三个是1971年在加拿大蒙特利尔举行的外交会议上通过的《关于制止危害民用航空安全的非法行为的公约》（以下简称《蒙特利尔公约》），我国于1980年加入该公约。《蒙特利尔公约》增加了多种航空犯罪，列举了劫持民用航空器之外的五种危害民用航空安全的行为。同时，加强了对航空犯罪的管辖，增加了犯罪地国的管辖权，并根据不同的犯罪种类，规定了“罪犯发现国”的管辖权。1988年2月24日，针对民航机场频繁发生爆炸、破坏活动，国际民航组织在蒙特利尔又签订了一份议定书，全称为《制止在用于国际民用航空的机场发生的非法暴力行为以补充1971年9月23日订于蒙特利尔的制止危害民用航空安全的非法行为的公约的议定书》（也称《蒙特利尔议定书》）。该议定书补充增加了有关国际民用航空机场的犯罪行为，扩大了《蒙特利尔公约》的适用范围。

上述三大航空安保条约，对于维护国际民航运输的安全和秩序发挥了极其重要的作用。但随着形势的发展，民航面临的威胁逐渐增多，原有的公约体系开始暴露出诸多不足。于是，在国际民航组织的倡导下，2010年9月10日，在北京举行的航空安保外交会议上，对《海牙公约》和《蒙特利尔公约》进行了修订，并最终通过了《制止与国际民用航空有关的非法行为的公约》（也称《北京公

① 张君周．空中警察客舱执法规范［M］．北京：中国人民公安大学出版社，2012：31－57.

约》）和《制止非法劫持航空器公约的补充议定书》（也称《北京议定书》）。该公约和议定书主要作了以下方面的修订：一是增加了新的航空威胁种类；二是将“法人”新增为航空犯罪的主体；三是明确了共同犯罪的形态；四是新增了一项强制性管辖理由和两项任选性管辖理由；五是直接规定了公约所规定的航空犯罪不属于政治犯。其中，《北京公约》第十六条沿用了《蒙特利尔公约》第十条的规定，成为各国设置空中警察的依据之一。

在三大航空安保条约中，《东京公约》是最早制定却又最晚启动修订的公约。2012年5月22日至25日，国际民航组织法律委员会在蒙特利尔召开了“特别小组委员会”会议，专门研讨《东京公约》的修订问题。修订主要包括以下内容：一是将客舱内违规行为纳入国际公约；二是增加了空中警察的相关内容；三是加强了各国对违规旅客的管辖权。

二、航空警务的专业理论

航空警务的专业理论，是指对航空警务的各项专业工作进行研究，并揭示其一般规律的理论。借鉴公安行政法的体系构造，结合航空警务实践及理论研究状况，暂将航空警务的专业理论分为行政执法、刑事执法、应急处置和队伍建设四个方面。

（一）行政执法

警察权是宪法和法律赋予警察机关行使的国家权力，一般包括治安权和侦查权。民航公安机关作为武装性质的国家治安行政力量和刑事司法力量，警察权的行使具有复合性。其中，处理行政违法行为对应的权力属性，是警察权中的治安权；处理刑事犯罪行为对应的权力属性，是警察权中的侦查权。在司法实践中，民航公安机关履行的职责任务不仅包括治安、侦查等方面，还包括交通、消防等方面，但最常见、最有争议、最急需改革完善的还是治安权与侦查权的行使问题。因此，航空警务的专业理论首先需要重点研究的，就是民航公安机关的行政执法和刑事执法问题。

民航公安机关的行政执法，是行使治安行政权的具体体现，主要指民航公安机关作为当事人一方，以《治安管理处罚法》《民用航空安全保卫条例》等法律法规为依据，直接与相对人发生法律关系的活动。民航公安机关行政执法的基本特征：一是执法主体为民航公安机关，包括民航管理部门公安机关、民航机场公安机关、地方机场公安机关和空中警察机关。二是执法内容广泛，凡未达到犯罪程度的航空违法行为，如散布虚假恐怖威胁信息、砸机霸机等严重扰乱社会公共秩序的行为，旅客使用假冒证件登机、藏匿违禁物品乘机的行为，以及在航空器内的各类扰乱性行为等，都是民航公安机关治安管理和处罚的范围，其目的在于主动维护航空器和机场的安全。三是执法行为是具体行政行为，具有可诉性。[①]

民航公安机关为有效行使治安权，在理论和实践上还需要着重解决一些有争议的问题：一是空中警察、机长、航空安全员、安全检查员的航空安保执法权界定问题。[②] 二是空中警察行使行政职权受机长和航空公司的领导管理，与其作为公务员民警独立行使行政职权的身份相冲突问题。三是机长、航空安全员及安全检查员等非警务人员，行使部分或有限的警察治安权问题。[③] 四是民航刑事执法与民航行政执法的衔接问题，主要明确两者相应的实体法律依据、执法对象、执法程序和执法后果。

（二）刑事执法

公安机关的刑事司法权力，体现为侦查权。民航刑事执法，是指民航公安机关根据《刑法》《刑事诉讼法》和《人民警察法》等法律赋予的职责权限和程序，对民航管辖范围内涉嫌刑事犯罪的人和事依法履行刑事责任追究的活动。其基本特征是：执法的主体为民航公安机关，包括专门的民航公安机关和对民航管辖的刑事案件有刑事执法权的地方公安机关（如地方机场公安机关）；执法的对象是发生在民航管辖范围内涉嫌犯罪的人和事；执法的性质是非具体行政行为活动，具有不可诉性。[④]

民航刑事犯罪的种类，以犯罪行为所侵害的客体为依据，可划分为三大类：危害民航安全的犯罪，主要对应《刑法》危害公共安全罪中的相关犯罪类型；妨害民航管理秩序的犯罪，主要对应《刑法》妨害社会管理秩序罪中的相关犯罪类型；民航管辖范围内的其他多发犯罪，主要对应《刑法》侵犯公民人身权

---

① 杨惠，张莉琼．民航公安刑事执法规范［M］．北京：中国人民公安大学出版社，2012：6－7.

② 车彤．试论民用航空安保执法权界定［J］．西南石油大学学报（社会科学版），2009（4）：64－68.

③ 刘晓山，张洪．美国警务民营化制度及其对我国民航警察治安权的启示［J］．江苏警官学院学报，2017（4）：124－128.

④ 杨惠，张莉琼．民航公安刑事执法规范［M］．北京：中国人民公安大学出版社，2012：3－4.

利、民主权利罪及侵犯财产权利罪中的相关犯罪类型。其中，危害民航安全犯罪的特点，一般认为有以下几个方面：一是犯罪的主体具有特殊性。犯罪主体必须有接触航空器的便利条件，具有接触、获取使用爆炸性武器、弹药的能力。此外，从事严重航空犯罪行为的人大多是亡命之徒，或者对国家和社会心存严重愤恨，可能是精神病患者，或者是被宗教势力、分裂势力所驱使者。二是犯罪的对象具有特定性。其主要是航空器、机场及其各类人员的生命、财产。三是犯罪的方法具有恶劣性。犯罪分子多采用破坏性极强的工具和高科技手段，且为达目的往往不惜血本，造成巨大损害后果。四是犯罪的时机具有选择性，犯罪分子的目的多为制造社会影响，因此，人员密集时段，重要会议或大型活动期间等成为其首选时机。五是犯罪的后果具有严重危害性。航空运输风险极大，发生事故后难以抢救；航空器作为价值昂贵的特殊动产，一旦遭到袭击会造成巨大经济损失；航空犯罪还会影响一国的航空安全声誉，进而影响该国的国际社会声誉。

当前，随着民航安全形势的发展和民航面临恐怖威胁情况的变化，危害民航安全犯罪呈现以下发展趋势：滥用航空器作为武器，进行电子攻击和以计算机为基础的网络攻击，针对民航目标实施化学和生物攻击或者威胁等。为有效防范和打击危害民航安全犯罪，须采取以下警务策略和工作措施：一是建立防范危害民航安全犯罪的策略体系，真正形成融法律体系、行政措施、技术手段、制度完善、硬件配置、人员审查、国际合作等为一体的防范与打击的立体网络。二是完善防治危害民航安全犯罪的立法，尤其是要根据相关国际公约、议定书的修订，补充完善国内立法。其中，修订《民用航空法》《民用航空安全保卫条例》，是当前完善民航安保法规体系的关键。① 三是加强防范和打击危害民航安全犯罪措施的持续改进，建立起以信息导控动态打击、信息导侦精确打击、专项经营深入打击，以及预警信息化、研判科学化、力量专兼一体化、防范持续化为特征的防范工作机制。四是不断提升打击危害民航安全犯罪的技术水准，增强安保工作的科技含量。②

在民航刑事执法中，基于航空犯罪突出的跨区域性和跨国性特点，建立国

① 王若源．《安全生产法》修订对民航安保立法的启示［J］．北京航空航天大学学报（社会科学版），2017（1）：35－36.

② 杨惠，张莉琼．民航公安刑事执法规范［M］．北京：中国人民公安大学出版社，2012：29－38.

际、国内侦查协作机制，是有效行使侦查权，预防和惩治航空犯罪的重要环节。一般而言，民用航空领域的刑事侦查协作，可以分为国内侦查协作、国际侦查协作和区际侦查协作三类。其中，国内侦查协作，是指民航内部不同警务部门、警种之间，或者民航公安机关与地方公安机关之间，在案件侦破过程中，互通情报、互相支援、通力合作、协同作战的一种强制性侦查行为。其又分为两个层次：第一个层次是民航系统内部不同警务部门、警种之间的协调合作，又称民航内部侦查协作；第二个层次是民航公安系统和地方公安机关之间的协调合作，又称国内区域侦查协作。① 国际侦查协作，是指国与国之间根据国家主权和互惠原则，为了查明犯罪事实，获取犯罪证据，互相委托代为进行一定侦查活动的一种国际司法协助行为。其主要包括送达刑事侦查文书、协助调查犯罪案件、协助提供犯罪证据、协助执行逮捕、搜查和扣押财产、交换传递犯罪情报等内容。区际侦查协作，则是相对于国际侦查协作而言的，主要是指我国大陆与香港、澳门、台湾等地区的刑事侦查协作工作。② 为此，进一步明确三类侦查协作的特征、内容、程序，不断健全法律法规体系，完善协作工作机制，有效预防和打击严重航空犯罪，既是当前警务实战面临的重大课题，也是航空警务专业理论研究亟待加强的重要领域。

（三）应急处置

在日常治安行政管理和刑事执法外，民航公安机关还担负着应对突发事件和严重犯罪的应急处置任务。从航空安保的职能分工来看，航空公司作为飞行安全主体，承担着空中安全保卫的应急处置任务，重点是对航空器飞行中发生的航空安全犯罪活动或严重非法干扰行为的处置。民用机场、机场公安机关，主要承担着机场地面范围的应急处置任务。但是，应急处置工作的特殊性，就在于其不能仅靠单一部门、单一警种的“单打独斗”，而是必须协同联动，形成整体合力。为此，在航空安保的应急处置实践中，往往是由民航主管部门甚至国家层面主导实施，由政府协调指挥航空公司、民用机场的安保应急力量、消防救护力量，以及公安、武警等国家武装力量统一行动。航空安保应急处置的类型和范围，主要

① 张鸿. 民用航空领域警察权行使问题研究［D］:［硕士学位论文］. 天津：中国民航大学，2017：53 -56.

② 杨惠，张莉琼. 民航公安刑事执法规范［M］. 北京：中国人民公安大学出版社，2012：349 -358.

有三大类：[①]

1. 严重航空安全犯罪处置

这主要是指应对处置以劫持、爆炸、纵火等严重空中非法干扰行为，对航空器实施的航空安全犯罪。这种犯罪方式的破坏后果严重、政治影响深远，且处置难度极大，历来是航空安保应急处置的核心任务。一部世界航空安保史，基本上可以视为应对劫机犯罪的历史。针对这类威胁活动的处置，需要在国家或政府的指挥主导下，以机组为核心，实行多部门联动，目的是保证国家安全、旅客机组的人身生命安全，并力图控制甚至消灭袭击者。

空中警察是为应对反劫机、反恐怖形势而建立的专门队伍。处置空中非法劫机行为，须按照《国家处置劫机事件总体预案》和民航公安局相关处置程序，以尽力保证人质、机组和飞机安全，适度使用警械、武器为原则，把握以下关键环节：一是信息的传递沟通。迅速查明行为人信息、凶器种类、危害性以及行为人是否有同犯等，以约定方式告知机组，并及时与地面沟通汇报。二是各司其职、有效配合、及时处置。其中，乘务员做好旅客的安抚工作。空警加强客舱防范和驾驶舱保护，并视情制止劫机行动；制服劫机者后，做好对行为人的监控和对犯罪现场的保护；机场公安人员登机后，再协同进行现场调查取证，并将案件移交。[②]

2. 机场公共安全事件处置

机场公共安全事件，是指在机场地面范围发生的、主要针对机场公共安全的威胁事件。其一般包括武装袭击机场、机场内劫持人质、在机场内实施爆炸，以及扬言威胁在机场制造爆炸等方式。

民用机场是重要而特殊的社会公共场所，此类威胁的主要目的在于杀死杀伤机场内的密集人群，或破坏机场设施以影响民航运输，一旦得逞将会造成重大的物质损害后果和社会政治影响。但从总体上看，其危害程度相对弱于针对航空器的犯罪。对此类案事件的处置，一般不需要跨地域联动，多由地方政府、民用机场、机场公安机关实施处置工作。

3. 民航治安事件的处置

民航治安事件，是指在民航运行特别是公共航空运输过程中，发生的机场旅

---

① 刘昊阳．航空安保管理［M］．北京：中国民航出版社，2014：16－17.
② 张君周．空中警察客舱执法规范［M］．北京：中国人民公安大学出版社，2012：105－107.

客群体性事件、机场内的斗殴伤害事件、空中严重干扰秩序事件等治安类突发事件。此类事件在性质上不属于民航公共安全范围，也不是严格意义上航空安保应急处置的范围。但其在机场、机舱等特殊敏感场所发生，对运输秩序和旅客安全感有着特殊的影响，如果不及时阻止平息，还有可能诱发次生的严重后果，因此也被列入应急处置工作的内容。这类事件的处置难度相对较小，不需要调动政府或国家的重大资源，一般由当事的民用机场、航空公司，以及机场公安机关、空中警察等执法力量予以实施。

（四）队伍建设

随着2002年空中警察队伍的组建，我国民航公安队伍的构成变为由四个部分组成。（1）民航管理部门公安民警，是指中国民航公安局机关的人民警察，华北、华东、东北、广州、西南、西北、乌鲁木齐民航管理局公安局及其所属公安机关的人民警察；（2）民航飞行学院系统公安民警，即民航飞行学院机场公安局及其所属机场派出所的人民警察；（3）地方机场公安民警；（4）空中警察。这四支队伍分布在地面和空中，既有直属的也有移交地方管理的，性质特点各有不同，职责任务也各有侧重，整体管理的难度大，职业化、专业化、正规化建设的任务十分繁重。

2018年12月，随着行业公安机关管理体制的改革，民航公安机关按照“警是警、政是政、企是企”的原则，实行公安部和中国民航局双重领导、以公安部领导为主的新管理体制，民航公安队伍建设又面临着新的课题。例如，要深入理解贯彻此次改革的精神和原则，适应新的管理体制要求，抓紧理顺事权关系、层次关系、结构关系，抓好机构人员职能整合、业务工作融合和机制流程等方面对接，使现行体制与传统体制顺畅过度，上下级之间、与其他公安机关之间有效衔接，形成公安机关的整体效能。要坚持立足当前、着眼长远，稳妥做好改制转隶的相关工作，积极构建现代警务机制，建立健全与民航主管部门、运输企业的协同配合机制和行政执法、刑事司法相互衔接机制，更好地服务保障国家经济建设和民航事业安全发展。要结合落实人民警察分类管理的两个职务序列改革方案，优化队伍结构，完善职业保障机制，形成具有民航公安特色的警察管理制度。要狠抓能力建设，大力加强专业人才教育和在职民警培训工作，完善民警的初任培训、晋升培训、专业培训和知识更新培训体系，不断提高民航公安队伍的执法素质和综合能力等。

第五节　空域警务的人才培养路径

开展空域警务专门人才培养，是铁道警察学院创造条件建设交通运输警察学院的一个重要发展方向。基于适应当前警务实战的迫切需要，立足航空警务与铁路警务相通相近的特点，同时考虑到现有的理论和实践积累情况，我们在发展策略上应有所取舍，有针对性地推进空域警务相关领域的研究探索和教育培训，努力在取舍中实现“有选择的卓越”。即先期开设治安学专业（航空警务专业方向）和侦查学专业（警用无人驾驶航空器侦查专业方向）学历教育，抓紧为实战部门培养急需的高素质专门人才；待相关知识理论和警务技能体系基本成熟后，再推动建立相关专业，未来适时向硕士教育层次提升。在开展专业方向学历教育的同时，还要加强对警用航空及警用直升机管理使用的理论研究，努力为警务实战理论支撑，不断丰富空域警务的知识理论体系，从整体上推进空域警务立身发展并行稳致远。

一、治安学专业（航空警务方向）

为推动航空警务专业方向的建设，铁道警察学院曾专门组织力量进行了大量的沟通汇报、实地调研和需求调查工作，并在 2017 年举办了“航空警务人才培养研讨会”，邀请来自中国民航局公安局、民航河南机场公安局、南航河南保卫部、安阳航校、周口西华通用机场以及郑州市公安局、开封市公安局等近 20 位专家进行研讨。从整体来看，铁道警察学院开展航空警务专业方向教育，宜按照“站、机、线”一体化防控的要求，把空、地统筹起来，培养既能从事机场治安又能从事空中警务的复合型人才。考虑到基础问题，具体路径可先争取承接机场公安、空警及安全员的在职培训任务，抓紧从中孕育课程、锻炼师资、储备人才，适时开展专业学历教育。

关于课程设置。当前机场公安的培训内容与行政公安机关基本趋同，自身特色还不够突出。空中警察的专业培训课程，主要包括空中非法干扰行为的识别与处置、危险品的识别与处置、危情交流与沟通、机上案（事）件移交程序规定等；技战术课程主要有客舱制敌、警械使用、战术行动手语通信等。另在 2011 年，公安部执法规范化建设领导小组办公室部署出版了《中国公安执法规范化建设丛书》，内有《民航公安刑事执法规范》《空中警察客舱执法规范》等专门教材。这些教材的出版和使用，对于形成航空警务的特色教材体系，促进民航公安机关的执法规范化建设和队伍正规化建设，都具有重要意义。此外，可资借鉴的还有民航院校中空中安全保卫专业的教学。该专业为专科层次，采用的是侧重飞行安全的课程体系，主要有散打（客舱制敌术）、飞行与航行、机上服务与设备、危险品运输、航空法规等。其初始资质培训的内容，主要包括3000米、卧推等体能，散打、客舱制敌术等技能，危害空防安全行为处置、危险品识别、危机谈判等理论知识三个部分。①

一般而言，新建应用型高校的基本定位，应是为实践第一线培养人才。凡是初次就业的专业，都要以培养一线人才为目标，并以此为依据设置学科课程，调整改造不适合初次就业的学科课程，减少与初次就业所需实践能力不相称的课程。② 航空警务作为新兴学科专业，其课程设置必须坚持一线意识，注重为一线育才。因此，治安学航空警务专业方向的课程设计，须紧密围绕实战需要，以“前期趋同、后期特色”为原则进行构建。即前期的基础课、公共基础课和专业基础课，按照治安学专业“国标”要求来设置，同时瞄准未来参与制订“行标”的方向，补充开发关于机场治安基础理论、航空安保基础理论、空警执勤基础理论、客舱安保基础理论等课程，打牢专业知识理论基础。后期的特色主要通过专业主干课程来体现，应瞄准警务实战的需求点和“疼痛点”，借鉴当前民航公安、空中警察的培训课程体系以及民航空中安全保卫专业的课程教学体系，提升、转换5门左右的专业主干课，如民航公安治安管理、民航公安刑事执法规范、民航治安灾害事故调查与处置、空中非法干扰行为的识别与处置、劫机事件处置程序规范等。同时，综合开发若干特色技能培训课程，如武器与警械使用、危险物品识别、反恐防暴技战术、客舱擒敌和制敌技战术、尖锐性武器的防御与控制等，形成“基础理论课 + 专业主干课 + 特色技能课”的课程教学体系。

二、侦查学专业（警用无人驾驶航空器侦查方向）

当前，警用无人驾驶航空器侦查的实践和应用已经远远走在理论之前，急需

---

① 邓鹏．民航空中安全保卫专业学生教育管理的对策研究［J］．当代教育实践与教学研究，2015（8）：83－84.

② 陈锋．坚持用马克思主义实践论指导中国高等教育改革［J］．中国高等教育，2015（21）：35.

相应的知识理论体系来支撑引导，更需要大量的专门人才进行管理使用。为此，铁道警察学院在深入实战单位调研的基础上，抓紧组建了跨学科的“警用无人机侦查研究中心”团队，主动与天津、威海、武汉、郑州等地公安实战单位开展共建，并积极争取公安部相关业务局的领导支持，于2017年9月与国家移动信息产业技术联盟（NMT）联合举办了“公安信息化发展暨警用无人驾驶航空器管理与实战应用研讨会”，邀请来自公安部科技信息化局、装备财务局（警用航空管理办公室）、铁路公安局和各省（区、市）公安厅局、18个铁路公安局以及中国工程院、相关公安院校的80余名领导专家参会研讨。会议期间，还专门举行了“侦查学专业（警用无人驾驶航空器侦查方向）专家论证会”，探索推动专业教育教学和人才培养工作。综合专家的意见和警务实战需要，铁道警察学院宜立足铁路、城轨、道路、空域、水域等“大交通”格局，着眼无人机在刑事侦查、治安防控、反恐处突、缉毒排爆、抢险救援、要人警卫等领域的运用，加快研发相关教材和课程，以“学分+双证书”的培养模式，抓紧为行业公安机关和行政公安机关培养警用无人驾驶航空器侦查人才，努力推动本警种及专业方向教育的职业化、正规化建设。

关于课程体系构建，仍以“前期趋同、后期特色”为原则。前期的基础课、公共基础课和专业基础课，按照侦查学专业“国标”要求设置，同时从侦查学、法学与航空原理、空气动力学、飞行气象学、信息通信原理等学科交叉发展的角度，补充研发相应的专业基础课。专业主干课按照“打好两个基础，构建四梁八柱”的办法，以理论、技术为基础，以学科、术科并举为原则，抓紧开发编写警用无人驾驶航空器概论、警用无人驾驶航空器侦查导论、空中图像采集与后期处理技术、警用无人驾驶航空器技战法等特色教材。在特色技能方面，可开展以飞行控制技术、巡查与投送技术、通信与反制战术、空地协同技战术等为主体的职业技能训练。在对学生加强上述特色理论教育和职业技能培训，并要求学生完成规定学分的基础上，再要求其同时获得警用无人驾驶航空器B类执照、初级执法资格证书“两证”，真正使“教、学、练、战”有机结合起来，为公安机关培育具有厚实的专业理论、务实的职业技能和扎实的作战能力的复合型高素质专门人才。

第六章

道路交通警务论

在交通运输警务体系中，道路交通警务与城市轨道交通警务具有一个共同特性，即两者都是由行政公安机关、而不是行业公安机关实施的警务活动。它们与其他交通运输警务的最大不同，就在于只是行政公安机关内部一个部门警种的警务，专业性强，涉及的范围相对有限，是面向道路交通管理领域、职能相对单一的专门性警务；而其他则是行业公安机关的综合性警务，即“特种警察”警务，具有全面性。

当前，学界关于道路交通安全和交通管理的研究成果已经十分丰富，以“交通管理”以及“交通管理工程”专业为主干的专门人才培养，也已形成从专科、本科到硕士、博士的完整教育层次体系。但是，从横向综合的角度，以道路交通警务为主题进行专题研究，尚处在探索阶段。本章将以“史、论、专”为基本框架，对道路交通警务的相关理论成果进行汇集、梳理和整合，并对相关问题做初步探讨。

第一节　道路交通警务的研究对象与学科属性

对于学科建设而言，首要的任务就是要明确研究对象，这是由学科作为一种社会劳动分工的特点所决定的，也是人类认识世界的经济性、有效性的必然要求。学科研究对象，可能是某个单一的客观对象；也可能横跨几个客观对象，去研究对象之间的关系；还可能是围绕某一个客观对象所产生的各种关系。但不管是何种情况，不同学科之间在对象上必须是独特的。[①] 因此，探索建构道路交通警务的理论体系和学科专业，必须首先明确其特有的研究对象和学科属性。而划定研究对象，明晰学科属性，又需要首先对一些相似或相近的概念作细致的辨析和区分。

一、相关概念辨析

在道路交通和道路交通安全研究领域，交通学界和公安学界已基本形成自己的概念术语体系，但其中的一些概念术语双方可以通用，有的则产生了交叉或变异，时常令人造成混淆或误读。

（一）道路与道路交通安全、道路交通管理

道路是交通学者和公安学者都在使用的基础性概念，但从整体上研究道路交通安全管理的相关问题时，两者又有不同的路径。

1. 道路

道路有广义和狭义之分。《道路工程术语标准》似取广义，其规定：道路是指供各种车辆和行人等通行的工程设施，包括公用道路（如公路、城市道路）和专用道路（如厂矿、林区和乡村道路）。

《道路交通安全法》似取狭义，其第一百一十九条规定：道路是指公路、城市道路和虽在单位管辖范围但允许社会机动车通行的地方，包括广场、公共停车场等用于公众通行的场所。

2. 道路交通安全

交通学者主要从道路交通安全的角度，研究道路交通安全管理的相关问题。一般认为，道路交通安全是指在道路交通活动中，通过采取有效措施，将人身伤亡或财产损失控制在可接受的状态。其研究内涵，主要是对道路交通安全问题的发生、过程、结果进行调查、统计、分析、模拟、预测，形成对人、物流通过程中系统质点的冲突与矛盾问题的对策措施，实现对道路交通的有效控制和道路交通系统的动态平衡。

道路交通安全学，被认为是一门“五 E”科学，即法规（Enforcement）、工程（Engineering）、教育（Education）、环境（Environment）、能源（Energy）。其

① 刘小强．高等教育学学科分析：学科学的视角［J］．高等教育研究，2007（7）：77.

中，“法规”，指维护交通秩序，保障交通安全的交通规则、交通违章罚则以及其他有关交通安全的法律法规。“工程”，指交通工程，包括研究和处理车辆在道路上的运动及其规律，为使车辆到达目的地的方法、手段和设施，车辆安全运行需要的维持车辆与固定物之间的缓冲空间等。“教育”，指安全教育，包括学校教育和社会教育。“环境”，指道路交通环境保护。“能源”，指石化能源等的消耗。①

3. 道路交通管理

公安学者主要从道路交通管理的角度，研究道路交通安全问题。有学者认为，广义的道路交通管理涵盖道路交通管理发展的整个过程，包括设计阶段的规划管理、实施阶段的建设管理、运行阶段的功能管理和安全管理四大环节。具体体现在道路系统的建设规划管理、道路交通资源管理（包括道路设施资源、客流资源和货流资源等）、道路交通安全管理（包括车辆管理、交通秩序管理和交通事故预防与处理）、交通环保管理（包括畅通噪音、废气等）等各个方面。狭义的道路交通管理，主要涉及道路通行秩序管理、道路交通事故处理、车辆管理、机动车驾驶人管理、交通控制与诱导、交通紧急事件应急处理、交通安全宣传教育，以及对道路规划、建设与道路交通运输的监督等。②

也有学者提出，道路交通管理是公安机关交通管理部门根据国家的有关法律、法规、规范和标准，对道路交通系统中的人、车、路、环境等要素进行组织协调、控制管理活动的总称。工作内容包括：道路交通秩序管理、道路交通事故处理与预防、车辆管理、机动车驾驶人管理、道路交通安全执法、道路交通安全监管、道路交通安全宣传教育，目的是维护良好的道路交通秩序，预防和减少交通事故，保障道路交通安全和畅通。③

（二）道路交通安全与交通工程

交通学者多使用这两个概念，认为两者都是研究道路交通系统中人、车、道路和环境的基本特性、相互依存关系和相互作用的交叉学科，其研究范围基本相同，区别在于研究的重点和目的。

---

① 过秀成．道路交通安全学［M］．南京：东南大学出版社，2011：4-11.
② 杨钧，李江平，王京．道路交通科学管理概论［M］．北京：中国人民公安大学出版社，2008：1-2.
③ 路峰，汤三红．道路交通管理学［M］．北京：中国人民公安大学出版社，2014：5-13.

其中，道路交通安全研究的重点，是道路交通系统的安全性、可靠性、系统控制、安全保障措施等，目的在于提高道路交通系统的安全性及可持续发展，兼顾畅通及效益。交通工程学研究的重点，是交通流、交通生成及规律、道路通行能力等，目的主要在于保障道路交通系统畅通，提高道路网络通行效率。①

（三）交通管理工程与道路交通工程

公安学者多使用这两个概念。在实践中，交通管理工程似侧重指专业，道路交通工程则侧重指学科课程。

1. 交通管理工程

交通管理工程现为法学门类、公安技术类一级学科所属的特设专业，主要以交通组织控制技术、交通安全执法技术、车辆与驾驶人管理制度为研究领域，同时结合公安交通管理的实际运用，开展人才培养、理论研究、技术研发、成果推广和服务实战。

从学科来源来看，交通管理工程属于交通工程学科的派生学科，是法学与工学的交叉学科，其实质为交通执法工程，主要通过工程技术手段实现交通领域的执法。在交通管理工程中，其交通组织控制技术领域的主干子学科，即道路交通秩序管理。所谓道路交通秩序管理，是从宏观的交通组织管理（规划组织）到微观的交通组织管理（秩序管理）的过程。公安机关交通管理部门以规划组织为理论指导，形成交通秩序管理的实施方案，而方案具体的执行过程就是交通秩序管理。②

2. 道路交通工程

一般认为，道路交通工程是指在政府和社会公众的积极参与下，综合运用法律、法规、政策手段、管理科学、工程技术理论和方法，把人、车、路、环境及能源等，综合在道路交通的复合动态统一系统中进行研究，以实现道路交通安全、有序、畅通、低公害、低耗能目标的活动过程。

有学者对公安领域的道路交通工程和交通领域的交通工程作了细致比较，认为道路交通工程的研究内容，与交通工程相比，除了要阐述人与车辆的交通特性、交通流基本特性、交通流理论、交通调查、道路通行能力与服务水平等交通

---

① 过秀成．道路交通安全学［M］．南京：东南大学出版社，2011：11.

② 刘玉增，管满泉．道路交通秩序管理［M］．北京：中国人民公安大学出版社，2015：1.

工程的基本理论知识外，还要阐述道路与交通设施、道路交叉口交通组织设计、道路交通安全评价、道路交通影响评价等内容。①

二、道路交通警务的初步界定

上述道路交通、道路交通安全、道路交通管理，以及交通工程、交通管理工程、道路交通工程，涉及交通运输、公安机关两大实务领域，跨越了工学、法学、管理学等多个学科门类。从道路交通警务的角度来看，相关的概念及其内容既有原创的，也有直接引进和交叉再创生的，确实令人眼花缭乱，也缺乏一个具有公安特色的统领性概念。

（一）道路交通警务的概念

鉴于上述问题，应从公安机关的职责任务出发，将道路交通警务作为公安机关承担的道路交通管理工作的整体概念。界定这一概念，首先要明确研究范围。道路交通管理是包含规划管理、建设管理、功能管理和安全管理的系统工程，公安机关的职责任务应限定在安全管理这一领域。对此，我国《道路交通安全法》第五条明确规定："国务院公安部门负责全国道路交通安全管理工作。县级以上地方各级政府公安机关交通管理部门负责本行政区域内的道路交通安全管理工作"。

因此，可将道路交通警务的研究对象，划定为公安机关人民警察在道路交通安全管理工作中，基于法定职责任务而从事的实践活动。它既不完全包含、也不限于现在的道路交通安全、道路交通管理以及交通管理工程、道路交通工程的内容，需要围绕公安交通管理部门的法定职责任务进行研究和梳理。

（二）道路交通警务的学科属性

道路交通警务的研究对象、研究领域及学科属性，之所以成为一个亟待研究解决的课题，与其在发展历程中深受工学门类的交通运输学的影响，一些研究概念术语和知识理论主要通过借用、迁移、引进再创造而产生，以及自身的理论体系也不够完整系统等，有着直接关系。

从人才培养来看，在不同的教育层次中，关于道路交通警务的理念、内容及学科归属也有不同。例如，在专科层次，根据 2004 年印发的《普通高等学校高

① 蔡果，何树林．道路交通工程［M］．北京：中国人民公安大学出版社，2015：1－3.

职高专教育指导性专业目录（试行）》，在公安管理类中设置了交通管理专业（680106）。2015年修订印发的《普通高等学校高等职业教育（专科）专业目录》中，在公安与司法大类保留了这一设置，唯一的不同是将其列入了国家控制专业，专业及代码调整为交通管理（680102K）。从其专业归属的类别来看，交通管理专业显然偏重于管理学。

在本科以上层次，根据《普通高等学校本科专业目录（2012）》，本科专业交通管理工程（083103TK）被列入工学门类的一级学科公安技术中。而硕士、博士研究生教育，则是通过在公安技术一级学科下自主设置的交通管理工程（0838Z3）二级学科来开展的，均授予工学学位。从专业归属的学科门类来看，交通管理工程显然偏重于工学。

结合警务实践来看，交通警察实战岗位需求与交通管理工程专业之间还存在明显的不对应、不适应问题，直接影响人才培养效能。有学者就提出，交通管理工程专业的人才培养，在宏观上存在学科目标定位不准确、特色不够鲜明的不足，在微观上直接表现为专业人才培养的规格定位模糊、质量标准含糊不清，进而影响专业教学改革的效果以及所培养人才的适应性。①

综上所述，道路交通警务以公安民警在道路交通管理工作中的法定实践活动为研究对象，既涉及人的管理，也有车辆、道路、环境的管理。从知识体系来看，既包含自然科学有关知识，如数学、物理学、系统科学等；也包含社会科学有关知识，如管理学、公安学、法学、社会学等；还包含应用科学有关知识，如智能交通管理技术、交通事故预防与处置技术、交通监测与控制技术等。因此，道路交通警务作为一个特殊的知识理论体系，甚至在未来成长成熟为一门独立的学科专业，显然不能源于上述多个学科边界知识的交叉共生，而是必须围绕道路交通警务这一特定社会现象，推动相关学科在理论内容和方法等方面相互影响、相互渗透，最后通过有机合成和创造再生而成长为一门新学科。可见，道路交通警务的学科属性，应是综合性学科而不是交叉学科。它在学科层面上，主要是管理学与工学、法学等的有机结合；在专业层面上，应是现行的交通管理专业（专科层级）、交通管理工程专业（本科及以上层级）等的有机结合与转型升级。

① 周定平，胡鹏．交通管理工程专业人才培养质量保障体系的完善［J］．大学教育，2016（9）：22.

第二节 道路交通警务的历史脉络

规范意义上的道路交通及其警务，是现代汽车出现后的产物。但道路交通工具、道路交通活动及其管理，却具有十分悠久的历史。根据道路交通在不同历史时期的特点，大致可以分为以下三个发展阶段。

一、古代道路交通管理

据历史记载，我国早在黄帝时期就发明了舟车。在帝舜时期，相传当时设有二十二个大臣，其中有四位就是交通运输方面的官员。夏禹时期，又有大臣奚仲造车，并出任“车正”之职，专门负责车辆管理和车旅交通。

西周建立以后，因军事征伐和经济发展的需要，修建了以都城镐京为中心，通往各诸侯国的大道，《诗经》中的“周道如砥，其直如矢”之句直观描述了当时的盛况。周代的道路设计已具有较高水平，车辆制造业也得到发展，并出现了简单的道路交通管理制度。在《礼记》中就有“道路男子由右，妇女由左，车从中央”的记载。另据《礼记》记载：季春之月，“循行国邑，周视原野，修利堤防，道达沟渎，开通道路，毋有障塞”，可知当时已将道路整修作为国家的一项重要政务。这一时期为加强道路交通管理，还设置了“司险”一官专司职务。也有学者认为，当时主管交通的官吏是“野庐氏”，其隶属大司寇，主要职责是“掌达国道路至于四畿”（巡行道路），在交通要道指挥舟车“序而行之”（疏理交通），遇有重要官员通行时“为之辟”（清道警卫）等，并由此提出，“野庐氏”是我国历史上最早的交通警察。①

及至秦朝，为促进封建制国家的统一，在全国强制推行“车同轨”等系列交通政策，道路建设和管理也得到进一步发展。在道路建设上，修建了自咸阳通往四方的驰道，以及通往北方的直道，通往岭南的山道，通往西南方的秦蜀栈道和五尺道，形成了以咸阳为中心，连接各郡治所在地的全国性道路网络，相当于现代的国家级公路。② 另从“车同轨”的政策意义来看，所谓“车同轨”，即

---

① 王兆通．我国历史上最早的“交通警察”［J］．道路交通管理，2001（4）：27.

② 黎德扬等．社会交通与社会发展［M］．北京：人民交通出版社，2001：40－45.

“一律八尺，驾车用六马”。这些“实际上也就告诉了我们，这时的车辆已可畅行中国各处，这时的交通情形已需要车辙和车轮度数的划一了；如果车辙和车轮的度数不能划一，一辆车子便不能畅行各处，便不能适应这个新时代的需要了。”① 秦朝之后，道路交通作为统治者“扬威四海，驾驭宇内”的载体，相继得到重视和发展，如汉弛道、唐贡路、元驿道、清官路等。

唐宋以后，商贸活动日渐发达，交通工具日益增多，路网不断扩展，道路交通及其管理得到了较大发展。唐朝为加强道路交通秩序管理，创设了我国历史上第一个专门意义的交通规则《仪制令》，其部分内容及立法精神一直沿用到清末。唐法典《唐律》也对交通犯罪规定了相应条款，如据《唐律疏议·杂律》载：“诸于城内街巷及人众中，无故走车马者，笞五十。以故杀伤人者，减斗杀伤一等。若有公事要速而走者，不坐。以故杀伤人者，以过失论。其因惊骇不可禁止，而杀伤人者，减过失二等。”这一时期，道路交通管理专门机构的雏形也已出现，如道路管理方面，在中央由刑部的司门郎中负责，地方由州的户曹、司户、参军负责；驿站管理方面，则由兵部的驾部郎中、员外郎负责。

在宋朝时，为加强道路交通管理，在御街上每隔二三百步设置一个军巡铺。铺中驻扎的是防隅巡警，其白天负责维持交通秩序，疏导人流车流；夜间则警卫官府商宅，以防盗、防火、防意外事故。这支队伍，也被一些学者称为“我国历史上道路交通管理的第一支专门队伍”。②

二、近代道路交通管理

我国近代道路交通管理和近代交通警察制度的产生，与世界步入汽车时代密切相关。汽车作为“改变世界的机器”，一经出现，便迅速改变了经济社会的发展格局，也深刻影响着警务发展的进程。中国近代警察发端于1898年“戊戌变法”期间，1905年，清政府设立巡警部作为全国警政的最高管理机构后，近代警察制度由此步入轨道。在这一时期，警察的分类工作得到加强，不同警种渐次诞生和发展。其中，与道路交通管理相关的是交通警察和公路警察。③

---

① 白寿彝．中国交通史［M］．上海：上海书局，1984：56.

② 杨钧，李江平，王京．道路交通科学管理概论［M］．北京：中国人民公安大学出版社，2008：24.

③ 韩延龙．中国近代警察制度［M］．北京：中国人民公安大学出版社，1993：654－656.

（一）交通警察

交通警察是从普通警察中逐渐分立出来的专业警种。近代警察出现后，指挥交通就是警察的职责之一。在各城市路口的守望岗警，负有维持治安与指挥车马行人的双重责任，交通指挥的方法也是所有警察培训的一门必修课。随着道路交通的建设发展，交通规则体系逐渐形成，京师等大城市陆续制定颁行了马路规则、管理车辆通行规则、管理各种车辆规则等。但在二十世纪三十年代以前，警察管理交通主要是兼职，各地既无统一的交通规则和指挥办法，也无专职交通警察设置。

二十世纪三十年代以后，机动车数量不断增加，各种动力不同、速度不同的交通工具杂处上路，道路交通拥堵现象出现，导致大量交通事故发生。为此，改革警政、加强道路交通管理，成为迫切的任务。在地方，汉口、广州等地率先出现了专职指挥交通的警察，并配有醒目的专用标识以示区别。1934 年 7 月，全国交通警察专员会议作出决议，要求各都市警察教育机关应设置交通警察专班或补习班，以培养专门人才；并决定统一全国交通警察的制服，统一编定交通警察专用教材，统一交通警察的设岗标准，统一全国交通规则。1934 年，国民政府内务部制定公布《陆上道路交通管理规则》，对车辆、驾驶人、行车、停车、车辆载重、车辆肇事、道路、道路标志等作出具体规定。该规则也被认为是历史上第一部较为系统完整的道路交通安全法规。

1939 年，交通部核准发布《汽车管理规则》和《汽车驾驶人管理规则》，明确了对各类车辆及驾驶人的管理制度。在组织机构上，此时的交通警察仍隶属各警察机关，但已专设有交通科、交通股或交通组等相应的专业组织，编制员额由各地视需要而定。在职责任务上，固定交通岗的交通警察执勤时专任管理交通，与交通无关的勤务由普通警察负责办理；但附近遇有盗案、火警或者其他重大事故发生时，交通警察仍须负责处理。未设交通岗的其他路口，则由普通警察执行守望任务、维持治安，兼管指挥车马行人。

抗战胜利后，交通警察发展成为一个独立的大警种。1946 年，国民政府交通部专设交通警察总局统一掌管全国的交通警察。交通警察总局既隶属交通部，又于必要时受国防部指挥，其布防在全国各个交通线，主要职责是维护车船运输及交通沿线矿区安全，巩固沿线治安，保护路产，警卫交通机关，维持交通秩序，协助附近军警维持地方治安及协缉交通线的走私漏税等。

（二）公路警察

二十世纪三十年代，公路警察得以创设，但未设立全国统一的专管机关和规章制度，均由各地自行办理，名称、编制、官制等参差不一。到 1934 年，全国已有 10 多个省市设立了公路警察或护路队、护车队等，管辖路段达 11000 多公里，各类官警总数计有 800 多人。公路警察在组织管理上，一般以各驻在路的路局或车务管理处为主管机关，经费也由其承担。在警力分布上，或集中驻扎在各路的起始地点，或者在公路沿线设立分驻所，或分散在沿途各站；护路队则于沿路各站分别驻扎，护车队随车驻扎。在属性上，这一时期的公路警察近似于铁路警察，但又有别于交通警察。其独立于当地警察机关而由驻在路的路局等行政机关管辖，以维持交通线畅通为目的，负责一定路段的治安保卫；而交通警察则隶属当地警察机关，以管理道路交通、预防和处理交通事故为职责，管辖范围以城区为限。

1936 年后，随着路网繁密和各地经贸活动的发展，江苏、浙江等 10 多个省市为促进公路交通，加强统一协调管理，共同组织成立了全国公路交通委员会。在该委员会的推动下，公路警察设置被正式列入《各级警察机关编制纲要》，规定凡各省政府为保障公路安全，都可以设置直隶于各省主管机关的省公路警察队。但公路警察整体上存在时间不长，后被并入交通警察之中。

三、现代道路交通管理

新中国成立以后，我国道路交通管理大致经历了三个发展时期：

（一）新中国成立至二十世纪八十年代中期

这一时期，我国道路交通以非机动车为主，机动车数量少且主要集中在城市。据统计，新中国成立初期，我国仅有机动车 6 万多辆，1978 年才发展到 160 万辆。在很长一段时期里，人、车、路的矛盾并不突出，道路交通状况普遍安全畅通。

在这个阶段，道路交通分属公安、交通、农机部门管理，呈现分散化的趋势。其中，公安机关管理城市道路交通秩序、事故处理工作；另有 39 个大中城市的机动车及驾驶员的发牌发证工作也由公安机关承担，1983 年扩大到 105 个城市。交通部门负责除城市道路以外的公路和乡村公路的管理，并承担其他城市的机动车和驾驶员发牌发证工作。农机部门主要负责拖拉机的牌证管理。

在法制建设上，1950 年 3 月和 7 月，国务院先后批准公布了《汽车管理暂行办法》和《汽车管理暂行办法实施细则》，这是新中国颁布的第一个道路交通法规。1951 年，公安部颁布了《城市陆上交通管理规则》，1955 年修订为《城市交通规则》。1960 年，交通部将原《汽车管理暂行办法》修订为《公路交通规则》和《机动车管理办法》。1972 年，公安部、交通部将《城市交通规则》《公路交通规则》《机动车管理办法》修订为《城市和道路交通规则（试行）》。交通管理法规的创制和不断丰富与改进，为维护道路交通秩序打下了法制基础。

（二）二十世纪八十年代中期至九十年代末期

这一时期，随着我国经济社会的发展，机动车数量迅速增加。1986 年至 1998 年短短十余年间，已从 800 多万辆增至 4500 多万辆，全国道路交通由此进入机动车与非机动车并重的时代。车辆数量增加在给经济社会带来便利的同时，也带来了机动车和非机动车混行、交通秩序混乱、交通堵塞日益严重等现实问题。

为统一事权、加强管理，1986 年，国务院实行道路交通管理体制改革，明确由公安机关负责全国城乡道路交通的统一管理。1988 年，国务院颁布实施《道路交通管理条例》，统一城乡道路交通管理法规。1991 年，颁布了《道路交通事故处理办法》。1994 年，公安部制定了《高速公路交通管理办法》。与此同时，各地公安交通管理部门以城市道路交通秩序管理为重点，大规模组织开展春、秋季交通秩序整治，着力解决道路交通中的突出问题。

此外，针对过去交通管理技术落后的问题，公安交通科研部门积极开展交通理论、交通事故分析和预防、交通管理技术装备和设施、交通法规等方面的研究，并取得了系列成果。同时，各地积极引进了一些国外先进技术和设备，并以南京“七五”攻关项目、北京中南项目等为标志，开始研发运用交通控制、交通组织、标志标线、自动检测、无线通信等现代化手段，明显提高了道路交通管理的科技含量和管理效率，产生了较好的社会效益和经济效益。①

（三）二十世纪九十年代末期至今

随着国民经济的快速发展，这一时期的道路交通运输急剧增长，小汽车开始进入家庭，我国道路交通从此进入了以机动车交通为主、非机动车交通为辅的时

① 中国人民公安史稿编写组. 中国人民公安史稿［M］. 北京：警官教育出版社，1997：412.

代。与此相应，机动化的快速发展与滞后的道路条件、管理手段的矛盾也日益凸显，道路交通事故特别是群死群伤的特大交通事故频繁发生，人民群众反映强烈。为此，完善立法，健全机制，实施标本兼治，促进道路交通管理科学化、法治化成为重要的时代课题。

2003年，我国颁布实施《道路交通安全法》，这是我国道路交通安全管理的第一部法律，有力推动了道路交通管理的法治化进程。随后，又陆续颁布了《道路交通安全法实施条例》《道路交通安全违法行为处理程序规定》《道路交通事故处理程序规定》《机动车驾驶证申领和使用规定》《机动车登记规定》以及《道路交通标志标线》等一系列法规、规章和标准规范，地方性法规、规章及安全标准等也大量出台并实施，基本形成了系统、规范的道路交通安全法律法规体系。

在警务实践中，为加强道路交通综合治理，各级公安交通管理部门积极推动建立道路交通安全联席会议制度，并以道路交通秩序管理与交通事故预防并重为导向，先后在公路上开展了创建“平安大道”活动、在大中城市实施“畅通工程”等重要行动。同时，广泛应用道路交通管理信息系统，大力采取先进信息科技手段，开发运用、充分发挥智能交通管理系统的作用，多措并举、坚决遏制道路交通事故快速上升的势头，有效缓解了人、车、路的矛盾，有力维护了道路交通安全、有序和畅通。①

第三节　道路交通警务专业人才教育概况

我国近现代在很长一段时期里，机动车事业发展缓慢，人、车、路的矛盾不突出，道路交通管理理论研究及专业人才教育也相对滞后。及至改革开放以后特别是二十世纪九十年代以来，随着道路交通事业的迅猛发展，相关理论研究和人才培养工作步入了快速发展时期。从整体上看，在没有学历教育之前，公安交通管理部门依据形势任务需要，主要由所属的培训机构开展有自身特点的业务培训工作。随着理论和实践的不断积累，相应的培训逐步总结、提升并发展到专业学

① 杨钧，李江平，王京．道路交通科学管理概论［M］．北京：中国人民公安大学出版社，2008：26－27.

历教育层次，开始开展高级专门人才培养。这也是公安教育发展的一条共同路径。从干部速成训练班、到正规化学校教育、再到现代大学性质的国民教育，正是中国高等教育发展中“延安模式”的传承延续和现代体现。①

一、中国内地道路交通警务专业教育

根据普通高校学科专业目录和相关院校的教育实践，中国内地的道路交通警务专业教育，有专科、本科、硕士和博士四个层次。以下主要梳理本科、硕士和博士的教育情况。

（一）本科层次

在1983年，原中国人民警官大学设置了警卫安全系，开设警卫安全和城市交通管理两个本科专业。1988年，警卫安全系更名为交通管理工程系，城市交通管理专业更名为道路交通管理工程专业。1994年，该校申报道路交通事故防治工程专业得到教育部批准，并被正式列入本科专业目录。1998年，教育部对专业目录进行调整合并，道路交通事故防治工程专业并入交通工程专业。同年，中国人民警官大学与中国人民公安大学合并，自这一年开始，按照交通工程和交通管理工程两个专业招生。2002年，交通管理工程专业下设交通安全、交通管理与控制两个专业方向。2011年，普通高等学校本科专业目录再次调整，根据国务院学位委员会和教育部联合印发的《学位授予和人才培养学科目录（2011）》，设置交通管理工程专业，并列入工学门类的公安技术类。此后，全国各公安院校纷纷开设交通管理工程专业。目前，在全国25所本科院校中，已有17所开设了交通管理工程专业或专业方向，在校生4000多人。

关于交通工程的课程教学体系，根据《公安技术类专业本科教学质量国家标准（试行）》，交通管理工程专业的核心课程，应涵盖道路交通管理、道路交通控制、交通事故预防与处理、事故现场勘查与鉴定、事故分析与再现、车辆与驾驶人管理、智能交通、交通管理信息系统应用、交通工程学等知识单元及技能训练。中国人民公安大学根据公安专业人才招录培养制度改革和警务实战需要，对课程体系又作了改进，增设了智能交通管理体系设计与集成等专业主干课程。在

---

① 郝瑜，周光礼，罗云，曾鹿平．高等教育的“延安模式”及其当代价值［J］．高等教育研究，2017（11）：80－81.

实践教学环节，要求完成专业综合实训、社会见习、专业实习、毕业设计（论文），并计入学分。

（二）硕士研究生层次

中国人民公安大学是我国第一个开展硕士层次教育的公安院校。2003 年，经国务院学位委员会批准，该校增设了交通运输规划与管理（082303）硕士专业。2004 年，开始在该专业之下招收交通管理与控制、道路交通安全两个研究方向的硕士研究生。2007 年，增设交通信息工程及控制（082302）专业，并在其下设立智能交通系统研究方向进行招生。2013 年，随着国家学科专业目录调整，原工科类专业全部归并到公安技术一级学科并停止招生，在公安技术（083800）下新设立交通安全执法技术研究方向并招生。2016 年，开始招收警务专业硕士研究生，交通安全执法技术研究方向变更为交通管理方向并招生。2017 年，在公安技术一级学科下自主设置了交通管理工程专业（0838Z3），设立智能交通管理、道路交通安全两个研究方向，招收学术型硕士研究生。

关于课程体系，一般设置公共学位课、学科基础课、专业选修课、公共选修课和补修课等模块。其中的核心课程，以交通管理工程专业为例，学科基础课包括公安技术研究方法、交通流理论（双语）、交通安全理论等；选修课包括交通组织优化、交通监控技术、交通事故分析技术、交通事故防治技术、智能交通系统基本理论与应用、交通管理信息系统设计与开发、交通系统建模与仿真、最优化理论与方法、交通安全法专题研究、交通心理与行为、交通控制原理、交通违法监测技术等。学生毕业符合规定条件者，授予工学硕士学位。

（三）博士研究生层次

中国人民公安大学是我国第一个开展博士层次学历教育的公安院校。2016 年，该校在公安技术（0838）一级学科下设立交通安全执法技术研究方向，开始首次招生。2017 年，在公安技术一级学科下自主设置交通管理工程（0838Z3）二级学科并开始招生。

关于课程体系，同样设置了公共学位课、学科基础课、专业选修课、公共选修课和补修课等模块。在交通管理工程学科的核心课程中，学科基础课包括公安技术理论及前沿、交通数据分析方法、交通系统科学等。专业选修课包括智能交通管理技术、交通安全执法技术、交通大数据应用技术、交通事故分析与在线技术、交通行为分析方法等。学生毕业符合规定条件者，授予工学博士学位。①

二、我国台湾地区道路交通警务专业教育

我国台湾地区的“警察教育条例”规定，高级警察教育机关，可设本科、修业4年、授予学士学位；研究所硕士班修业2－4年、博士班修业2－6年，分别授予硕士、博士学位；得设专修科修业2年，授予专科学位。据此，其道路交通警务专业学历教育，可分为大专、本科及硕士三个层次。其中，专科层次教育由台湾“警察专科学校”承担，该校于1988年正式改制成立，1991年增设“交通管理科”，开展交通管理专科层次的教育。本科、硕士层次教育，则由台湾“中央警察大学”承担。

（一）本科层次

“中央警察大学”于1975年设立交通学系，其发展方向是：培养交通执法、事故处理及鉴定专业人才，提升交通警察素质，确保人民利益；加强交通法规与执法研究，探究其适法及实用性，提供执法或修法参考；针对重点性道路交通安全课题，进行分析研究，研拟改善对策，提供实务机关参考；研究先进交通工程及管制技术，配合规划完善交通执法，产生立即成效；应用管理科学并研究交通行为与心理，融入科学化与人性化之精神于交通执法和管理技巧中，以符合民主法治社会之要求；配合交通执法需要，购置科学采证与研究器材，激发研究风气，并加强学术活动参与，以引导交通警察实务工作，增进交通执法及管理技术。

交通学系的专业核心必修课程共分为五大类：（1）基础数理与电脑科学，包括微积分、统计学、应用统计学、作业研究、工程经济与程式设计等。（2）交通运输原理，包括运输学、交通行为学等。（3）交通执法与法规研究，包括道路交通法规、交通警察实务与交通执法专题等。（4）交通工程与交通安全，包括运输工程、交通工程、交通管制与交通安全等。（5）交通事故侦查与肇事重建，包括交通事故侦查学、肇事重建与原因分析等。

选修课程包含四大领域：（1）交通执法领域，包括心理学、犯罪学、行政争讼法、交通执法科学仪器应用、监理业务、交通专业英文。（2）交通事故处

---

① 以上内容均参考中国人民公安大学网站的相关栏目介绍，部分内容作了细化校订。

理领域，包括摄影学、民法概要、民事诉讼法概要、鉴识概论、汽车工程与修护、电脑辅助肇事重建、急救实务。（3）交通规划与管理领域，包括线性代数、工程数学、运输经济、交通行政、都市大众运输、程式设计、都市计划、运输管理、智慧型运输系统管理、都市交通管理、都市运输规划、电脑与号识规划概论。（4）交通安全分析领域，包括经济学、资料处理、专题研究、交通政策、研究方法、公路几何设计、地理资讯系统、道路交通安全设施运用。

学生除了必须修满规定的科目和学分之外，还被要求训导作业、军训学术科、警技技能、机关实习、学生专题研究报告、操行考核等各项成绩均及格的，方属修业期满，始准毕业。毕业后，还需参加三等特种警察考试，及格者方能派任警察机关担任警职人员。

（二）硕士研究生层次

“中央警察大学”于1983年在该校“警察政策研究所”中增设了交通科学组，开始探索本科后的进修教育。1997年，交通学系成立交通管理研究所，开始独立开展硕士层次的人才培养。

交通管理研究所的发展方向和主要内容是：（1）交通管理法规与执法技术策略。（2）道路交通事故处理与鉴定。（3）肇事重建。（4）易肇事路段之鉴别分析与相关交通工程和管制之改善。（5）交通安全分析。（6）交通警察组织编制与勤务制度。

硕士课程设计分为四大部分：（1）工程规划类，包括交通工程与管制、车流理论、电脑与交通号识设计、交通调查与分析、高速公路管理与控制等。其目的在于，除了培育学生能够胜任交通管理与维护道路交通安全工作之外，还能具有诊断交通问题与研拟改善策略或学术研究的能力。（2）方法论类，包括交通计划评估、多评准决策分析、作业研究、数学规划、多变量分析等。目的在于培育学生进行学术研究时，具备完整的逻辑思维与研究方法的能力，并可奠定继续深造与研究的基础。（3）安全与执法类，包括交通执法研究、交通安全分析、道路交通法规研究、高等交通事故重建、道路交通安全设计与分析等。目的在于培育学生具有胜任交通执法与事故处理之技能，并能针对事故原因与交通安全设施，进行事后重建与研拟改善计划。（4）其他选修课程，包括人工智慧、各国交通法规比较研究、行政法研究、都市交通问题研究、应用统计学、交通犯罪研究、系统模拟、专家系统、肇事原因分析、交通专题研究、地理资讯系统、网路分析、运输规划、交通专业英文、交通行为学、管理数学、酒精药物与交通安全等。目的在于为学生提供依研究兴趣选择与自己研究有关或补充其专精领域的机会，以满足其多元兴趣与研究的需要。①

第四节　道路交通警务的基础理论

一门学科的基础理论之所以不同于理论基础，关键就在于理论基础主要是指形成一个知识体系或一门学科专业可能涉及的知识理论，如交通学者关于道路交通安全学的研究，就涉及了工程技术（土木工程、汽车工程、电子工程、机械工程、自动化工程等）、信息技术、通信技术、材料科学、计算技术、数学、力学、应用数学、实验科学、预测科学、对策与决策、人体工程、心理科学、系统工程、管理工程以及物理学、化学、人文学、医学、文学、广告学、新闻学、哲学等多个领域。而基础理论，则是指一个知识理论体系的主要组成部分，是支撑特定知识体系的"四梁八柱"，它与历史发展、专业理论一起构筑起了这个知识理论体系的大厦。

关于道路交通的构成要素，交通学界和公安学界有基本的共识，均认为"人、车辆、道路、环境"共同构成了道路交通系统，无论是道路交通的规划建设、组织协调，还是管理控制都应围绕这四大要素进行。同时，道路交通警务的主要工作是执法，关于道路交通法治的有关理论也不可避免地影响着相关立法、警务理念及执法实践。我国台湾地区学者就把"人、车、路、法"作为道路交通的四大要素，认为交通管理就是指使人、车、路、法四者结合，有秩序、能安全运作之行政行为。② 为此，道路交通警务的基础理论，应以道路交通的四大要素和道路交通执法的基本理论为指引，分析借鉴相关的理论研究成果，并从中探究其与道路交通警务的内在联系，由此形成道路交通警务的基础理论体系。相关理论汇集如下：

---

① 李显裕．"中央警察大学"校史［M］．桃园："中央警察大学"出版社，2016：323－331.

② 陈小炜．论台湾交通警察的任务和职权［J］．甘肃警察职业学院学报，2012（4）：39.

一、交通参与者的交通特性理论

人是道路交通的主体。有调查表明，造成道路交通事故的主要因素，依次为驾驶员（59.56%）、道路环境（55.49%）、道路交通管理（36.05%）、天气（32.29%）、车辆（24.14%）、运输企业安全管理（21.00%）和行人（11.60%）。[①] 因此，研究交通参与者（包括驾驶员、行人、骑车人等）的交通特性，与道路交通安全直接相关，是道路交通警务基础理论体系的基石。

（一）驾驶员的交通特性

驾驶员的交通特征，根据相关研究，主要包括以下方面：

1. 个性特征

这包括性别差异、年龄差异和气质差异等。

2. 视觉特性

视力包括静视力、动视力和夜间视力，行车信息的80%依靠视觉获得，驾驶员视力的暗适应、亮适应和晃眼等现象，以及其视野、行驶中视觉空间、色觉、交通视觉干扰等，都对道路设计及交通安全有着重要的影响。

3. 听觉特性

听觉有音高、响度和音色的区别，声音有乐音、噪音（车内噪音和车外噪音）之分，在交通活动中，听觉作为收集信息的工具，其重要性仅次于视觉。

4. 反应特性

汽车操作是由人和驾驶装置组成的人——机控制系统，驾驶人的情绪、身体条件、疲劳程度以及疾病、药物等，与人、机调节系统有密切的联系，对信息处理及响应特性有很大的影响。驾驶人的反应时间，与刺激种类、刺激性质、反应运动系统种类以及反应者年龄性别等有着密切联系。

5. 心理特性

对驾驶人的感觉与知觉、注意、记忆、思维、情绪与情感、意志等因素进行综合分析与客观评价，是判断其是否适合从事驾驶工作的重要环节。

6. 生物节律

人的体力循环、情绪循环、智力循环对工作能力有着显著影响，利用生物节

① 黎德扬等. 社会交通与社会发展［M］. 北京：人民交通出版社，2001：212.

律理论可以确定驾驶员的工作能力变化规律，并据此调节其休息和劳动。

驾驶员的这些身心特征与行车安全密切相关，决定着驾驶人的驾驶适应性和驾驶能力。交通事故发生的直接原因，往往是驾驶人员观察、判断和操作方面的错误，其违章行为包括超速行驶、疲劳驾车、酒后驾车、服药后驾车等。在汽车驾驶中，驾驶员的内因表现为受其心理、生理支配，外因表现为受车辆、道路和交通环境的影响。交通安全管理人员和培训人员要深入了解这些规律，在学员安全教育、驾驶培训以及运输调度、运行管理等各个环节，努力掌握驾驶员的心理特点，有针对性地进行教育和管理，并督促引导驾驶员自觉进行心理训练，克服身心缺陷，从基础上预防和减少交通事故的发生。①

（二）行人的交通特性

行人交通是道路交通系统的重要组成部分。解决好与广大民众生活、工作密切相关的步行出行，对于解决城市交通问题，提高道路交通安全性具有重要意义。行人交通的基本参数是步幅和步行速度，交通特性主要有以下方面：

1. 行人过街的特点

因行人的性别、年龄、文化修养、交通安全意识及出行的心理不同，所选择的横穿方式也会有所不同。一般有适时穿越、等候穿越、推进穿越和跟随穿越四种方式，其危险程度与过街人数相关。

2. 行人的心理特点

由于行人在参与交通时本身无防护装置，主要依靠体力行走，是交通的弱者，因此对步行的质量要求高，但往往具有侥幸、贪利、集团和从众的心理特征。

3. 行人交通事故的特点

行人交通事故多发生在行人比较集中的地点，如过街横道、出入巷口和交叉、转向等交通情况比较复杂的路段或交叉口附近。

4. 行人交通事故的年龄分布特点

因儿童和老人具有不同于其他人群的身心特点，参与交通活动的地位相对不利，交通事故的发生率明显高于青年人和中年人。②

---

① 过秀成．道路交通安全学［M］．南京：东南大学出版社，2011：14－46.

② 蔡果，何树林．道路交通工程［M］．北京：中国人民公安大学出版社，2015：83－85.

（三）骑车人的交通特性

在非机动车交通方式中，自行车占有重要地位。自行车的状态完全由骑车人进行调节和控制，个体差异很大。骑车人的交通心理主要有求快心理、畏惧心理、离散心理、从众心理等，其交通违法行为表现包括危险骑行、违法转弯、违法乘载、侵占机动车道或人行道以及不符合骑车条件等。骑车人是道路交通的相对弱者，发生交通事故的情况相当严重，且有继续恶化的趋势。

二、车辆的交通特性理论

车辆包括汽车、摩托车和非机动车，是道路交通系统的重要组成要素，明确其交通特性对保障交通安全有着非常重要的影响。此外，从车辆群体的角度，还需要借助交通流理论，整体了解车流随时间和空间变化的规律，分析认识车流的交通特性及其本质。

（一）汽车的交通特性

汽车的安全性分为被动安全性和主动安全性。被动安全性是指发生交通事故后，汽车本身减轻人员受伤和货物受损的性能。主动安全性是指汽车本身防止或减少道路交通事故发生的能力，主要取决于汽车的制动性、行驶稳定性、操作稳定性、动力性及驾驶员工作条件等。

1. 汽车的动力性

动力性是汽车使用性能中最基本的性能，其好坏直接影响着运输效率的高低和道路交通的安全畅通。衡量汽车动力性的主要指标有最高车速、加速性能（加速度、加速时间和加速距离）、最大爬坡度。汽车的运动是汽车的驱动力（牵引力）和阻碍汽车的阻力共同作用的结果。其中，影响驱动力大小的因素包括发动机特性、传统系统机械效率、车轮半径；汽车行驶所遇到的阻力有滚动阻力、空气阻力、上坡阻力和加速阻力。汽车正常行驶必须满足驱动条件和附着条件，所谓驱动条件，即驱动力必须大于所有阻力之和；附着条件，是指轮胎与路面的附着力限制。

2. 汽车的操控稳定性

汽车的操控性是指汽车能够正确按照驾驶员的要求，维持或改变原行驶方向的能力；稳定性是指汽车在行驶过程中，经受各种外部干扰后能够自行恢复原行驶状态而不致失去控制、甚至侧翻和侧滑等现象的能力。影响汽车操控稳定性的因素有：（1）汽车本身的结构参数，如汽车的轴距、轮距、重心位置、轮胎的特性、前后悬架的形式、前轮定位角及转向参数等。（2）使用要素，如驾驶员的反应快慢、技术熟练度以及动作敏捷性、体力好坏等。（3）地面的不平度、坡度、车轮与地面的附着情况、风力、交通情况等外部条件。衡量汽车稳定性的指标，包括横向稳定性（抵抗侧翻和侧滑的能力）、纵向稳定性（上下坡时抵抗绕后或绕前轴翻车的能力）两种。

3. 汽车的制动性

汽车的制动是将动能转化为其他形式能量（热能、声能等）的过程。汽车的制动性能的评价指标有四项：（1）制动效能，包括制动距离、制动减速度、制动力、制动时间。（2）制动效能的恒定性，如制动器的抗热衰退能力、水湿恢复能力等。（3）制动时的方向稳定性。（4）操纵轻便性和反应灵敏性。影响汽车制动性的因素，主要包括制动时的轴荷分配、车轮制动器、制动初速度、道路附着系数、汽车装载、驾驶技术等。汽车制动性是汽车主动安全性能之一，制动跑偏、侧滑及前轮失去转向能力是造成交通事故的重要原因。重大交通事故的发生，通常都与制动距离过长、紧急制动时发生侧滑及前轮失去转向能力等情况有关。因此，在车辆安全检验和交通事故中，制动性是重要的检查和分析内容。

4. 汽车的通过性

汽车的通过性是指在一定的载重下，汽车以足够高的平均车速通过各种坏路、无路地带，以克服各种障碍（陡坡、侧坡、台阶、壕沟等）的能力。汽车的通过性常用单位车重的挂钩牵引力来评价，即在松软地面上，土壤对驱动轮的推力和车轮遇到的土壤阻力之差。增加驱动轮数目、改变轮胎尺寸花纹压力、提高发动机性能、增加副变速器，以及采用液力变扭器、高速差速器、独立悬挂等，都能提高汽车的通过性。此外，汽车的通过性还与汽车的几何参数有直接关系。这些几何参数包括最小离地间隙、接近角、离去角、纵向通过半径、最小转弯半径等。①

（二）摩托车的交通特性

摩托车具有便捷、节能、经济等特点，但又常被视为造成交通秩序混乱、交通拥堵、交通事故、交通污染的重要因素。其交通特性主要有：

---

① 过秀成．道路交通安全学［M］．南京：东南大学出版社，2011：47－70.

1. 灵活性和稳定性

摩托车属于机动车，体积小，操作和停靠简便，运行线路不固定，与汽车相比更具灵活性。但其稳定性较差，翻倒、碰撞等现象时有发生。

2. 速度特性

摩托车的设计时速，相对汽车低，但在城市道路上其行驶速度又与汽车相差不远；相对自行车高，通常是自行车行驶速度的 2－3 倍。这种速度特性，增加了摩托车在运行中的危险度。

3. 安全性

摩托车的稳定性差，缺乏对驾驶人和乘员的安全保护设施，加之其运行速度较高，一旦发生交通事故，往往死伤情况十分严重。因此，在各种道路交通工具中，摩托车的安全性很低。加强摩托车安全防护的措施，主要有强制佩戴头盔、控制行驶速度、实施摩托车与汽车道路分离等。

（三）非机动车的交通特性

非机动车主要包括自行车和电动自行车。自行车的交通特性，主要是具有灵活性和机动性、节能环保性、不稳定性、离散性和动态“集团流”性等。

电动自行车与自行车相似。其行驶速度在汽车和自行车之间，出行距离与其续航里程相关。静态占地面积基本与普通自行车相当，动态占地面积大约是汽车的三分之一到二分之一。电动自行车的交通特性，主要表现为具有摇摆性、群集性、单行性和多变性等。①

（四）车流的交通特性

车流主要是汽车流。根据交通流理论，可以把车流作为一个整体来分析，认识其在交通活动中不同于个体的特殊交通特性。摩托车、非机动车在特定条件下，也呈现出与汽车流相似的现象和机理。

1. 车流的分布特性

交通流中车辆的到达具有随机性，描述这种随机性的概率统计规律有两种方法：一种以离散型分布为根据，考察在一段给定的时间长度内到达某场所的交通数量的波动性。另一种以连续型分布为工具，研究上述事件发生的时间的统计特性。（1）离散型分布。在一定时间间隔内到达的车辆数或在一定长度的路段上

---

① 蔡果，何树林．道路交通工程［M］．北京：中国人民公安大学出版社，2015：86－89.

分布的车辆数，可以用离散型分布来描述。其中，泊松分布适用车流密度不大，车辆间相互影响微弱，其他外界干扰因素基本不存在，即车流的达到为随机事件的情况。二项分布适用车流比较拥挤、自由行驶机会不多的车流。负二项分布适用于当到达车流波动性很大，或以一定的计算间隔观测到达的车辆数，其间隔长度一直延续到高峰期间或非高峰期间两个时段时，所得数据可能有很大方差的情况。（2）连续型分布。描述事件之间时间间隔的分布称为连续型分布。其中，负指数分布，适用于车辆到达是随机的、有充分超车机会的单列车流和密度不大的多列车流的情况。移位负指数分布，适合描述限制超车的单列车流车头时距分布和低流量时多列车流的车头时距分布。此外，还有复合车头时距分布和爱尔朗分布等。

2. 车流的排队特性

车流的排队论，主要研究服务系统因需求拥挤而产生等待行列的现象，在车辆延误、通行能力、信号灯配时以及停车场、收费亭、加油站等交通设施的设计与管理方面得到广泛应用。其主要有两种模型：（1）M/M/1 模型，适用于输入过程服从泊松分布、服务时间服从负指数分布、单个服务台的情况。（2）M/M/N 模型，适用于多路排队多通道服务、单路排队多通道服务两类情况。一般而言，单路排队、多通道服务是提高服务窗口工作效率的有效方法。

3. 车流的跟驰特性

车辆跟驰模型理论，主要通过观察各个车辆逐一跟驰的方式，了解单车道交通流的特性。可用来描述交通流的稳定性，加速干扰以及干扰的传播，检验管理技术和通信技术，以便在交通密度大时使追尾事故降至最低限度。一般而言，在非自由行驶状态下的车队具有三个特性：（1）制约性。车队中的后车跟随前车运行，总是不愿意落后过多，故而紧随前进，具有强烈的“紧随要求”。紧随要求、车速条件和间隔条件，构成了一队汽车跟驰行驶的制约性。（2）延迟性。从跟驰车队的制约性可知，前车改变运动状态，后车也要跟随改变。但前后车运行状态的改变不同步，后车运行状态的改变须经历感知阶段、决策阶段和控制阶段，因此滞后于前车，构成了跟驰行驶的延迟性。（3）传递性。由制约性生发，一旦第一辆车改变运动状态，其效应将会一辆接一辆向后传递，直至车队的最后一辆，这就是传递性。这种有延迟的向后传递不是平滑连续的，而是像脉冲一样断续进行。

4. 车流的波动特性

根据流体力学的基本原理，把车流密度的变化比拟成水波的起伏而抽象为交通波。当车流因道路或交通状况的改变而引起密度的改变时，在车流中就产生交通波的传播。通过分析交通波的传播速度，可以寻求车流流量和密度、速度之间的关系，并描述车流的拥挤——消散过程。因此，这一理论又称为交通波动理论。根据该理论，交通波有两种基本类型：一是压缩波。即波阵面过后，车流密度变大，车辆获得了一个与波的传播方向相同的附加速度。波传过后，密度的增加是一个微小量时即为连续波，反之为间断波。冲击波就是一种强压缩波（间断波）。二是稀疏波。即波阵面过后，车流密度变小，车辆获得了一个与波的传播方向相反的附加速度即稀疏波，其均为连续波。①

三、道路的交通特性理论

道路是汽车交通的基础和载体，对交通安全有着重要影响，其与道路交通安全相关的特性主要有道路几何线形、横断面、交叉口、路面等。②

（一）道路线形与交通安全

道路线形，是指立体描述道路中心线的形状。其中，平面描述的道路中心线形状称为平面线形，包括直线、平曲线半径、缓和曲线、弯道加宽、曲线转交等。立体描述的道路中心线形状称为纵断面线形，主要指道路前进方向上坡下坡的纵向坡度、在两个坡段的转折处插入的竖曲线两类。线形的好坏，对交通流安全畅通具有极其重要的作用。

道路线形是直线和各种曲线的相互连接，为保证行车安全，道路全线的技术标准应相互协调，几何线形的连接、组合应协调流畅，平曲线和竖曲线的组合应为良性状态。同时，还要有清晰的视野和足够的视距，包括停车视距、会车视距、错车视距、超车视距、等速超车视距等。对于不能满足视距的地方，应采用设立交通标志或强制分道行驶等措施，以确保交通安全。

（二）道路横断面与交通安全

道路横断面，是指沿道路宽度方向垂直于道路中心线的断面。根据道路的使

---

① 蔡果，何树林．道路交通工程［M］．北京：中国人民公安大学出版社，2015：155－192.

② 过秀成．道路交通安全学［M］．南京：东南大学出版社，2011：71－90.

用功能及预测交通量和环境条件，城市道路横断面一般包括道路建筑红线范围内的各种人工结构物，如行车道、人行道、分割带、绿化带等设施。公路横断面一般包括行车道、路肩、边沟、护坡、挡墙等组成部分。

合理设计道路横断面，特别是车道数量、车道宽度、分车带设置（中央分车带、两侧分车带）、路肩宽度、路基高度、边坡缓度等，使道路的最佳功能、安全性、环境影响、经济效益、美化效果等得到有机统一，对于满足交通需要，保证交通运输的通畅和安全都具有重要意义。

（三）交叉路口与交通安全

交叉路口是道路网络中，道路与道路、道路与铁路、道路与其他交通设施的交叉点。一般可分为平面交叉路口和立体交叉路口。在交叉路口，各种交通流发生相互干扰和冲突，往往是交通事故的高发点。

1. 平面交叉路口

平面交叉路口的交通冲突可分为交叉、合流与分流三种形式，冲突车辆交通流的相对速度是引起冲突的重要因素。所谓相对速度，是冲突车辆交通流速度矢量之差，其大小与交通冲突成正比。两个同方向、同速度的车辆，因相对速度小，在交通流中发生冲突的可能性最小。两个反方向的车辆，因相对速度大，在交通流中发生冲突的可能性最大。平面交叉位置的选定，应考虑公路网规划、地形和地质条件、经济与环境因素等。平面交叉的形式，应根据相交公路的功能、等级、交通量、交通管理方式和用地条件等确定。平面交叉范围内相交公路线形的技术指标，应能满足视距、平面交叉连接部衔接等要求。

2. 立体交叉路口

按照交通方式和交叉道路的相互关系，立体交叉分为分离式立体交叉和互通式立体交叉两大类。分离式立体交叉，是指一条道路直接跨越（或穿越）另一条道路所形成的立体交叉，相交道路互不连接。互通式立体交叉，则是将相交道路用匝道连接，车辆通过匝道互相通行。立体交叉减少甚至消除了交通流的冲突点和交织点，整体上对交通安全有利。但是，因驾驶员不熟悉路线、机动车与非机动车混行、行人自行车横穿道路等因素，一些互通式立体交叉附近往往是交通死亡事故的多发点。此外，道路交通事故与立体交叉出入口匝道有密切关系，一般事故率都随着立体交叉进出口匝道间距的减少而增加，且驶出匝道的交通事故明显多于驶入匝道。城市道路因交通量大，车辆类型多，交通运行情况复杂，其立体交叉口的交通事故明显多于公路立体交叉口。

（四）路面与交通安全

路面是道路的行车部分，按照力学特性分为柔性和刚性两类。柔性路面，是一种与载荷保持紧密接触且将载荷分布于土基上，并借助粒料嵌锁、磨阻和结合料的黏结等作用而获得的稳定路面，如沥青路、碎石路等。刚性路面，是能直接承受与分布车辆载荷到路基的路面结构，具有较大的刚性与抗弯能力，其承载能力取决于路面本身的强度，如水泥混凝土路。

为确保交通安全，在路面设计中，首先要使路面具有足够强度的结构，以承受车轮的直接载荷并传递到路基中，保证路面使用的稳定性和耐久性。为提高路面行车质量，路面还必须具有较高的平整性和抗滑性，以提供安全、快捷、舒适性的行车条件。

四、环境的交通特性理论

交通环境是交通活动的基础条件和关键要素。影响交通安全的交通环境因素主要有交通条件、交通设施和道路景观。分析交通环境与交通安全的关系，掌握影响交通安全的主要交通环境因素，通过完善交通设施、加强交通管理、改善道路景观等，能够有效减少交通事故的发生。①

（一）交通条件与交通安全

交通条件是指交通量、交通组成以及车速等，决定了车辆、非机动车、行人之间的相互作用方式以及发生冲突的可能性与强度，对交通运行的安全性有明显的影响。

1. 交通量

一般认为，交通量越小，事故率越低；交通量越大，事故率越高。但在交通实践中，还须研究年平均日交通量与事故率的关联，才能准确把握交通量和交通事故之间的关系。据调查，对于日交通量超过 10000 辆的道路，导致死亡的交通事故率随着交通量的增加而减低，但导致受伤的交通事故率随交通量的增加而增加。对于单个车辆事故，事故率随交通量的增加而减低；对于多车辆事故，事故率随交通量的增加而增加。

---

① 过秀成. 道路交通安全学［M］. 南京：东南大学出版社，2011：91 - 109.

2. 交通组成

在我国道路交通组成中，混合交通的存在致使交通流运行复杂化。从总体上看，事故率随着大型车、货车的比例增加而逐渐增大。当交通组成中大中型车的比例增加时，会干扰原有的交通流，同时可能遮挡紧随其后的小型车的视距，容易导致交通事故的发生。当交通组成中货车的比例增加时，因客车与货车的动力性能存在差异，导致车速分布更为离散，车速方差变大，事故率可能随之增加。

3. 车速

一般而言，随着车速的提高，驾驶人可以支配的时间减少，采取避让措施的时间和距离缩短，作出错误决定的可能性会相应增加，导致交通事故的概率变大。从车速差与事故关系来看，事故的严重程度取决于碰撞时车速的瞬时变化，随着车速的提高，事故率和事故的严重程度一般都会提高。从车辆离散性与事故关系来看，车辆离散性指个体行驶速度与平均车速的差值分布情况，个别车辆与车流的平均车速相差越大，其发生交通事故的概率就越大。

（二）交通设施与交通安全

交通设施是道路的基础设施，主要包括交通标志（主标志、辅助标志）、交通标线（指示标线、禁止标线、警告标线）、交通信号灯、道路照明设施、防炫目设施、安全护栏和道路绿化等。交通设施建设是否科学，不仅直接影响着道路的畅通安全，同时也决定着非现场执法的公正合理。①

一般而言，功能齐全的道路交通设施，能够提醒和引导驾驶员合理操作、及时避险，有效分离交通冲突，规范交通秩序，引导车辆运行轨迹，防止车辆冲出车道，使驾驶员保持安全行驶状态，是保证行车安全、防止交通事故、减轻交通事故后果的重要手段。交通设施的缺失、误导或者信息过载，都会造成安全隐患。

（三）道路景观与交通安全

道路景观是指道路与其周边环境共同构成的带状大地环境，由道路、附属设施、周边自然环境及人的活动等因素构成，是一种人文与自然相结合的道路建筑艺术。以路权为界，道路景观可分为自身景观和沿线景观。按使用者视点不同，

---

① 平安海西路面公共安全管理创新研究课题组．道路交通安全管理创新研究［J］．福建警察学院学报，2012（4）：54.

可分为内部景观和外部景观。按照结合方式不同，可分为道路线形要素的景观协调、道路与道路沿线的景观协调、道路与自然环境及社会环境的协调。

道路景观与交通安全之间，存在既相互促进又相互制约的辩证关系。功能科学、优美舒适的道路景观，可以延缓驾驶员的疲劳和紧张，引导驾驶员的视线，防止炫目，明确道路的线性走向，缓解自然环境的明暗变化，改善交通环境等。同时，还能使道路景观与自然环境、社会环境相协调，体现社会文化内涵和文化价值。不合理的道路景观，则可能分散驾驶员的注意力，误导视觉，遮挡视线，影响视距，增加碰撞风险，加重事故严重程度。

五、交通警察的权能构造理论

关于交通警察权的理论研究，有助于深入理解交通警察权能要素和内部构造，对道路交通执法具有基础性的意义。有学者提出，交通警察权是警察权在交通管理领域的行使，基本价值观念是维护秩序与保障人权。其权能的表现形式，除了世界通行的交通安全规范草案拟定权、规章或规范性文件制定权、交警调解权、交警调查权、交警处罚权、交警强制权、交警管制权、交通肇事罪与危险驾驶罪立案侦查权等外，还包括交通工程和设施规划、道路使用规划、道路管理调查规划和建议，以及车辆登记、机动车驾驶人考试、驾驶证申领、指导道路交通安全科研工作、交通安全宣传教育、停车场设置与管理、交通信号灯设置等。[①]构筑交通警察权的基本要素，主要包括来源要素、主体要素、运行要素、对象要素和保障要素五个层面。[②]

（一）来源要素

交通警察权的来源要素，是交通警察权存在正当性的直接依据，主要通过权力设定、内部分配、授权、委托四种方式来展现。

1. 权力设定的交通警察权来源方式

这即国家权力机关为警察主体设定交通警察权，是交通警察权的初次分配。当前，我国权力机关对交通警察权进行设定的法律主要有《人民警察法》《道路交通安全法》等。

---

① 刘启川．我国交通警察权力配置：价值维度与改革框架［J］．政治与法律，2016（5）：26 – 35.

② 刘启川．我国交通警察权的内部构造及其展开［J］．东方法学，2016（5）：107 – 115.

2. 内部分配的交通警察权来源方式

这一般表现为公安机关内部的权力再分配。即按照行政级别在公安机关交通管理部门进行设置，并对不同级别主体的权限范围进行相应的分配。

3. 行政授权性的交通警察权来源方式

这主要是解决交通警察权初次分配和二次分配之外的交通警察权的来源问题。以交通警察的管辖权为例，涉及的规章主要有《道路交通事故处理程序规定》《道路交通安全违法行为处理程序规定》。公安部在这两个规章中详细规定了不同情形下交通警察管辖的类型，由此实现了公安部这一行政主体，对其下属公安机关交通警察管辖权具体配置的授权。

4. 委托型的交通警察权配置方式

其含义是将原隶属于交通警察的行政任务交由其他主体承担，交通警察对其委托的事项承担责任。受委托的主体一般不具有独立的行政主体资格，只是承担交通警察的部分任务。在这方面，主要涉及交通协管员和辅警的执法权限问题。

（二）交通警察权的主体要素

一般意义上的权力主体要素的表现形式有三种：一是群体化的权力主体，指众多个体平等地组成国家机关来承担国家权力；二是个体化的权力主体，是由个人代表国家机关承担国家权力；三是两者结合式的权力主体，是指一方面实行首长负责制，另一方面又有一定的合议制的会议形式作为基础。

在道路交通法治实践中，更多地表现为个体化的权力主体、群体化与个体化相结合的权力主体两类。例如，研究拟定道路交通制度规范和政策，往往由群体化与个体化的权力主体完成，具体而言，由交通警察的主管部门公安部组织实施。而对道路交通违法行为以及交通事故的查处，则是由个体化的权力主体即交通警察完成的。此外，在权力主体方面，还涉及交通辅警以及巡警等的执法资格问题。

（三）运行要素

交通警察权的运行要素，是指交通警察在维护交通秩序、处理交通事故以及应对交通违法行为时，所应遵循的方式、步骤、时限和顺序。这些程序性的要素，一方面可以增进民众对于交通警察权的接受度，有利于维系社会稳定；另一方面可以保证交通警察实体法的实施，并展示程序要素的工具性价值。

在交通警察执法实践中，《道路交通安全违法行为处理程序规定》从管辖、调查取证、交通技术监控、行政强制措施适用、行政处罚的决定与执行、执法监督等方面，对交通警察处置道路交通安全违法行为的程序适用作了详细规定。《道路交通事故处理程序规定》在管辖、受理、简易程序、调查、普通程序、现场处置和调查、交通肇事查缉、检验和鉴定、认定和复核、处罚执行、损害赔偿调解、涉外道路交通事故处理以及执法监督等方面，对交通警察权的程序运作作了细化要求。此外，《交通警察道路执勤执法工作规范》与《道路交通事故处理工作规范》也对交通警察权的相关程序进行了详细规定。

（四）对象要素

交通警察权的对象要素，是指交通警察在行使权力时，所指向的车辆、行政相对人、交通事故以及交通违法行为。

1. 车辆

在道路交通实践尤其是现代城市交通中，交通警察必然面对各种车辆，并与之产生相应的法律关系。对此，《道路交通安全法》第一百一十九条第（二）、（三）、（四）款，对车辆的含义作了明确规定。

2. 行政相对人与交通违法行为

与交通警察产生法律关系的行为主体，以及这些行为主体对交通的需求，是现代城市交通得以发展的根本原因。因此，厘清交通警察权对象要素中的行政相对人，是研究交通警察权的基础和前提。根据《道路交通安全法》第二条的规定，这些行政相对人包括车辆驾驶人、行人、乘车人以及其他相关单位和个人。其中，机动车驾驶人的违法行为情形包括：违反道路通行规则的违法行为、违反机动车和驾驶人管理规定的违法行为、违反交通信号的违法行为、违反安全驾驶操作规范的违法行为等。非机动车驾驶人的违法行为包括：醉酒驾车、违法装载、突然猛拐、攀附行驶、逆向行驶、不按规定让行、违法占道行驶、追逐或曲折竞速、畜力车驭手违法等。行人与乘车人的违法行为有违法横穿道路等。

3. 交通事故

根据《道路交通安全法》第一百一十九条第（五）款的规定，交通事故，是指车辆在道路上因过错或者意外造成的人身伤亡或者财产损失的事件。可见，构成交通事故的要素包括道路、车辆、过错或者意外、损害后果，只有在这四种要素共同作用下发生的事故，才能称为交通警察权意义上的交通事故。

（五）保障要素

交通警察权的存在和行使，必须要有相应的后盾与支撑。交通警察权的保障要素分为物质性资源和非物质性资源两种。

1. 物质性资源

一般意义上的物质资源，主要是指交通警察的装备设施。随着经济社会的不断发展，交通警察物质资源的范围正在逐步延伸和拓展。例如，在查处交通违法行为和处理交通事故时，民众私人的物质性设备（如行车记录仪），道路及周边超市、银行等单位的电子摄像设备，以及民众通过“违章随手拍”提供违章图像信息等，都可能成为交通警察的物质资源。此外，交通警察依据法律规定，对道路通行者的车辆或者其他财物的征用，也可视为物质性资源的一部分。

2. 非物质性资源

即“软警力”，一般是指权力主体凭借职业素质与修养、法治理念，通过沟通、协商等尊重权力对象的人格尊严方式，所产生并可固化的执法形象、社会地位和潜在权威。在交通警察的执法实践中，非物质性资源主要包括交通警察的综合素质、执法理念、执法方式选择、内部自制规范、执法形象、媒体沟通、警民关系质量等。随着我国社会主义法治体系建设的发展和“法治公安”建设的进程，非物质性资源对交通警察权的保障意义将愈加重要。

第五节　道路交通警务专业理论的主要内容

道路交通警务的专业理论，是研究和揭示道路交通警务专项工作及其一般规律的理论。关于其专业理论的构成可以有多种分类办法，而如何进行分类，则主要基于对道路交通警务工作内容或工作流程的认识。

根据现有资料，实务界和学界主要有以下四种观点：一是认为道路交通管理的工作内容，主要包括道路交通秩序管理、道路交通事故处理与预防、车辆管理、机动车驾驶人管理、道路交通安全执法、道路交通安全监管、道路交通安全宣传教育七大部分。① 二是根据交通警察所担负的职责任务，将交通警察的岗位职责分为以下六种：交通秩序管理、交通事故处理、车辆与驾驶人管理、交通管

① 路峰，汤三红．道路交通管理学［M］．北京：中国人民公安大学出版社，2014：12－13.

理规划、交通控制、交通安全宣传。[①] 三是从道路交通勤务的角度提出，道路交通勤务是公安机关交通管理部门针对道路交通而进行的行政管理活动，狭义的道路交通勤务根据工作特点的不同，一般分为日常道路交通勤务（包括内勤、外勤）、特殊道路交通勤务（道路交通警卫）两大类。[②] 四是从道路交通科学管理的角度提出，其核心内容应包括管理理念科学化、管理制度科学化、管理手段科学化和管理队伍科学化四大部分。其中，管理理念主要体现在执法理念、服务群众理念、现代管理思维的树立和培养。管理制度主要体现在法律法规体系的完善、社会化管理工作机制的建立健全。管理手段主要体现在依法管理，充分运用科技手段。管理队伍主要体现在队伍正规化、专业化建设和科技人员的培养。[③]

鉴于道路交通警务的综合性和复杂性，上述分法都有相应的适用范围和自身局限。似应借鉴其合理成分，按照《道路交通安全法》和公安部《交通警察道路执勤执法工作规范》等法律规章，紧紧扣住"交通安全管理"这一主题，结合警务实战情况，将道路交通警务的专业理论分为日常警务、应急警务和警务保障三大板块进行研究。下文将以此为指引，主要对有关研究成果进行整理，并期待学界对其开展深入的研究。

一、道路交通日常警务

日常警务也可称为平时警务，是公安交通管理部门依据既定法律制度和职责分工，围绕"人、车、路、环"等道路交通要素，按照正常程序和业务流程开展的勤务活动。主要包括巡逻值守、交通参与人管理、车辆管理、道路规划组织与管理、交通事故处理与预防、交通治安管理、交通安全宣传教育等。

（一）巡逻值守

巡逻值守是道路交通警务的主要日常工作，也是公安机关严格执法、热情服务的直观展示和联系社会、沟通群众的重要窗口。巡逻值守的主要任务，是指挥疏导交通、接受群众报警求助、维护交通秩序、查处交通违法行为等。

---

① 王立颖．岗位需求导向的公安交通管理工程人才培养方案研究［J］．辽宁警官学院学报，2017（6）：100－101.

② 刘玉增，管满泉．道路交通秩序管理［M］．北京：中国人民公安大学出版社，2015：210－211.

③ 杨钧，李江平，王京．道路交通科学管理概论［M］．北京：中国人民公安大学出版社，2008：10.

1. 城市道路交通巡逻值守

其一般通过四种勤务方式进行：（1）固定岗值守。在主要干道相交或畸形路口设置，这里往往是道路通行能力的“瓶颈”，也是交通事故的易发点。对平交路口的管理控制，对整个路网交通流安全畅通起着关键作用。（2）点线岗巡守。在主要干道确定一段道路和管理范围，采取以线路巡逻为主，交通高峰时站岗指挥、疏导的模式，是固定与流动相结合的勤务方式。（3）流动巡逻。即交通巡逻，其控制区域大，反应迅速，便于发现问题、处置各种突发事件等，适用于点多线长、需要对社会面进行控制的地区，是线控和面控的主要实现手段。按照工作内容分为有秩序整顿巡逻、路况巡逻、重点地区巡逻、查勤巡逻等。（4）视频巡逻调度。发挥交通指挥中心功能，综合应用交通信息采集技术，加强警情信息收集分析，对交通拥堵的发生发展进行科学研判，适时发布城市交通状况预警提示，调整工作部署。与路面民警加强协同、调度，利用路况监控系统对主要路口、路段进行巡检，提高对交通事件的快速发现和快速处置能力。

随着城市道路交通的快速发展，许多地区开始探索综合采用多种措施，完善城市交通勤务模式，打造“升级版”的现代交通管理勤务机制。其中，上海的探索很具代表性。其主要做法是：（1）提高勤务布局的“灵活性”。整合警力资源，提升街面“见警率”，并通过完善“一个片区、二级巡逻、三级设岗”的勤务组织方式，使机动巡逻与定岗值守形成叠加效应，消除管理盲区，增强“点、线、面”有机结合的效果。（2）增强派勤机制的“动态性”。强化前端派勤和后续指挥的连贯性，并根据交通变化与动态布警间的关系，探索实用性更强的动态布警机制，实现灵活布警、科学布警。（3）优化科技交管的“掌控性”。大力凸显“视频＋实兵”的应用效能，增强两者之间的衔接熟练度，提升视频巡逻的精确处置效能。同时，加快交通管理信息化建设步伐，将各类交通管理信息系统进行整合贯通，充分发挥科技管理优势。①

2. 公路交通巡逻值守

其一般采取以机动巡逻为主、机动巡逻与定点执勤相结合的勤务方式。（1）机动巡逻。也称动态巡逻，根据道路管辖情况，安排一定警力，分时、分段对所

① 刘晓皓．新形势下打造上海交通勤务管理模式“升级版”的探索和思考［J］．上海公安高等专科学校学报，2015（1）：43－47.

管辖路段进行不间断地对向机动巡逻，及时发现和处置公路上发生的交通与治安事件。(2) 定点值守。主要根据管辖路段的常态性问题，在一些道路情况复杂、发案较多的路段，或交叉路口、高速公路收费口等便于查堵的地方，安排一定警力进行定点执勤。①

(二) 交通参与人安全管理

交通参与人管理，是指公安交通管理部门依照法律法规，基于对交通参与者交通特性的认识，对其道路交通行为实施安全管理的工作。主要包括三个方面的内容：

1. 驾驶资格管理

这是传统意义上的驾驶人管理，其主要内容是机动车驾驶证申领、机动车驾驶证审验、机动车驾驶人考试、机动车驾驶人道路交通安全违法计分等。其中，驾驶证的审核发放，属于“自由恢复”性质的行政许可，是对人身属性的认证，与公民的身份信息紧密相连，目的在于形成和巩固交通参与者共同体的秩序规则。②

2. 道路通行安全管理

这主要是对行人、乘车人、候车人的交通秩序管理。关于行人，包括对交通行为能力的要求、行人道路通行的安全管理、行人交通系统的组织等。关于乘车人和候车人，主要包括乘车、候车的基本要求、车厢行为管理等。

3. 道路交通安全违法行为处理

道路交通安全违法行为，是指交通参与者违反道路交通安全法律法规，扰乱道路交通秩序，妨碍道路交通安全和畅通，侵犯公民合法交通权益的行为。在研究过程中，要明确道路交通安全违法行为的构成要件和法律特征，探究处理此类违法行为的基本原则、法律适用、执法程序、法律救济等环节和内容。

(三) 车辆安全管理

车辆管理，是指公安交通管理部门依据国家法律法规和相关技术标准，基于对机动车和非机动车交通特性的认识，对车辆的道路交通行为进行安全管理的工作，具有鲜明的社会性、服务性和技术性。其主要内容有以下几个方面：

---

① 刘玉增，管满泉．道路交通秩序管理［M］．北京：中国人民公安大学出版社，2015：214－220.

② 刘启川．我国交通警察权力配置：价值维度与改革框架［J］．政治与法律，2016 (5)：35－36.

1. 认证许可管理

这是传统意义上的机动车管理，主要内容是机动车登记、机动车安全技术检验、机动车强制报废、机动车牌证管理等。目的在于通过许可确认、登记和常态监督管理等手段，科学制定机动车检验标准，严格机动车查验，确保上路机动车的安全技术性能符合标准要求。

2. 机动车安全管理

这主要包括：（1）机动车的行驶管理，如规则、速度等。（2）装载管理，对机动车载人、载物和超载行为进行组织、指挥、监督、限制和查处。（3）行驶安全间距管理，包括行车视距，机动车行驶时的纵向安全距离和横向安全距离的管理等。

3. 非机动车安全管理

非机动车，主要是指自行车、三轮车、人力车、畜力车、残疾人专用车、电动自行车等。对非机动车辆的安全管理，包括车道使用、行驶管理、装载管理、停放管理等具体内容。

（四）道路规划组织与管理

道路规划组织与管理，主要是指公安交通管理部门依据经济社会发展需要、法律法规和相关工程技术标准，基于对道路、环境的交通特性以及其所承载的人流、车流特性的认识，对道路进行规划和管理的工作。从法理上说，道路规划组织与管理在本质上属于交通警察与其他行政主体之间的一种职务协助和行政协力行为。即在服务行政的背景下，交通警察基于自身的职责任务，为了共同保证道路交通的安全畅通，在与其他行政主体的相互关系中承担着参与者的角色，利用自身优势为其他主体进行行政决策提供资料性或条件性的支持。交通警察的这种职务协助行为，一般遵循被动性、临时性和辅助性原则。①

1. 道路交通管理规划与组织

其主要含义是，依据法律法规和技术规范，基于交通工程技术和系统工程原理，在现有资源有限的约束条件下，以保障交通安全、畅通、环保、效率及便捷为目标，对交通改善提出系统、优化的方案。目的是充分利用现有道路资源，开

① 刘启川．交通警察权与其他行政权的关系及其实现［J］．北京理工大学学报（社会科学版），2016（3）：129－132.

发道路通行能力和潜力，改善交通秩序、缓解交通拥堵、提高交通安全性，同时对城市规划及交通规划、城市管理、交通设施设计与建设、体制改革政策法规等提出反馈意见。

道路交通管理规划，分为长期战略规划、中期发展规划和近期专项计划。主要内容包括：（1）道路交通现状调查及分析。通过交通调查，获得城市交通基础资料和信息，并对道路系统、动态交通、静态交通和交通管理现状进行分析研究。（2）交通需求分析与预测。通过交通需求模型的建立和计算，获得交通管理规划方案实施年份内各种车辆类型的发展和道路交通状况，为后期的规划提供依据和参数。（3）道路交通管理具体规划方案，通常包括交通需求管理策略，如优先发展策略、控制发展策略、禁止出行策略、经济杠杆策略等；交通系统管理策略，如节点交通管理、干线交通管理、区域交通管理等。（4）规划方案的实施与评价。①

2. 静态道路管理

完整意义上的道路管理应该包括规划管理、动态管理和静态管理。其中，动态管理一般指称对道路及其所承载的人流、车流的管理，含义十分广泛，几乎涵盖了道路交通安全管理的全部内容。因此，这里的静态道路管理仅截取道路管理的一个特殊方面，即停车管理和非交通性障碍管理。（1）停车管理，是指机动车和非机动车停放的组织与管理。主要包括停车场建设的规划与审批、停车场管理的监督与检查、对违法停车行为的制止与处罚等内容。（2）非交通性障碍，是指不以交通为目的，临时占用道路从事施工作业、堆物堆料、摆摊营业、设置物体设施等影响道路通行的活动。非交通性障碍管理，就是依照法律法规对临时占路的非交通性行为实施约束、限制、禁止，以及对违法占用道路行为进行处罚的管理活动。

（五）道路交通事故处理与预防

关于道路交通事故，《道路交通安全法》第一百一十九条作了明确界定，“是指车辆在道路上因过错或者意外造成的人身伤亡或者财产损失的事件”。对道路交通事故的处理和预防，是道路交通警务的一项日常性、专业性的工作。

① 刘玉增，管满泉．道路交通秩序管理［M］．北京：中国人民公安大学出版社，2015：27－28.

1. 道路交通事故处理

道路交通事故处理是公安交通管理部门依法追究交通肇事者的法律责任，保护受害人合法权益，维护法律权威等工作的总称。主要内容和任务包括：（1）道路交通事故现场的紧急处置，如现场救援、现场勘查等。（2）道路交通事故调查取证，包括时间调查、空间调查、当事人身心状况调查、环境条件调查、车辆调查、伤亡情况调查、当事人及证人调查、痕迹调查等。（3）道路交通事故认定，包括事故认定的原则、认定程序、认定复核等。（4）道路交通法律责任追究，包括民事责任、行政责任和刑事责任等。（5）道路交通肇事逃逸案件查缉等。

2. 道路交通事故预防

道路交通事故预防主要包括三个环节：（1）道路交通事故基础统计分析与研判。这是预防道路交通事故的基础性工作。运用统计分析方法，对道路交通事故的起数、人员伤亡数、财物损失数，事故的原因、时间、地点，以及道路分类、车辆分类等数据资料进行分析，深入研判道路交通事故发生的规律、特点和成因，为科学决策奠定基础。（2）道路交通事故致因。从“人、车、路、环”四要素及其相互作用中，研究交通事故的成因理论和事故模型。（3）道路交通事故预防对策。在统计分析和归因分析的基础上，提出预防交通事故的基本原则、具体对策和综合治理机制，完善道路交通安全监督管理制度和安全责任制度。

（六）道路交通治安管理

道路交通治安管理，是公安交通管理部门依据有关法律法规，对发生在道路上的各种违法行为、事件、灾害事故等治安问题进行的一项行政管理活动。所谓道路治安问题，是指发生在道路上的影响交通安全畅通的各种治安问题的总称，包括道路治安案件、道路治安事件、道路刑事案件和道路治安灾害事故等。[①] 开展道路治安管理，是道路交通警务的重要日常工作。

1. 道路治安案件处置

道路治安案件，是指发生在道路上的违反治安管理法律法规的案件。主要包括：扰乱公共秩序的行为、妨害公共安全的行为、侵犯人身权利和财产权利的行

① 刘玉增，管满泉．道路交通秩序管理［M］．北京：中国人民公安大学出版社，2015：240－254.

为、妨害社会管理的行为等。交通民警在道路执勤执法过程中，应当根据现场情况做好先期处置工作，并将案件移交给有关部门处理。

2. 道路治安事件处置

道路治安事件，是指群体或个人为了满足特殊需要或者达到特殊目的，利用或选择道路，通过实施违法犯罪或采取不正当手段，导致或促使事态加剧、扩大，从而扰乱、破坏道路治安秩序的行为。公安交通管理部门处置道路治安事件，既不能推卸也不能包揽，而是当好预警信息的主动收集者、事件处置的重要参与者、应急现场控制的先期处置者、现场道路交通秩序的主要维护者。

3. 道路刑事案件处置

道路刑事案件，是发生在道路上或在道路上发现的触犯刑法、需要追究刑事责任的犯罪案件。主要包括：破坏交通工具设施案件，车匪路霸案件，利用交通工具杀人、抢劫机动车、制造爆炸等暴力性刑事案件，以及交通肇事、高速追逐竞驶、醉驾等交通案件。交通民警的主要任务，是在刑侦部门没有到达现场之前，做好相应的先期处置工作，如制止违法犯罪行为、保护案件现场、收集违法证据、监控和追缉堵截犯罪嫌疑人等。

4. 道路治安灾害事故处置

道路治安灾害事故，是指发生在道路或道路附近，违反治安管理法规和有关安全管理规章制度，造成物资损失或人员伤亡，并在一定程度上对社会内部单位或居民社区的治安秩序和公共安全造成灾害的事故，主要包括破坏事故、责任事故、技术事故等。交通民警的主要任务，是做好先期处置工作，如维护现场秩序、疏散群众、救护伤者、保护现场痕迹物证、控制违法嫌疑人员等。

（七）道路交通安全宣传教育

道路交通安全事关所有人的利益，加强道路交通安全宣传教育，是各有关政府部门和全社会的共同责任与义务。《道路交通安全法》第六条明确规定："各级人民政府应当经常进行道路交通安全教育，提高公民的道路交通安全意识。公安机关交通管理部门及其交通警察执行职务时，应当加强道路交通安全法律、法规的宣传，并模范遵守道路交通安全法律、法规。机关、部队、企业事业单位、社会团体以及其他组织，应当对本单位的人员进行道路交通安全教育。教育行政部门、学校应当将道路交通安全教育纳入法制教育的内容。新闻、出版、广播、电视等有关单位，有进行道路交通安全教育的义务。"可见，在所有相关部门中，公安交通管理部门是重要的宣传教育主体。道路交通安全教育的客体，即教育对象，按照参与交通的角色不同，可分为驾驶员、乘车人、行人、骑车人、交通管理者等。按照年龄段不同，可分为老年人、成年人、青年驾驶员、青少年、小学生及学龄前儿童等特殊群体。按照地区属性不同，可分为农村居民、城郊居民、社会居民、流动人口等。①

在警务实践中，公安交通管理部门在模范遵守道路交通安全法律、法规的同时，要把加强道路交通安全宣传教育作为法律赋予的重要任务，积极争取党委、政府的重视支持，科学制订道路交通安全宣传计划，建立完善的相关制度机制，切实加强道路交通安全宣传教育工作，在全社会弘扬交通安全文化，倡导交通文明风尚。同时，“国民道德心、自治心之发达，关系于交通之安全。”② 要充分利用现代传媒，结合不同教育客体的特点，以大众喜闻乐见、丰富多样的形式，广泛深入地开展道路交通安全宣传教育工作，切实提高宣传教育的实效性，促进广大交通参与者不断增强交通法制观念和安全自律意识，掌握交通安全基础知识和基本技能，提高交通文明素质，从根本上预防和减少道路交通事故，保障道路交通有序、安全、畅通。

此外，还需要说明的是，在一些著作和教材中，将交通秩序管理与人、车、路、环境的安全管理并列为道路交通警务的内容，似有不妥。人、车、路、环境的分类标准是实物的因素，而秩序则是道路交通安全管理指向的最终目标。《道路交通安全法》第一条开篇阐明立法目的，首要点明的就是为了维护道路交通秩序，然后是安全、效率。第三条更加具体地指出，道路交通安全工作的目的就是保障道路交通有序、安全、畅通。可见，作为目标的秩序，如果变成一种方式或手段，必然与其他内容产生包含关系或交叉关系，并走向泛化。当前，有的关于道路交通秩序管理的著作，与道路交通管理学的著作内容存在诸多交叉重叠，其主要原因可能就在于此。

二、道路交通应急警务

应急警务相对于日常警务而言。也有很多学者从勤务的层次，将应急警务与

---

① 过秀成．道路交通安全学［M］．南京：东南大学出版社，2011：228.

② 松井茂．警察学纲要［M］．吴石译．北京：中国政法大学出版社，2005：175－176.

日常勤务相比较，称为特殊道路交通勤务。[①] 不过，不同的学者对其范围和内容的界定又有所不同。道路交通应急警务的基本特点，是针对特殊任务、突发事件和紧急状况，采取超常规的应对策略、工作机制和指挥战术等，以确保任务遂行和道路安全畅通。

（一）道路交通警卫

道路交通警卫，是指公安交通管理部门依据法律法规，在道路上或与道路交通有关的地点或场所，为保证特定警卫对象出行的安全畅通，保障重要会议、重大集会和大型活动的安全顺利，采取专门手段进行的警务活动。

道路交通警卫根据不同标准有多种分类。按照警卫对象不同，可分为外宾交通警卫、内宾交通警卫、场馆交通警卫、线路型大型群众活动交通警卫。按照警卫规格不同，可分为一级警卫、二级警卫和三级警卫。按照警卫活动地域不同，可分为路线交通警卫、现场交通警卫和驻地交通警卫。

（二）突发事件道路交通管制

《道路交通安全法》第四十条规定："遇有自然灾害、恶劣气象条件或者重大交通事故等严重影响交通安全的情形，采取其他措施难以保证交通安全时，公安机关交通管理部门可以实行交通管制。"据此，所谓突发事件道路交通管制，是指公安机关交通管理部门在上述紧急情况下和发生重大交通事故时，为抢险救灾，维护社会秩序和保障公共安全，依法禁止人员和车辆出入某局部地区道路的一种警务活动。

突发事件具有突发性、危险性、紧迫性和不确定性。突发事件一旦发生，就会使常规交通需求在网络上进行重新调整，产生结构性的变化，并推动交通流呈现时间集中、峰值明显、方向分布系数大、流量处于饱和或超饱和状态，以及非常规出行（不适用常规用户平衡特性的出行）等特征。[②] 面对突发事件造成的危急局面，公安交通管理部门实施道路交通管制的主要任务，是遵循应急救援时间最短、交通网络系统最优的原则，在一定区域断绝正常道路交通，禁止无关车辆、人员进入，及时疏散、清理管制范围内的车辆和人员等，目的在于有效控制

① 路峰，汤三红．道路交通管理学［M］．北京：中国人民公安大学出版社，2014：136－143.

② 高建杰．突发性社会安全事件下的交通组织方案规划［J］．四川警察学院学报，2015（6）：14－15.

局面、维持秩序、制服犯罪、保护群众，保持道路交通的安全畅通。

（三）道路拦截堵截

道路拦截堵截，是指公安机关在侦查破案中，对逃跑的重大犯罪嫌疑人及其使用或乘坐的交通工具、涉案物品等，立即进行围追堵截的应急查缉措施。[①] 开展道路拦截堵截，是道路交通应急警务的一项特殊内容。

道路布控堵截的适用对象，是重大犯罪嫌疑人及其乘坐的交通工具、使用的涉案物品。执行拦截堵截任务的工作原则：一是快速反应。接报重大警情后，应充分发挥交通警察的机动性，对符合条件、确有必要的情形，立即实施布控堵截。二是范围适度。根据警情性质、紧急程度、现实危害和犯罪嫌疑人、嫌疑交通工具逃跑路线及可控性等情况，合理确定布控堵截范围。三是协作配合。在指挥中心的统一组织和协调下，公安交通管理部门和相关警种部门要加强协作、整体作战。公安机关各警种部门之间、邻近地区公安机关之间，应建立起快速堵控协作机制。四是防控风险。拦截堵截和车辆查控具有许多不可预测的风险，交通警察的人身安全常常面临较大的危险，应通过优化警力配置、加强警用装备投入、增加高科技手段运用等途径，形成警力的数量优势、能力优势和装备优势，以确保执法安全。[②]

三、道路交通警务保障

道路交通的警务保障，是广义的组织资源的确保和供给。结合当前道路交通警务实践，应主要包括法制保障、队伍保障、科技保障和装备保障四个方面。做好警务保障工作，是公安机关交通管理部门有效履行职能的重要保证，也是道路交通警务专业理论研究的基础。

（一）法制政策

加强道路交通安全管理的法治保障，主要包括完善法规体系、提高执法水平、强化执法监督等方面的内容。

---

① 刘玉增，管满泉．道路交通秩序管理［M］．北京：中国人民公安大学出版社，2015：226－228.

② 唐剑，杨德伟．“警力优势”视野下交通警察车辆查控中的安全防护［J］．贵州警官职业学院学报，2018（1）：94－98.

1. 完善法规体系

当前，我国已经形成了以《道路交通安全法》为主体，以道路通行主体安全管理、道路交通秩序管理、交通事故调查与处理、交通违法行为处理、执法监督等为主要内容，由道路交通安全法律、行政法规、部门行政规章和地方性法规规章、安全标准，以及其他法律法规中涉及道路交通安全的规范性条款等组成的，比较系统规范、运行有效的道路交通管理法律体系，为推进交通管理法制化奠定了扎实的基础。

公安交通管理部门在严格执行相关法律法规的同时，应根据时代发展和实战需要，积极推动修订或出台新的法律法规、规章，不断完善道路交通管理的法律规范体系。例如，针对交通违法行为处理不规范、交通事故处理不及时不公正，以及车辆管理所违规收费、违规办牌证等问题，及时修订完善交通违法行为处理、交通事故处理、车辆和驾驶人管理等业务的程序性规定，进一步规范约束民警的执勤执法行为。针对社会争议较大的交通技术监控设备执法随意性等问题，制定电子警察、公路监控系统、测速仪及酒检仪等设备的设置、安装、使用、取证工作规范或技术标准。进一步完善《交通警察道路执勤执法工作规范》，重点增加对轻微交通违法行为处理规范的规定等。[①] 此外，针对当前交通警察执法权益屡受侵害且保障困难的问题，除了加快推动“袭警罪”的立法进程外，还应提请各级人大、政府重视关注交警执法面临的特殊环境和特点，研究制定相关的政策法规，加大对交警执法权益的保护力度，使一线交警在执法时有更强大的法律保障。[②]

2. 提高执法水平

其重点是加强执法理念教育，使依法执法、群众利益至上的理念深入警心，切实增强严格依法履行职责的观念、法律面前人人平等的观念、尊重和保障人权的观念，做到自觉遵法学法守法用法，坚持严格规范公正文明执法，不断提升法律素养、执法水平和依法履职能力。大力改进勤务机制，科学组织安排勤务，推行勤务效能管理，提高见警率、管事率，确保现代警务机制整体效能的发挥。按

① 杨钧，李江平，王京．道路交通科学管理概论［M］．北京：中国人民公安大学出版社，2008：208.

② 郭鑫．论交通警察执法权益的保障［J］．武汉交通职业学院学报，2016（4）：38－39.

照依法规范、高效便民的总体要求，继续深入推进“放管服”改革，不断推出新的便民利民措施，简化办事环节，提高办事效率，规范业务流程和工作环节，为人民群众提供更加优质便捷的服务。

3. 强化执法监督。道路交通安全执法监督，包括国家权力机关监督、行政监察监督、检察监督、行政诉讼监督、社会监督、内部层级监督、督察监督、社会监督等。要完善监督工作机制，充分发挥监督合力。健全执法监督制度，规范警容风纪、交通指挥、行政收费、罚款执行、回避规定等重点环节。加强执法责任追究，主动查纠、严肃处理交通警察的各类违法违纪行为。

（二）队伍建设

交通民警队伍是实施道路交通管理的主体，拥有近30万人的庞大规模，加强这支队伍的正规化、专业化、职业化建设，提升交通民警的整体素质和执法水平，直接关系到道路交通安全管理工作的成败。

1. 完善组织管理体制

组织管理体制，是队伍正规化建设的基础。科学界定新时期公安交通管理工作的职能定位，把应该管的管起来，把属于其他政府部门、社会组织的事项剥离出去，切实减少非警务活动。按照“条块结合、以块为主”的原则，科学划分职责权限，明确部、省级两级的事权划分，既保证警令统一，又保护地方主动性。按照实战化要求，进一步调整内设机构职能，合理规划建设交警大队、中队等一线单位，理顺工作关系，建立现代警务机制。积极落实民警职务序列改革要求，力争将交通工程等专业技术性较强的门类纳入警务技术序列，尽快建立系统规范的警官、警员、警务技术职务序列。

2. 规范编制警力管理

编制警力不足是当前普遍面临的难题，也是制约正规化建设的重要问题。针对当前编制警力不足，百公里公路警力比例低的问题，积极推动落实全面深化公安改革关于“探索推动将交警等承担地方事权的警种编制核定权下放给省级人民政府的试点”的部署精神，促进形成交警专编并实现按需增编。坚持内部挖潜，严把队伍进口、畅通出口，深化干部选用机制和分配制度改革，增强队伍活力和战斗力，走内涵发展的道路。按照“小机关、大基层”的原则，推动警力下沉、重心下移，实现警力配置最优化。合理配备、科学使用辅警力量，形成与公安交通管理部门内部运行机制相配套的辅警聘用、管理和使用机制。加强编制管理研究，建立交通民警编制指标体系，力争形成警力随着任务的增长而增长的长效编制管理机制。

3. 构建教育培训体系

正规化的队伍，必然是训练有素的、有战斗力的队伍，必须把教育训练作为基础性、战略性工程抓紧抓好。要大力改变一些地方不系统、不规范和碎片化、临时性抓培训的做法，切实统一训练标准，规范训练内容，推动形成具有交警特色的教育培训体系，实现培训与晋升、育人与用人的紧密衔接。抓住教官、教材、教法三个基本要素，瞄准实战急需的事故处理痕检、现场勘查、信息科技、交通工程、交通规划、交通组织、交通控制等人才培养，研发个性化的训练大纲，开展有针对性的专业培训和知识更新培训，提升培训的质量和效能。大力开展案例式、情景式、实战式教学，充分利用身边案例进行深入剖析，增强广大民警的风险意识和实战能力。围绕重点道路、重点时段、重点问题，组织一线民警开展现场执法和安全防范实战技能培训，熟练掌握执法程序规范和安全防护技能，不断提高执法质量，切实避免不必要伤亡事故的发生。

4. 强化职业保障机制

良好的职业保障体系，能够凝聚人心、促进工作，是建设正规化队伍的内在要求和重要保证。当前，交通民警的工作任务繁重且艰巨，执法环境日益复杂，身心压力不断增大，职业健康问题十分突出。一线交警长期受机动车尾气、噪声、尘埃等特殊环境的影响，呼吸、神经、心血管、消化系统和听力、记忆力、视力、关节等极易受到损伤，患病率远高于一般人群。据调查，患病率高的警种排序依次为：刑警、交警、治安警、监管和禁毒民警，分别占 94.7%、88%、83.5%、68.4%和51.1%，其中，交警居第二位。① 另据中国科学院连续 5 年关于职工健康调查的报告，在职交警平均死亡年龄为50.62 岁，是平均寿命偏低的职业人群。②

为此，应根据交通民警的风险程度、压力状况、环境特点和职业伤害，有针对性地加强身心健康保护和医疗保障。认真落实民警年休假制度，合理安排民警的工作休息，保持良好的精神状态。争取设立交通警察特殊岗位津贴补贴项目，

① 詹伟．警察职业安全与健康［M］．北京：中国人民公安大学出版社，2015：68.

② 鲁良军．请关心交通警察的职业健康［J］．现代交通管理，2001（9）：11.

包括防尘补贴、防污染补贴和降温补助、防寒补助等，并向基层一线民警倾斜。坚持科学合理用警，努力向科技要警力、要战斗力，切实为基层民警减压减负。坚定支持民警依法履职，完善警队内部的信访、申诉、民警执法权益保护制度，坚决维护执法尊严和执法权威。

5. 深化职业文化建设

没有先进职业文化的支撑，不可能营养、造就一支正规化的队伍。交通警察作为“窗口”警种，是公安机关所有警种中与人民群众打交道最广泛、最直接、最深入，联系接触最紧密的一支队伍。他们的行政执法行为，以及行政事实行为（行政主体在行政管理过程中实施的、不以产生行政法律效果为目的，但却直接或间接影响行政相对人权利义务的行政行为），不仅关系到交通警察本职工作的完成，更影响着人民警察在公众心目中的形象。① 因此，建设特色职业文化，树立良好职业形象，对交通警察具有特殊的重要意义。

职业文化建设的主要内容，首先要强化警魂塑造，加强社会主义核心价值观教育和交通警察职业道德建设，用忠诚文化、英雄文化、法治文化、廉政文化培育人民警察精神，巩固队伍的思想政治基础。要狠抓内务管理条令的贯彻落实，严整警容风纪，严肃警察礼仪，形成良好的职业风范。注重职业素养的日常养成，加强基层警营文化的基本阵地、基本项目、基本队伍、基本制度建设，按照“一队一特色，一警一爱好”的原则，广泛开展具有交通警察特色的学习和文体活动，培养广大民警良好的素质品行。

（三）信息科技

加强信息科技保障，是在掌握道路交通管理规律的基础上，积极采用科学管理方法和现代信息科技手段，合理协调道路交通中“人、车、路、环”之间的关系，提高管理效能，实现道路交通安全、畅通、低公害、低能耗的目标。道路交通管理科技的种类，主要有交通工程技术、交通管理信息化技术、交通通信与监控技术、交通违法检测技术、交通控制技术、交通诱导技术、交通指挥中心技术等。道路交通管理科技的运用，主要包括道路交通管理信息化系统、道路交通工程技术和智能交通系统技术三个方面。②

---

① 张立峰．论交通警察行政事实行为［J］．商，2014（19）：145.

② 路峰，汤三红．道路交通管理学［M］．北京：中国人民公安大学出版社，2014：237－239.

1. 道路交通管理信息化系统

道路交通管理信息化建设，是道路交通管理科技的核心。目的是将基础业务工作与先进科技手段有机结合，实现交警主要业务的数字化、信息化、平台化管理，科学有效地开展机动车登记、驾驶证管理、道路交通安全违法、道路交通事故处理、机动车稽查布控和社会化服务等各项工作。

2. 道路交通工程技术

道路交通工程技术是道路交通管理的技术支撑，主要包括交通特性分析技术、交通调查技术、通行能力分析技术、交通系统规划理论、交通流理论、道路交通管理技术、交通安全技术、静态交通系统规划、交通仿真技术等。应用交通工程理论，研究交通生产、交通分布、交通流流动规律，改进交通规划、交通设施、交通运营管理，综合处理道路交通的时间与空间关系，可以有效改善交通状况，提高道路交通管理的科学性。

3. 智能交通系统技术

智能道路交通管理，是将卫星技术、信息技术、数据通信传输技术、电子传感技术、电子控制技术和计算机处理等技术，综合运用到道路交通管理的信息采集、处理、控制和诱导工作中，对交通进行整体优化、全面控制和主动诱导，提高道路的利用效率和交通安全性，是当前世界道路交通运输领域研究的前沿课题。智能交通系统（ITS）技术在实践中的运用，主要有交通监控、交通控制、交通管理信息系统、紧急事件管理、交通组织优化方案生成等。随着交通事业的快速发展和人民群众对交通畅通、环境质量、能源利用的更高要求，智能交通系统在内涵、功能、运用和规模方面将不断发展壮大。①

（四）经费装备

经费装备主要包括道路交通管理经费保障和交通民警的安全防护装备保障等工作。

1. 道路交通管理经费保障

经费保障工作的内容，是按照事权划分原则和道路交通管理部门的职责任务与特点，以专项经费、公用经费等为重点，强化经费保证，为道路交通管理部门

① 杨钧，李江平，王京．道路交通科学管理概论［M］．北京：中国人民公安大学出版社，2008：19－22.

充分履行职责提供财力支持。

经费保障工作的重点，要针对目前道路交通管理经费渠道狭窄、项目单一等情况，推动在年度预算中将道路交通管理专项经费纳入社会公共事务支出项目，并将信息系统维护经费、交通监控设备建设经费、交警队信息平台建设经费、交警营房建设经费、执法装备经费等纳入预算，以解决经费不足问题。参照县级公安机关公用经费保障标准的做法，制定道路交通管理部门公用经费保障标准，并使其与道路交通管理任务的增加、经济社会的发展和财政保障能力的提高保持同步增长。推动落实交警队营房建设标准、车辆管理所建设标准等，形成具有交警特色的基础建设标准体系，不断建设完善执法办案场所及其设备设施。①

2. 交通民警安全防护装备保障

交通民警直接面对社会公众和交通违法犯罪行为，经常需要在快速密集的车流中执行勤务，本身具有很高的风险性。随着经济社会发展以及转型时期社会矛盾集中凸显，道路交通环境日益复杂，交警执勤执法工作的危险系数不断加大。特别是近年来，基层交通民警在执法中经常遭到交通违法者的辱骂、殴打甚至暴力攻击；在勘查事故现场时，也因多种因素时常发生“二次事故”，交通民警因公伤亡事件呈高发态势。仅 2008 年至 2012 年，全国交通警察就因公牺牲 243 人，占全国公安民警因公牺牲民警总数的 11%，是仅低于派出所民警的警种。②造成交警因公伤亡事件的原因有人、物、环境、管理等多方面的因素，其中装备问题是一个值得关注的方面。据对某县交警大队的调研显示，民警认为配备的装备很符合执法需要的仅占 4.8%，一般的占 54.7%，不太符合的占 34.5%，非常不符合的占 6.0%。③ 为此，充分认识增强交警职业风险防控、安全防范意识和提高安全防护能力的重要性，综合采取有效措施，加强民警安全防护装备配备，提高自我保护能力，最大限度地避免和减少交通警察与交通协管员的伤亡事故，是道路交通警务保障工作的重要环节。

交通执法实践中的安全防护装备，主要包括日常执勤时的安全防护装备、勘

① 杨钧，李江平，王京．道路交通科学管理概论［M］．北京：中国人民公安大学出版社，2008：228－229.

② 公安部道路交通安全研究中心．中国交警的执法现状及其职业风险防控［J］．现代世界警察，2016（12）：19－20.

③ 詹伟．警察职业安全与健康［M］．北京：中国人民公安大学出版社，2015：123.

查现场时的安全防护装备、执行堵截任务的安全保护装备等。国外交通警察一般通过加强单警装备配备和规范管理，提高一线警察的防护能力和战斗力，主要包括通信设备、防护装备、警械、辅助装备等。① 根据当前实战需要，借鉴国外的一些做法，加强交通民警的安全防护工作，要严格执行《交通警察道路执勤执法工作规范》《交通警察执勤执法安全防护规定（试行）》等规章，严格落实执勤执法、现场警戒和安全保护等要求。要根据执行不同任务的需要和面临的不同警务风险，配齐配好相应的安全防护装备，制定相应的安全防护措施。同时，注重在现有装备的基础上，瞄准一线执法中的“痛点”，加强对防护装备的研发配备和使用培训，切实解决“不实用、不会用、不敢用、用不好”等问题，确保交通民警执法执勤安全。

① 蔡晨，苑雷，江帆．国外交通警察装备配备和使用管理研究［J］．汽车与安全，2014（10）：46－47.

第七章

交通运输警务学科专业建设

学科专业既源于、高于社会实践，最终又要接受实践检验，为实践服务。交通运输警务的学科专业建设问题，与理论研究和人才培养息息相关，更与警务实践相辅相成。如果把交通运输警务视为一个职业共同体，那么它必然包括理论研究、学科专业建设、人才培养、实践活动等组成部分。其中，警务实践需求推动警务理论研究，理论研究孕育产生学科专业，学科专业承载人才培养，而培养的人才又进入警务实践成为职业主体。可见，学科专业处于承上启下的地位，是连接理论与实践、教育与人才的枢纽。在基本明确交通运输警务理论的总纲和各论的研究内容后，很有必要从整体上对交通运输警务的学科专业构建与发展问题进行专题研讨。

第一节　交通运输警务学科专业建设现状

推动创建交通运输警务类学科专业，并最终纳入国家学科专业目录，对于创建交通运输警察学院、推动交通运输警务研究至关重要，在某种程度上可以说是命脉所系。我国自 1952 年开始实行具有指令性的学科专业管理体制，教育行政部门颁布的学科专业目录成为审批学科专业的依据。为此，一个知识理论体系是否纳入了学科专业化目录，是其学科化的显著标志和具有合法身份（或说是“户口”）的前提，更是决定学科命运的关键，进而影响大学的生存发展。有学者曾经生动地说：“如果一门学科没有‘户口’，那悲哀可就大了。什么研究生招生、重点学科评审、学科基地建设，通通没有你的份儿，因为这些重大的学科建设举措都是按照二级学科来设置的。而且，在教学课程设置、教材编写出版、各类基金项目的申请中，没有‘户口’的学科也是难上加难。”①

不可否认，当前交通运输警务的学科专业还处在探索建设阶段。其中一个突出的标志就是，除了与道路交通警务相关的“交通管理工程”已列入国家学科专业目录外，其他各个领域均尚在探索和积累的过程之中。但是，了解知识生产发展的规律，明确学科专业产生的逻辑和线索，对于我们清醒地认识交通运输警务学科专业建设的现状和短板，明晰未来的发展方向和工作重点，增强建设和发展的信心，都具有重要作用。

一、学科专业发展与知识生产

学科问题与知识、专业问题紧密相连。学科是知识的集合体，是科学研究的概念，反映学术研究的实力和水平；专业是课程教学的组织形式，是人才培养的概念，反映人才培养的类型和质量。但两者又紧密联系，一个专业可能需要若干学科来支撑，一个学科也可能发展出多个专业。知识、学科、专业三者可谓“三位一体”，是不可分割的整体。

（一）学科专业与大学

学科专业制度与大学制度紧密相连，大学是学科专业存在的载体，而学科专业又是大学发展的根基，大学的制度结构基本围绕学科专业制度而形成。大学的系部即为基于学科的组织建制，其中可以开设多个专业。正如美国高等教育学者克拉克所言，“高等教育‘生产车间’里聚集了一群群研究一门门知识的专业学者。这一门门知识即为‘学科’，组织便围绕这些学科确立而来”②。

此外，在人才培养上，两者还具有内在一致性。国务院学位委员会和教育部颁布的《学位授予和人才培养学科目录（2011 年)》，分设了 13 个学科门类和 110 个一级学科，用于学位授予、招生培养和学科建设等工作，并规定学士学位按新目录的学科门类授予。教育部颁布的《普通高等学校本科专业目录（2012

---

① 蔡曙山．科学与学科的关系及我国的学科制度建设［J］．中国社会科学，2002（3）：79.

② 伯顿·克拉克．高等教育新论——多学科的研究［M］．王承绪等译．杭州：浙江教育出版社，1988：107.

年)》，规定了专业划分、名称和所属门类，分设12个学科门类、92个专业类和506种专业，是本科学院设置调整专业、实施人才培养、开展招生、授予学位、指导就业等的重要依据。其中，相当一部分学科和专业在名称上相同或类似，这也充分体现了学科建设和专业建设在人才培养方面的一致性。①

学科还是教育学中课程论的重要概念，它与社会需要、学生的身心发展规律一起，共同构成了专业课程编制的三个主要依据。② 在教育实践中，为了社会需求和教学需要，把某一门或几门科学的内容加以适当选择进行改造和合理的组织排列，使其适应学生的身心发展水平，达到某一层级教育所应达到的程度，就形成了课程教学意义上的学科。

（二）知识生产与学科专业生成

学科得以成立并可进行分类，是人类知识现代生产的产物。自十八世纪以来，各门知识都致力于划分自身的专属对象的边界，构建自己独有的阐释方法和分析技术，确认知识内涵不可重复的独特属性和价值，由此形成自身的学科化和专业化的存在方式。这种知识的学科化，就构成了现代高等教育的体制化基础。

1. 学科的研究模式

二十世纪后，随着时代的进步和知识生产的迅猛发展，知识与学科快速增长，彼此之间的相互作用、相互借鉴也日益强烈，“多学科”（Multidisciplinarity）研究和“跨学科”（Interdisciplinarity 或 Crossdisciplinarity）研究遂成为科学研究极为重要的两种模式。其中，多学科模式主要是指涉及不同学科的研究活动，强调在不同学科视角下对问题或实践的深刻解读，学科之间可以没有关联。而跨学科模式则在多学科模式的基础上更进一步，强调克服不同学科之间的隔离和割裂，促进学科间的整合与共融。其具体作用机制包括：（1）解释移植。一门学科借用其他学科的理论、方法来解释该学科无法解释的现象，进而产生一种新的理论体系或学科，如量子化学等。（2）互补共融。探讨不同学科边缘地带的相互作用，以开拓新的研究领域，促进共同发展，如电磁学等。（3）横向断析。从横向上对不同学科的相似性基础进行断析，形成具有普遍性和适用性的新学

① 钟秉林，李志河．试析本科院校学科建设与专业建设［J］．中国高等教育，2015（22）：19－23.

② 理查德·D. 范斯科德等．美国教育基础［M］．北京师范大学外国教育研究所译．北京：教育科学出版社，1984：298－300.

科，如系统论、控制论、信息论等。（4）联动服务。通过对不同学科的理论和方法进行整合，来探讨单一学科所无法解决的复杂问题。

二十世纪后期，在跨学科研究达到顶峰时期，又有学者提出了“超学科”（Transdisciplinarty）的概念。其要求在一个普遍公理和新兴认识论模式的基础上，促进教育或创新系统中所有学科和跨学科的整合协调。1994 年，吉本斯等人提出了著名的“第二种知识生产模式”理论，其更强调问题导向的知识应用背景，以及不同利益相关者的对话交流。这与超学科以共同目标来协调整个系统的理念不谋而合，推动了超学科的进一步发展。经过不断演进，当今超学科研究的特点是，其主体的多元性、问题的开放性与公共性、知识流动的广泛性等更为突出，更加注重对学科和非学科的观点进行整合，以协调多方利益，达到问题的解决。特别是在有关社会问题领域的知识不确定，又有大量关注该问题的利益相关者介入其中并与之打交道时，就更加需要运用超学科的研究模式。① 这被认为是跨学科发展的更高层次的理论，对于当前我们打造交通运输警务学术共同体，推动业界与学界、学科与非学科等聚力加强交通运输警务学科专业建设，具有重要的借鉴和指导意义。

2. 学科的产生方式

从学科专业的生成来看，随着知识与学科的极大丰富与相互作用，各门学科边界地带的知识会遵循相似性原则和谱系性原则发生交叉与融合，从而衍生出新的知识。新知识积累到一定程度，又会形成新的学科。也就是说，知识的增长导致学科的出现及其分化；而学科发展到一定程度之后，在学科边界地带又会产生新的知识，表现为学科的交叉与融合。② 一般而言，一门新学科的产生主要有两种方式：

（1）交叉学科。即基于学科边界的知识互补共生，形成交叉学科或边缘学科。一般认为，现代交叉学科最早产生于二十世纪二十年代中期美国社会科学研究理事会的研究。1926 年，哥伦比亚大学心理学家伍德沃斯最先提出了“交叉科学”（Interdisciplinary）一词。我国的交叉科学研究较晚一些，于 1985 年召开

① 杨小丽，雷庆．跨学科发展及演变探讨［J］．学位与研究生教育，2018（4）：54－58.

② 嵇宏，吕乃基．从知识分类看当前我国研究型大学学科制度建设［J］．自然辩证法研究，2013（2）：69.

了首届交叉科学学术研讨会。当代所出现的“知识爆炸”和学科数量激增的现象，既是学科细化的结果，更是高度跨学科的产物。随着各门学科向纵深和广延发展，彼此之间的界限开始模糊和融合，这就需要相互借助对方的知识和方法，于是各种新兴交叉学科便应运而生。例如，经济学在交叉学科理论提出后的30年间，就增殖出技术经济学、旅游经济学、生态经济学等100多门新学科。再如，海洋学，其原为地学的分支学科，很快就发展成为交叉学科，并在之下又繁衍出139门交叉性分支学科。正因为交叉学科的跨学科性，很多学者通常将“交叉学科”与“跨学科”并用，但基本含义大致相同，即将其视为打破学科壁垒，把不同学科理论或方法有机融为一体的研究或教育活动。跨学科的研究方法，主要有移植法、比较法、类比法、臻美法、辐射与辐集法、系统方法等。①

(2) 综合性学科。是指在众多学科对某个复杂社会问题或现象进行研究的过程中，因各个学科在内容和方法上相互影响、相互渗透，进而形成的综合性的学科。例如，环境科学，就是集生态学、生物学、物理学、地理学和经济学等学科的理论、内容和方法于一身的综合性学科。② 也有学者将综合性学科称为“领域性”学科，即以一个现实领域或问题为基础，整合不同知识和理论所形成的知识体系。从整体上看，领域性学科与交叉性学科的差异在于，后者强调在跨学科的同时，还要以某一个学科的知识与理论为主；而前者则强调围绕一个社会现实主题，需要借鉴吸收其他相关学科的知识与理论来共同进行研究。

(三) 学科成立与学科成熟

毫无疑问，有新知识的产生和积累，并不必然形成学科。一门学科能否成立，取决于其基本条件和成熟程度。一般认为，衡量学科的发展水平有“成立条件”和“成熟标准”之分。所谓学科成立条件，主要针对科学领域本身的固有属性而言；而学科成熟标准，则主要针对人类对该领域的认识程度和组织程度而言。符合学科成立条件的科学领域，不一定能达到学科成熟的标准，但达到了学科成熟标准的科学领域，则一定符合学科成立的条件。所以，前者是学科成立的必要条件，后者是学科成立的充分条件。③

---

① 刘仲林．跨学科学导论［M］．杭州：浙江教育出版社，1990：1－21.

② 骆四铭．学科制度与创新型人才培养［J］．教育研究，2009（9）：46－47.

③ 刘小强．高等教育学学科分析：学科学的视角［J］．高等教育研究，2007（7）：74.

从学科建制或学科制度的层面来看，学科又分为内在建制和外在建制两部分，它是内在建制和外在建制的统一体，也是观念组织和社会组织的结合体。其中，内在建制强调学科的发展规范，或说是学科的规范化、制度化问题，即学科的内在制度，意在突出学科的思想传统、理论体系与研究范式要求；外在建制强调学科的社会建制，主要包括组织机构、行政编制、资金资助等物质性的建设，即学科的外在制度，意在突出学科的学术组织性与行政合法性要求。[①] 也有学者将前者称为学科的“观念层面的范式建构”，目的在于形成一种知识传统和思想传统，或者是一种研究纲领，以便同行之间相互认同，新人被培养训练为这项学术事业的继承者；后者是“社会运作层面的范式建构”，目的在于形成一个学术共同体，包括学者的职业化、固定教席和培养计划的设置、学会组织和学术会议制度的建立、专业期刊的创办等。[②] 费孝通先生就曾从学科机构的角度，把学科的外在建设细分为五个部分：学会（人和组织）、专业研究机构、大学的学系（专业和机构）、图书资料中心、学科的专门出版机构（刊物和教材等）。[③]

对比学科形成与学科制度的观点，似乎可得出这样一个结论：学科的成立条件，基本是指学科建设的内部制度；而学科的成熟标准，基本是指学科建设的外部制度。从逻辑上说，应是先有内在知识的成长，即学科成立；后有社会组织和建制形式，即学科成熟。本书第二章所引用的关于学科建设的四个基本条件，包括研究对象、理论价值、范畴体系和理论抽象等，实际上就是一门学科的成立条件。但是，学科的形成仅有内在的成立条件是不够的，还必须进行外部建制、达到外在的成熟标准。这是因为任何一门学科的发展，都必须以特定的社会建制为基础。这一规律早已被学科的发展史所证明：历史上的许多知识门类与研究领域，往往就是因为“留心论述、逻辑和理念，多于物质性和建制上的东西”，而未能实现学科的独立发展；而“十九世纪现代学科的涌现，全赖十七和十八世纪新建制和新践行的发展”。[④] 概言之，正如学科分类专家所总结的成果，学科成立与学科成熟的条件和标准，可以主要从以下几个方面进行综合衡量：具有确定

---

① 王建华．学科、学科制度、学科建制与学科建设［J］．江苏高教，2003（3）：55－56.

② 吴国盛．学科制度的内在建设［J］．中国社会科学，2002（3）：81.

③ 费孝通．略谈中国的社会学［J］．社会学研究，1994（1）：6.

④［美］华勒斯坦等．学科·知识·权力［M］．刘健芝等编译．北京：生活·读书·新知三联书店，1999：13－14.

的研究对象；具有特色的研究方法和工具；具有比较完整的理论体系；具有一个或若干学科带头人；具有一定数量的专家队伍和相应的教育机构、学术机构和出版物；具有社会实际的需要等。①

综上所述，根据知识生产的方向，推动新兴学科专业的产生与进化，必须遵循知识生产的一般规律，从内在建设和外在建设两个方面入手，按照“知识—知识体系—理论领域—学科/专业”的逻辑线索，推动学科逐步走向成长和成熟。可以说，学科不仅是一种知识生产，还是一种理论体系，一种精神规范，一种科学研究的组织，一种教育培养的单位，一种智力劳动分工的方式，一种学术同行交流的平台，一种社会对科学进行管理的单元和框架。学科建设的基本路线，应是由内而外、由观念建制到社会建制的建设路线：在学科知识经过长期、自然的积累已形成比较成熟的逻辑概念体系，学科的精神规范得到了学科内外同行的公认，学科声誉和价值已经得到社会的承认和肯定之后，再开始建立学科的外在建制，并最后走向外在建制和内在建制的良性互动，推动学科不断发展成熟。②

二、交通运输警务学科专业建设定位

对照上述分析，当前交通运输警务学科专业建设的整体水平还很低。从研究的范式来看，学科建设有“规范学科论”和“事实学科论”，以及规范和事实两者结合之说。其中，规范学科论强调价值判断，主要通过定性研究方法进行归纳，试图诠释“意义适当性”和“因果适当性”；而事实学科论则强调通过量化研究，试图检验“理论观念”和“经验事实”的关联，认为只有当其能够揭示、解释以及预测社会事实，并形成相应的专门理论，才得以成为一门专门的学科。③ 可见，交通运输警务的整体研究以及六大领域的研究，无论是在“规范论”还是在“事实论”上，都还有着很大的差距。

从目前的成果形态来看，参照学科建设关于理论发展程度之领域（Field，即前学科）与学科（Discipline）的“两分法”，④ 水域警务因其历史发展渊源和我国港澳台地区的探索发展，经过科学的借鉴改造，可能会较快产生学科专业；道

① 丁雅娴等．中国学科分类体系研究［J］．中国软科学，1993（3）：33.

② 刘小强．高等教育学学科分析：学科学的视角［J］．高等教育研究，2007（7）：72－74.

③ 胡雪龙．教育社会学研究与发展的学科特征［J］．高等教育研究，2017（9）：44－45.

④ 陈兴德．高等教育学的“学科”“领域”之争［J］．高等教育研究，2018（9）：47.

路交通警务已有“交通管理工程”“交通管理”等学科专业作为基础，其与成为一门学科的相关度比较高，但最多只能算是“准学科”；铁路警务、城轨警务有一定的知识理论积累，基本上形成了特殊的研究领域，但还只能视为领域性的“前学科”；其他方面都还处在努力构建属于自己的知识领域和理论体系的阶段，距离成为一门符合“成立条件”的学科专业还有很长甚至艰苦的道路要走。至于成为“成熟学科”，则是在此之后的社会建制层面的进一步发展。

但是，无论多么高深的研究都有稚嫩的起点，无论哪一门学科专业，都要经过从知识、知识体系、理论领域再到学科专业的发展进化过程。如果学界和广大学者充分认识建设交通运输警务学科专业的重要性和紧迫性，共同开展这些开创性、原创性的工作，上述知识体系、研究领域以及“准学科”“前学科”等，一定能够在探索中发展、在发展中积累、在积累中升华，从观念建制走向社会建制，最后化茧成蝶，成为真正的成熟学科专业。在此基础上，再围绕交通运输警务这一共同主题，加强对不同学科之间关联度的研究和结构性的融合，最终形成由带头学科、支撑学科和相关学科组成的学科发展集群，以其鲜明的交通运输警务特色而自立于公安学科专业之林。正如学科学的“学科崛起理论”所言：新学科的孕育和崛起不是偶然的，它有破土而出的历史条件，有历史使命感的强烈召唤，有一定的理论准备，有社会实践的迫切需要，也有学科带头人的大胆开创和积极探索，特别是许多综合性新学科的开拓，更是多学科、攻关群体共同努力的结果。每门新学科的产生，都有一个从“潜”到“显”的演进过程，经历“动因—准备—孕育—顿悟—验证—传播—发展”的时间阶梯，呈现出由知识单元凝聚成“知识纤维”、再形成理论体系、最终产生学科革新的发展规律。①

令人深思的是，原公安海警学院在升本之初设立了航海技术、治安学、法学、信息安全、通信工程、管理科学等九个专业，2017 年 3 月该校申报公安学类的“海警执法”本科特设专业获得教育部批准，其与“海警舰艇指挥与技术”专业、“海警后勤管理”专业的相继开办，标志着海警类特设专业群渐成雏形，为创建“海警学”这一新学科奠定了基础。② 其中的“海警执法”专业，从海警

---

① 陈燮君．学科学导论［M］．上海：上海三联书店，1991：10－11.

② 赵伟东，杨成．从“领域”到“学科”的探索：论“海警学”学科的创建［J］．公安海警学院学报，2018（6）：3－5.

执法实务的需要出发，横跨了多个公安专业，在一定程度上打破了传统上以侦查学、治安学等基于公安工作内容和流程而划分专业的做法，成为一门具有综合性特征的新兴专业。而这种跨多个传统专业构建综合性专业、致力于培养“全科医生”的做法，正是铁路警务、城轨警务等交通运输警务类学科专业建设所应追寻的方向。

此外，当前教育部关于普通高等学校高等职业教育专业目录的设置和修订原则，为我们逐步推动交通运输警务学科专业建设进程，提供了重要的参照和启示。高职高专的专业目录设置和修订，以产业、行业分类为主要依据，兼顾学科分类进行专业划分和调整，原则上专业大类对应产业，专业类对应行业，专业对应职业岗位群或技术领域。在2015年修订印发的《普通高等学校高等职业教育（专科）专业目录》中，交通运输大类（60）被划分为铁路运输专业类（6001）、道路运输专业类（6002）、水上运输类（6003）、航空运输类（6004）、管道运输类（6005）、城市轨道交通类（6006）、邮政类（6007）。据此，在专科层次上，铁路、道路、水上、航空、城轨交通运输，都已经由知识体系上升为专科专业类型。业务是警务之源，专科为本科之基。可以充满信心地想见，随着各交通运输领域警务实践的积累和理论研究的继续深入，其知识理论体系必将不断丰富和完善，最终臻于成熟并纳入国家的学科专业目录，在新的起点上获得新的发展。

第二节 缉私警务与交通运输警务学科专业体系建设

缉私警务是海关缉私部门发挥刑事、行政两种执法手段，严厉打击走私犯罪和海关行政违法行为，维护国家经济安全和社会稳定的专门实践活动。严格地说，并不属于一般意义上的交通运输警务的范畴，将其纳入交通运输警务学科专业教育体系，既有内在关联性，也有发展策略上的研究考量。

一、缉私警务发展概略

走私是商品产生发展到一定阶段的产物，随着国家之间、国家与地区之间商品差价的存在和国家实行对外贸易管制而出现。根据海关合作理事会《关于防止、调查和惩处违犯海关法罪实行行政互助的国际公约》（简称《内罗毕公约》）的规定，所谓走私犯罪，是“指以隐秘方法偷运货物越过海关边境的瞒骗海关偷漏关税罪”。只要国际（或地区）间存在商品差价或进出口贸易上的管制，就必然会出现走私活动。古今中外，概莫能外。

在我国，常以西汉张骞开辟西域丝绸之路作为中国陆路对外贸易开始的标志。此后，历代王朝都曾建立相关管理机构，制定相应的外贸管理法令制度。其中，海关的起源多认为是市舶制度及其缉私组织，其肇始于唐、完善于宋、全盛于元、衰落于明。南明郑氏政权在台湾实行的关税制度，被视为近年海关关税的萌芽。[①] 清初开放海禁并设立江、浙、闽、粤四大海关，其中粤海关的公行保商制度，被称为鸦片战争前封建海关制度的代表。鸦片战争以后，中国国门洞开、海关主权尽失，出现由外籍税务司管理下的新制海关，形成了内外分班、华洋分班的缉私体制。在南京国民政府时期，通过关制整顿等措施，基本收回海关主权，并自上而下地组建了统一的海关缉私机构。[②]

在现代中国，走私犯罪是指故意违反《海关法》和其他有关法律、行政法规，逃避海关监管，非法运输、携带、邮寄《刑法》规定禁止进出境和其他应缴纳关税、进口环节海关代征税的货物、物品进出境，以及未经海关许可并且未补缴应缴税款，擅自将保税货物、特定减免税货物在境内销售牟利，数额较大、情节严重的行为。为打击走私犯罪，国家在海关总署设立了缉私局及其分支机构，专门负责对走私犯罪案件的侦查、拘留、执行逮捕、预审工作。走私犯罪侦查基于走私犯罪而产生和存在，是运用法律武器打击走私犯罪活动不可或缺的手段和途径，在整体刑事侦查学体系中属于经济犯罪侦查的范畴。[③] 海关缉私机构职权的构成原理在于，国家为了保证海关实现对进出境运输工具、货物、物品的监管任务，就必须赋予其相应的职权，特别是对禁止性、限制性或应税货物的监管权，使海关职权与对货物进出口的经济权利结合在一起，通过经济资源的分配决定对公民、企业法人经济利益的予夺。这种监管调查权，把对财产的扣押权和对人身的强制权融合在一起，集中体现了海关职权的特殊性。[④]

---

① 连心豪．近代中国的走私与海关缉私［M］．厦门：厦门大学出版社，2011：1－3.
② 连心豪．近代中国的走私与海关缉私［M］．厦门：厦门大学出版社，2011：127.
③ 吕滨．海关缉私业务［M］．北京：中国海关出版社，2008：11－18.
④ 万曙春．宪法视角下的海关缉私惩罚制度［M］．上海：上海人民出版社，2017：98－99.

关于海关打击走私队伍的建设，经历了从海关内部机构向专门警务机构发展的过程。在新中国成立后很长一段时期，反走私主要由海关内设机构承担，以行政执法为主。1999 年 1 月，为加大对走私违法犯罪的打击力度，经国务院批准，在海关总署设置了走私犯罪侦查局，列入公安部序列（第二十四局），受海关总署和公安部双重领导、以海关总署领导为主，具体承担走私犯罪侦查职能。2002 年 12 月，海关内部缉私体制进行调整，原海关调查部门负责的部分查处走私违法案件的行政职能，转由走私犯罪侦查局行使，走私犯罪侦查局也从此更名为缉私局。

在 2018 年行业公安机关管理体制改革中，海关缉私部门和海关缉私工作改由公安部和海关总署双重领导、以公安部领导为主的管理体制。海关总署缉私局列入公安部序列局，对直属海关缉私局和隶属海关缉私分局实行垂直管理。

关于缉私工作的手段和内容，自 2005 年 5 月后，缉私局全面承担起行政案件的查处工作，得以综合运用刑事、行政两种手段履行打私职能。（1）刑事手段。刑事执法依据《刑法》《刑事诉讼法》等调整刑事法律关系的法律法规，采取询问、搜查、监视居住、拘留、执行逮捕、预审等侦查手段，对涉嫌走私犯罪的行为进行侦查，行使的是刑事诉讼权力，实行局长负责制，以海关缉私局的名义实施。刑事执法的后果是通过立案侦查，采取刑事强制措施，查明犯罪事实和犯罪行为人，最后为审判机关依法追究走私犯罪嫌疑人的刑事责任提供证据。（2）行政手段。行政执法依据《海关法》《行政处罚法》《行政复议法》《海关行政处罚实施条例》等调整行政管理活动的法律、行政法规，采取检查、查验、查阅、查问和扣留等调查手段，对走私行为、违反海关监管规定的行为和其他行政违法行为进行查处，行使的是海关行政权，对海关关长负责，以海关名义实施。行政执法的后果是通过立案侦查，收集证据，查明事实，对走私行为、违反海关监管规定行为和其他行政违法行为作出行政处罚。①

二、缉私警务与交通运输警务的关联性分析

从第一部分的分析可见，缉私警务与交通运输警务之间存在很大的区别。之所以将缉私警务专业教育视为交通运输警察学院学科专业教育体系的组成部分，

① 吕滨．海关缉私业务［M］．北京：中国海关出版社，2008：256－257.

除了共性的内容和特性之外，主要还有以下原因：

（一）交通运输工具

交通运输工具是海关监管的重要对象，一些交通运输工具还可能成为走私违法犯罪的标的物，这与交通运输警务的执法对象具有类同性。《海关法》第一章第二条明确规定：海关依法监管进出境的运输工具、货物、物品。其中，运输工具根据其“附则”的含义解释，是指用以载运人员、货物、物品进出境的各种船舶、车辆、航空器和驮畜。《海关法》第二章还专门用九个条款，对进出境运输工具的监管作出规定。

关于交通运输工具的走私，在我国曾经大规模发生。例如，从1992年下半年开始，在沿海沿边地区一些基层地方政府的默许、纵容甚至直接参与和组织下，汽车成为当时最热门的走私货物。1992—1993年，在山东威海一带海域掀起了大规模走私汽车的浪潮，并迅速向其他一些沿海沿边地区蔓延泛滥。1994—1995年，又在广东惠东地区爆发了大规模的走私行为。这些走私活动偷逃国家税收，逃避国家进出口管理，严重冲击国内市场，还污染毒化了社会风气，导致沿海沿边少数地方出现弃渔、弃农、弃学、弃工从事走私活动的现象，引起了全社会的高度关注。为此，1993年8月，党中央、国务院成立全国打击走私领导小组，召开了新中国成立以来规模最大、级别最高的全国打击走私工作会议，决定建立地方党政反走私领导责任制，加大打击力度。1997年《刑法》修订时，还在“破坏社会主义市场经济秩序罪”一章中，特别设立“走私罪”一节，表明坚决打击走私行为的立场。[①]

（二）交通运输网络

在走私犯罪中，无论通关走私、绕关走私、后续走私、间接走私等犯罪形式，[②] 还是违反海关监管规定的走私、违规及其他行政违法行为，都不可避免地使用交通运输工具和交通运输网络。这些都与交通运输警务有着紧密的联系。

中外执法实践表明，现代国际走私活动的一个重要特点，就是利用航空公司等交通运输单位或交通运输工具进行走私。在航空方面，一般通过买通机组人员、派遣中间商冒充旅客、买通机场地勤机械师、伪造空运货物清单、借助他人

① 蔡卫平．海关缉私总论［M］．北京：中国海关出版社，2010：6－7.
② 张军强，蔺剑．走私犯罪侦查［M］．北京：中国海关出版社，2005：66－67.

和物品伪装走私五种方式进行。在西欧，一些走私分子甚至还拥有自己的海船、摩托艇、飞机和卫星通信工具，以及针对海上警备队船只的高科技仪器。[①] 二十世纪九十年代末期，我国福建沿海地区的一些职业化走私组织，也发展到通过装有卫星导航、远距离雷达及“半球”电台等高科技产品的“三无”铁壳船，到公海母船上接驳货物进行走私的活动。此外，台轮及外籍船只直接入境走私也屡禁不绝。[②] 在广东沿海沿江地区，来往港澳的小型船舶、渔船、小艇等参与走私的情况十分严重，特别是粤东地区装卸私货的非设关码头几乎遍布沿海各地，其中惠东县一些地方的非设关码头，在最高峰时每天装卸私货的船只就有 20 至 50 艘，每昼夜卸下私货少则 30 至 40 个集装箱，多则 100 多个集装箱。粤西地区一些走私组织，还利用靠近越南的地理条件，将大批汽车、香烟等物品从香港转运到越南和菲律宾，再雇佣当地渔船、运输船走私入境。[③]

（三）警务风险

海关作为可以根据不同区域范围来决定行使权限的行政机关，在执法实践中，依法对运输工具进行检查、查验、扣留和处罚，以及对逃逸运输工具进行追缉等，与交通运输警务面临相似的警务风险。与之相应，公安机关针对这种类型的警务活动及警务风险的实战指挥与技战法，也具有相同或类似的特点。

从法律条文来看，《海关法》第六条第（一）项赋予了海关对进出境的运输工具等具有一般查验权和扣留权，第（四）项又从对象上，将此权限扩张为在海关监管区和海关附近沿海沿边规定地区。在这些地方，海关可以检查有走私嫌疑的运输工具和有藏匿走私货物、物品嫌疑的场所，检查走私嫌疑人的身体；对有走私嫌疑的运输工具、货物、物品和走私嫌疑人，经批准可以扣留。此外，该项条款还允许海关权限扩展到海关监管区和海关附近沿海沿边地区以外，对有走私嫌疑的运输工具等，经批准可以进行检查和扣留。其中第（六）项还规定，进出境运输工具或者个人违抗海关监管逃逸的，海关可以连续追至海关监管区和

---

① 刘延宇，李明斌，管庆云．发达国家缉私管理制度［M］．北京：时事出版社，2001：66－68.

② 王大中．沿海沿边经济开发区新的社会问题研究［M］．北京：中国人民公安大学出版社，1997：284－285.

③ 王大中．沿海沿边经济开发区新的社会问题研究［M］．北京：中国人民公安大学出版社，1997：199－200.

海关附近沿海沿边规定地区以外，将其带回处理。①

（四）专业教育

从海关专业教育来看，1908 年，清政府在北京创办税务学堂，开创了我国海关高等教育的先河。1913 年，北洋政府教育部将其改名为税务专门学校。新中国的海关专业教育起步于 1953 年，以上海海关学校的设立为标志。1980 年，经国务院批准，该校升格为上海海关专科学校。1996 年，又更名为上海海关高等专科学校。2007 年 3 月，经教育部批准，在上海海关高等专科学校的基础上设立上海海关学院。该学院也是目前我国唯一的、成系列设置海关类课程和专业的本科院校，其主要发展方向是探索构建以海关学为核心的学科群，探讨海关学的基础理论，建立包括海关管理学、海关法学、关税学等在内的二级学科理论体系，努力使中国海关拥有与自身地位相匹配的学科地位。②

从海关学院的历史沿革，以及当前专业教育与学科建设的发展方向可以看出，该校学科专业建设和人才培养的重点是海关学领域。在实践中，虽然也因应缉私公安机关的需求，承担了大量与缉私警务相关的教育培训工作，为缉私公安机关培养了大批人才，但一直没有设置专门的学科专业，缉私警务的课程教学体系也有待完善。因此，从整体上可以说，缉私警务还没有专门的人才培养基地，更缺乏具有自身特点的学科专业体系，教师教官、课程教材、教学科研等基础建设也相对薄弱，这些都与缉私警务的特殊性和重要性不相称，也难以适应当前时代发展和警务实战的迫切需要。

（五）迁移理论

迁移理论包括学科迁移理论和学习迁移理论。在学科领域中，不同学科理论、方法等的迁移融合和重组再生，对于新学科的创生发展具有十分重要的意义。学科学的学科迁移理论认为，学科的迁移发展离不开社会一体化的大背景。当代经济、社会、科学、技术和文化等构成了学科的创造性背景，影响着学科迁移的方向、速率和规模。现代化的经济结构、科技特征、文化环境、社会结构机制、人际关系所形成的“社会能源”以及它们之间的创新组合，决定着学科群

① 万曙春．宪法视角下的海关缉私惩罚制度［M］．上海：上海人民出版社，2017：103－104.

② 蔡卫平．海关缉私总论［M］．北京：中国海关出版社，2010：1－2.

的重点转移、时空迁移，规定着学科群的创造性格局和时空平衡。[①] 从新学科的发展动力来看，当代新学科发展的动力结构是内在动力和环境机制作用力的合力结构。其中，环境机制可为新学科的创建发展提供土壤条件和生态因素，为新学科的整合迁移激发运动活力和时空效应，为新学科的更新代谢增强系统态势和时代风格。新学科环境机制的时空格局主要有三种图式：一是时空整体格局，主要反映新学科的总体图景和基本网络结构，对它的研究有利于从整体上把握新学科的战略布局，获得对新学科的总体认识；二是时空迁移格局，主要反映新学科的动态模型和重要发展趋势，对它的探索有助于从动态上把握新学科的基本脉络和宏观走向；三是时空相关格局，主要反映新学科发展过程中的相关因素和相关原理，对它的探讨有益于激发学科的相关效应，并从已有的相关学科出发，拓展新的相关学科。[②]

在教育和学习领域，学习迁移理论为我们构建新学科专业，有效开展课程教学，提高学习者的学习效能等提供了重要的科学依据。学习迁移的代表性理论之一"共同要素学说"认为，迁移的发生主要赖于学习活动中的共同要素，迁移的实质是两种学习活动中目的观念、方法观念、普通原理观念和基本事实四个方面的共同作用，即新旧课题的共同要素在"学习者脑神经中的联结"。只有当两种学习在内容上有共同的元素时，学习迁移才会发生，而且两者之间相同要素越多，迁移量就越大；反之，如果两者之间的相同要素越少，迁移量就越小。对于施教者而言，教学应该有目的地在两种学习和训练间设立科学的通路——相同要素，才能有效建立学习迁移，提高教与学的双边效果。[③]

另外，针对培训迁移，美国心理学家在通过历时 20 年的文献收集和实证研究后提出，影响培训迁移有三大核心要素，即学习者特征、培训干预的设计与实施、工作环境的影响。其中，学习者的特征包括认知能力、自我效能、动机水平、人格特征以及职业（工作）变量等因素，对迁移有着深远的影响。干预的设计与实施，包括需求分析、学习目标、内容相关性、课程策略与方法、自我管理、技术支持等，其中的内容相关性以"同元素论"（Identical Elements Theory）

---

① 陈燮君. 学科学导论［M］. 上海：上海三联书店，1991：10－11.

② 陈燮君. 对于当代新学科发展的理论思考［J］. 南京社会科学，1990（4）：48－51.

③ 才秀颖. 十五种学习迁移理论通览［J］. 中国科教创新导刊，2008（35）：83.

为基础，通过促进目标、任务、内容与环境的密切相关，以保证近迁移的发生，是教学设计的关键认知要素，也是预测学员对成功迁移的认知程度的主要因素。工作环境，包括组织目标和组织战略、迁移模型的完整化系统化、上级或同事的支持、表现机会和责任义务等，这些因素都对迁移有着积极影响，是学员实现技能保持的关键。①

根据学科迁移理论和学习迁移理论，基于上述缉私警务与交通运输警务这些相同、相关或类似的因素，以及缉私警务专业教育亟待加强的要求，在公安工作改革的一体化大背景和协同创新的环境机制下，由铁道警察学院通过相通相近的原则，立足两者可迁移的共同要素，将缉私警务纳入交通运输警务专业教育体系的整体构建之中，可以有效促进相关理论、方法的迁移融合，科学便利地总结凝练知识理论体系和专门警务技能，孕育形成相关课程教材，并从整体上拓展、丰富交通运输警务学科专业教育体系。同时，随着行业公安机关管理体制改革的进程，未来交通运输警察学院的职能分工，将主要是为铁路、交通、民航、海关等行业公安机关培养专门人才，而行业公安机关又具有许多内在的共性特征和组成要素，如果把缉私警务理论研究及人才培养与交通运输警务结合起来进行，必将更加具有可迁移性、便利性与合理性，不仅有利于提高课程教学的双边效能，还能促进新兴学科专业的创生发展，取得相辅相成、事半功倍的成效。

第三节　交通运输警务学科专业建设的构想

根据全面深化公安改革的整体部署和行业公安机关管理体制的改革要求，铁道警察学院承担着构建交通运输警务学科专业、创造条件建设交通运输警察学院的重要使命。当前，我们学科专业建设面临现状的突出特点，就是还没有来得及对190多年铁路发展史、140年铁路警察史、110多年中国铁路警察史、近70年新中国铁路警务及专门人才教育史，进行系统总结和特色提炼时，又一头“撞”上了“大交通”格局、大数据时代对交通运输和警务机制的深刻影响。传统上设置的侦查学、治安学、公安管理学、刑事科学技术等学科专业，主要基于公安

① ［美］丽萨·博克，霍利·哈特金斯．培训迁移实证研究述评［J］．马颂歌译．终身教育研究，2018（5）：9－18.

工作的逻辑，对应的是打击预防、业务队伍、警力科技等实战业务，人才培养上似乎更倾向于培养专业型的“专科医生”。而交通运输警察学院的发展方向，是以铁路警务为基础，通过相通相近的原则和路径，推动交通运输警务学科专业的成长进步与协调发展，主要是基于“大交通”格局的逻辑和交通运输警务实战的需要，在人才培养上更倾向于培养实用型的“全科医生”。这就要求我们必须重新思考定位，抓紧进行精准建设。

一、整体框架

学科专业既是知识概念体系，也是学术制度安排。因此，学科专业建设是可规划、可管理、可扶持、可评价的。学科学“学科战略理论”的基本观点认为，推动学科建设发展需要战略设计，要从大时间观（学科创生发展的周期规律）与大空间观（对学科体系的宏观思考）相结合的高度，对学科领域进行全面性筹划、全方位决策和根本性指导。具体而言，就是要在时空战略指导下，推动学科研究对象的深化融汇，学科基本理论的更新充实，学科理论体系的改革综合，新老学科的纵横交错，“软”“硬”科学的互促并进，加速学科的重新组合、结构更替、方位调整、优势积累和“知识链”“知识板块”的共振，并通过辐射式、回归式、回采式、链环式、渗透式和交叉式等学科研究模式的深入探讨，在建树确定学科结构、发展优化采掘模型、催化促进学科的连锁反应等方面实现互补互益，为学科发展奠定结构学的基础。①

结合高等教育来看，学科布局调整就是一个作出选择的决策过程，需要考虑的主要因素是院校使命、外部需求与内在实力，这些因素的耦合才形成了关于学科发展重点的最终决定。其中，学科在大学核心使命中的位置，是进行学科布局调整时需要考虑的首要因素，这种核心性不仅指学科对于大学使命的贡献度，也指学科在大学运作过程中的渗透性，包括对其他学科的渗透性。学科布局调整根本上是一种资源的重新分配，基本法则是学科发展资源的“加、减、乘、除”，即确立优势学科和重点发展领域（加法），裁撤某些学科以保证核心学科（减

① 陈燮君．学科学导论［M］．上海：上海三联书店，1991：9－10.

法)，推进学科交叉（乘法），以及重建学科结构（除法）。① 当前，围绕创造条件建设交通运输警察学院这一核心使命，铁道警察学院学科专业建设的整体构想，是探索实行“六加一”的发展模式。

所谓“六”，即加强铁路警务、城轨警务、水域警务、空域警务、道路交通警务、缉私警务六个学科领域的专题研究，通过理论攻坚、实践总结、调整改造、科研开发、职业培训，举办专业方向学历教育等方式，加快知识体系和学科专业的生长建设进程。

所谓“一”，是指在加强六大领域学科专业建设的同时，通过申办交通运输安全国际警务合作机制或论坛，搭建合作交流平台，充分吸取中外相关研究成果，形成内外结合、相得益彰的态势，聚力构建交通运输警务的知识理论体系和专门人才培养体系。

所谓“六加一”，重在各个组成部分的相加融合，使学科专业之间、内外交流之间基于内在的关联性而有机结合起来，形成良好的学科专业发展生态。学科生态的含义，就是既要巩固保持传统的优势学科和特色学科的地位，又要有效推动创新或应用的新兴学科涌现，促使不同学科专业的群落互相补充、互相支撑、合作竞争，并以此推动学科专业建设的整体协同发展。②

二、推进措施

构建交通运输警务理论和学科专业体系，开展专门人才培养，是一项没有先例可循的新事业，必须在源头上加强顶层设计和指导监督，项目化地推进各项工作进程。在推进发展的过程中，最为关键的要求是，参与者特别是学科带头人不能陷于具体工作和事务，必须站在学科建设的高度，切实增强学科角色意识。这里的学科角色意识，与理论模式、思维方式和科学方法一起，被学科学专家并称为新学科发展内在动力结构的四大板块，而学科意识在其中更加具有强大的引领和渗透作用。它是新学科创生和发展的重要因素，也是新学科演进过程中主体性的集中表现。③ 学科带头人只有勇立学科建设高度、强化学科角色意识，才能从

① 孟照海．有选择的卓越：世界一流大学的学科布局调整策略［J］．高等教育研究，2018（3）：32－34.

② 马陆亭．大学应重视学科群建设［J］．中国高等教育，2017（10）：35－37.

③ 陈燮君．新学科发展的内在动力结构论［J］．上海社会科学院学术季刊，1989（1）：32－33.

根本上激发新学科发展的内生动力，坚决克服理论和实践上的不足，勇敢承受外在的误解甚至是质疑与责难，坚定不移地促进学科体系的创生、学科知识的集约和学科理论的建构与延伸。

首先，抓好团队建设。优选“项目经理”，成立攻关团队，明确职责任务，建立目标考核机制，组建特殊的新兴学科研发机构并挂牌运行。即围绕铁路警务、城轨警务、水域警务、空域警务、道路交通警务、缉私警务六大领域，拓宽视野遴选六名学术水平高、师德师风好、具有较好研究基础和成果的学科专业带头人，赋予相应的职责权限，提供良好的工作条件，给予优惠支持措施，使他们能够心无旁骛、富有成效地研究开拓。

其次，建好工作机制。第一个层面，由六个学科专业带头人分别自主组建研究团队，可跨部门、跨专业甚至跨领域、跨单位选择团队成员。第二个层面，学校相应成立六个学科专业建设领导小组，由一名院领导认领并牵头。日常管理运行以研究团队为基础，由系部整体参与、学校总体把控，实行扁平化运作，以减少管理层次、提高工作效率。

最后，坚定信心决心。正如一些行业院校的学者在讨论创建新兴学科专业时，所发出的强烈感慨：“一个没有专业学科的专业院校还有存在的必要吗？”① 这一感慨和追问堪称振聋发聩，创建交通运输警务类学科专业，是创建交通运输警察学院的基础和根本，更是今后发展的核心和生命线。如果没有相应的学科专业，专门学院就失去了生存的根基和价值。当前，面临着任务重大、时间紧迫的严峻形势，加上本校和各领域存在的基础差、底子薄、人才缺、学科专业水平不高、研究积累匮乏等难题和困境，我们必须坚定方向、增强信心，解放思想、挖掘潜力，以超常规的思路来谋划，以超常规的举措去推动，努力形成干事创业、攻关攻坚的整体合力。要统筹处理好速度与时效的关系，特色与质量的关系，推动学科观念与时效观念、学科环境与时效环境、学科优势与时效优势紧密相连，不断强化学科的敏感度，协调学科的整合度，提高学科的成熟度，推动新兴学科专业建设又快又好发展。只有这样，才能抓住历史机遇，取得无愧于时代的业绩。

---

① 金茂新．关于创建“海关学”学科的窥见［J］．上海海关学院学报，2008（4）：1－4.

三、发展路径

确定整体发展框架能为各个领域的建设发展指引方向，但整体框架的形成又赖于各个领域产生的扎实成果。为此，在整体框架的规制指导下，还要明确相应的发展路线。

（一）铁路警务

铁路警务是铁道警察学院的生存之本，更是交通运输警察学院的创建之基。要巩固铁路警务理论研究和人才教育的传统优势，推动理论研究模式从“+铁路”向“铁路+”转变，促进人才培养从国内向国内国际相结合拓展，加快铁路警务学科专业的建设步伐。当前，亟须在已有理论积累和人才培养实践的基础上，以学科专业建设为指引，加强对铁路警务基本理论、铁路巡乘、铁路治安防控、铁路刑事执法与刑事技术、铁路警卫等特有理论及技能战术的研究，抓紧提炼铁路警务特色，尽快形成独立的知识理论体系。

同时，面对新时代共建“一带一路”的新内涵、铁路间国际合作的新形势、沿线国家铁路安保工作的新需求，要主动适应“一带一路”沿线国家深化执法安全与能力建设合作的迫切需要，充分发挥铁道警察学院铁路警务执法的专业特长和人才培养的专门职能，立足“一带一路”沿线铁路安全和执法实际，推动教育培训工作的国际化进程，并为本学科专业的建设发展提供外部支撑。具体措施：一方面，坚持做强“请进来”，强化为相关国家培训铁路警察工作，并在巩固已有来源国的基础上，重点向“上合组织”有关国家，以及东南亚、中东欧、非洲等地区拓展。另一方面，加快“走出去”，积极承担东非铁路安保送教任务，建好肯尼亚教学基地，推动与东非、中亚相关国家共建铁路警察培训中心等，努力为需求国培养系统掌握铁路安全技术标准、安全管理制度、安全保卫制度和警务执法技能的人才，为“一带一路”沿线重大合作项目和人员往来、货物流通等提供安全保障，并以此推动中外铁路警界加强沟通交流、互学互鉴，为在更广范围、更深层次上开展国际警务合作，打造忧患与共、命运相连的跨国铁路安全共同体添砖加瓦、夯实基础。

（二）城轨警务

城轨警务是从铁路警务迈向交通运输警务重要的第一步。要在巩固提高“城轨安全与执法”专业方向人才教育工作的同时，围绕建设城轨警务的知识理论体系，瞄准成为学科专业的发展方向，坚定推动城轨警务的理论研究和人才培养由先发转化为领跑，全面实现“订规划、育人才、写词典、编教材、创论坛、办刊物、出现场、建基地、研国标、促立法”的整体目标。当前的工作重点是抓紧产出第一批高水平科研成果，出版第一套专业教材，建设第一个专业培训基地，参与第一项国家立法等，尽快形成理论研究声势，凸显对警务实战的贡献力。

在此基础上，要贯彻落实国务院安委会《关于加强公交车行驶安全和桥梁防护工作的意见》和全国公安机关公交车安全防范工作现场经验交流会精神，根据全面构建立体化智能化公交车安全防范体系的实战要求，大力加强对城市公交车安全防范工作的理论研究，加快形成城市公共交通安保的知识理论和对策体系，并适时将城轨警务拓展上升为城市公共交通警务。努力通过持续不断的探索积累，争取该领域在公安院校具有领头地位、在城轨公交公安机关具有重要影响。

（三）水域警务

水域警务学科专业建设的核心，是立足水上警察发展的历史与现实，抓紧对已有的理论知识和实践经验进行提炼升级和改造应用。当前，根据行业公安机关管理体制改革的要求，按照“有选择的卓越”原则，应将办学服务面向聚焦行政公安机关和行业公安机关的涉水警察队伍。

在水域警务领域，虽然我国大陆地区水上警察的专门学历教育尚为空白，但水警教育却一直具有良好的历史积累和现实参照。例如，水警培训早在清朝末期就已经出现，水警学历教育在二十世纪三四十年代已得到初步发展，1936 年中央警官学校设立的十四个系中就有水上警察系。现在我国台湾地区的“中央警察大学”还设有水上警察系和水上警察研究所，进行本科、硕士、博士的全链条培养；港、澳地区也有相应的水警教育机构和专业。鉴于此，应围绕当前水上治安和港航公安工作的迫切需要，先从人才培养入手，抓紧开展治安学专业“水域警务”专业方向教育，努力为水域治安、水上交通以及水资源污染防控、水域旅游安保工作等培养高素质人才。同时，紧密结合警务实战，以承担涉水民警的在职培训为基础，加强对历史经验和现实样本的分析借鉴，尽快形成本领域特有的知识理论体系，推动水域警务向独立的学科专业发展进化。

（四）空域警务

空域警务是交通运输警务中亟待研究和开拓的领域。应按照“学科引领、科研开路、培训奠基”的思路，加强空域警务知识理论体系研究，加快专业人才教育步伐。其中，关于空域警务的警用航空部分，已经以侦查学专业“警用无人驾驶航空器侦查”专业方向的形式实现招生培养。当前，要适应无人机迅猛发展和安全管理的迫切需要，积极争取主管部门的支持，进一步拓宽办学面向，将其扩展为“无人机安全管理与警务运用”专业方向教育。同时，还要以警用直升机的管理与实战运用为导向，对警用航空领域进行深入的探索拓展，加快形成专有的知识理论和技能战术体系。

关于空域警务的航空警务部分，要立足民航公安机关的实践经验和警务实战需要，加强总结提炼和理论研究，尽快开展专门人才培养。其具体路径：一是与实战部门共同开展理论研究、建立实践教学基地，完成航空警务专业方向教育的整体建设方案。二是加大承办民航公安机关在职民警培训工作的力度，并从中升华理论、孕育课程、锻炼师资。三是制定专门人才培养方案，编制教学大纲，并以治安学专业“航空警务”专业方向教育的形式进行招生，开展系统规范的培养。

（五）道路交通警务

推动已有学科专业的转型升级，是加强道路交通警务学科专业建设的关键。要抓住交通管理工程已经列入国家学科专业目录的机遇，以道路交通警务人才培养为突破口，以构建知识理论体系为基础，推动形成新的学科专业。

当前，应抓紧研究制定专门人才培养方案，构建课程教学体系，并以成建制引入专业教学团队，或者与道路交通科研院所、公安交通管理实战单位共建的方式，尽快开展交通管理工程专业“道路交通警务”专业方向的教育，使之成为交通运输警务人才教育体系的重要支柱。同时，总结提炼本科层次公安技术类（0831）交通管理工程（083103TK）专业，以及专科层次公安管理类（6801）交通管理（680102K）专业的理论研究和人才教育的经验，聚焦道路交通警务这一主题，抓紧拓展领域、丰富结构、深化理论，弥补缺项、弱点和短板，加快形成道路交通警务特有的知识理论体系，为催生新的学科专业提供基础支撑。

（六）缉私警务

缉私警务与交通运输警务密切相关，是刑事执法与行政执法的集合体。其中，缉私警务刑事执法的主要体现是走私犯罪侦查，属于侦查学中经济犯罪侦查研究的范畴；行政执法的主要体现是对海关行政违法案件的调查处理，属于行政法学研究的范畴。在学科属性上，缉私警务应是以实现海关的职能任务为目的，研究揭露走私以及证实、制止和制裁走私违法活动的一门边缘学科。①

为此，推进缉私警务学科专业建设，宜以经济犯罪侦查教学队伍为主干，结合行政法学教学队伍，围绕缉私警务这个主题，加快推进侦查学和行政法学等相关理论的交叉融合与移植创生，研究形成缉私警务的特色知识理论体系。在专业人才培养上，可将学历教育和在职培训紧密结合、同步推进。其中，学历教育以在侦查学系开设“缉私警务”专业方向的形式进行，同时，积极承担缉私民警队伍的在职培训工作，并从中研发专业课程、凝练知识体系，加强理论研究和实践经验两个方面的积累，为推动缉私警务的学科专业建设奠定根基。

（七）国际交流平台

搭建国际交流平台和对话合作机制，是现代大学发展的必然趋势，也是公安院校应有的志向担当，更是我们创造条件建设交通运输警察学院的重要支撑。当前，要争取主管部门支持，积极申请承办交通运输安全领域的国际警务合作平台和机制，或者依托新亚欧大陆桥安全走廊国际执法合作论坛（NELB - ILEC）即“连云港论坛”，申请筹办交通运输安全与国际执法合作讲坛。这个机制或论坛，以“携手共建跨国交通运输安全体系”为主旨，以交通运输安全领域的“标准操作程序”（Standard Operating Procedure，SOP）和“最佳实践”（Best Practice，BP）为主要内容，邀请国内外相关专家学者、组织机构等进行交流与研讨，搭建沟通协作平台，汇集提炼理论研究成果，并为开展交通运输国际警务合作和司法协助工作提供相关服务。

此外，“一带一路”作为当今世界规模最大的国际合作平台和国际社会最受欢迎的公共产品，规则与法治是共建的前提和走向世界的通行证，也是应对各种不确定风险挑战的安全阀。要积极贯彻首届“一带一路”国际合作高峰论坛和“一带一路”法治合作国际论坛的倡议，紧密结合自身实际，加强研究团队建设和专门理论探索，主动参与交通运输法治领域的学术交流、对策咨询和智库建设，促进不同法律文化和安保制度的交流沟通，分享彼此的有益经验和最佳实践。不断深化对国际警务合作与司法协助机制的研究，为共同打造交通运输领域的“一带一路”规则和法治网络体系，建立“一带一路”相关争端解决服务机制和多边安保工作机制，完善法治保障体系作出应有的贡献。

① 刘延宇，李明斌，管庆云．发达国家缉私管理制度［M］．北京：时事出版社，2001：33.

后　记

在春暖花开的美好时节，烦恼的人却总有自己的烦恼。探索陌生和未知领域的过程，让人苦乐交集、寝食难安。到了即将交稿出版的时候，又犹豫再三、纠结再三，最终还是决定让这部小书面世。

决定面世，是深感交通运输警务对于交通运输事业乃至经济社会发展和民生幸福的特殊重要性，也痛感业界和学界对交通运输警务这一领域研究的薄弱。近年来，铁道警察学院一直致力于交通运输警务的研究探索，在当前“创造条件把铁道警察学院建设成为交通运输警察学院”之际，又开拓性地推出了交通运输警务理论研究这一套丛书，基本构想是形成“1+6”的知识体系，即一个交通运输警务的总论，再加上铁路警务、城轨警务、水域警务、空域警务、道路交通警务和缉私警务的理论与实践问题的六个分论。本书忝为总论，也大致遵从了这种体系。这是朴素的“总分结合”的想法，若说是遵照了亚里士多德关于纯粹理性、实践理性和技艺的知识三分法，那是真正的高攀。因此，这本小书的出现，也算是为了促成知识理论体系的完整，并借此给读者了解交通运输警务提供一个相对成形的框架。

犹豫纠结，是深知这些思考成果还相当粗浅和稚嫩。有的只能算是对相关理论研究成果的汇集和整理，有的还停留在对已有成果的简单迁移甚至照搬，有的仅仅作了浅尝辄止的探讨，有的甚至只是提出课题，距离解决课题还有漫长的道路要走。这也印证了一个普遍的道理，即提出问题很容易，但关键和难点是能够分析、解决问题。故而坦率地说，这本小书形式的作用大于实质的意义，呐喊的功能大于理论的价值。

著名法学家拉德布鲁赫曾引用洛高的诗句说："正确的法律理念，是否为人所知，这实在大可质疑：以我全部的意念看，似乎事实一直不然。这就是说：两可之事，难以为科学之事。"交通运输警务是否有自己的专门理论，乃至于能否成为一门学科专业，当前似乎仍是"两可"和"难为"之事。但我们坚信，实践的紧迫需要，始终是推动理论前进的强大动力。如果有越来越多的学者对此重视聚焦，终究会涓流成溪、星火燎原，促成交通运输警务研究的繁荣发展。为此，衷心希望这本小书的初步研究，是有助于继续钻深攀高的垫脚石，而不是绊脚石；更希望这些探索和话语，不是少数人的"一言堂"，而是能带来有志研究者争鸣的大合唱。

陈东升

2019 年 3 月